Tutelle, curatelle, Habilitation familiale

Emmanuèle Vallas-Lenerz
Ancienne avocate

7e éd

2017

prat éditions

Tous les ouvrages sont disponibles sur :
www.prat-editions.fr

Direction éditoriale : Anne-Laure Marie
Édition : Claire Cabaret
Relecture-correction : Nawshaba Imambaccus
Composition : Sylvain Atlan

division de LegaLib
206, boulevard de la République, 92210 Saint-Cloud

ISBN 978-2-8095-1222-9
ISSN 1272-4955

Vous êtes inquiet pour l'un de vos proches. Son état s'est peu à peu dégradé, ses facultés déclinent de plus en plus et ne lui permettent plus de prendre les bonnes décisions. Il risque de mettre en danger son patrimoine, sa sécurité ou même sa santé.

Pour lui garantir une protection efficace et durable, vous envisagez une mise sous tutelle, sous curatelle, sous sauvegarde de justice, voire une habilitation familiale.

Quelle que soit la mesure de protection retenue par le juge des tutelles, cette décision aura des conséquences importantes sur la vie quotidienne de votre parent, mais aussi sur la vôtre, par exemple, si vous êtes désigné comme tuteur ou curateur ou dans le cadre d'une habilitation familiale.

Parfaitement à jour des dernières réformes sur la protection juridique et notamment de la dernière en date créant l'habilitation familiale, ce guide est là pour vous accompagner lors de la mise en place de la mesure et pour vous conseiller dans les actes du quotidien. Vous y trouverez toutes les réponses aux questions que vous vous posez :

- comment aider efficacement votre proche avant d'envisager une protection juridique ?
- en quoi consiste l'habilitation familiale ?
- que se passe-t-il si votre proche refuse le placement sous protection ?
- quels sont les actes que la personne protégée peut effectuer seule et ceux qui nécessitent votre intervention ?
- à quoi vous engagez-vous en acceptant une charge de tutelle, de curatelle ou de mandataire sous habilitation familiale ?
- quels sont les interlocuteurs qui peuvent vous aider dans votre mission ?

Pour vous accompagner dans toutes vos démarches, nous avons rassemblé pour vous de très nombreux exemples issus des décisions de justice, les textes de loi incontournables, un lexique des termes juridiques ainsi que de nombreux modèles de lettres et de documents.

Vous pourrez ainsi agir en toute sérénité pour veiller au bien-être de votre proche, protéger ses intérêts et lui apporter le soutien et l'assistance dont il a besoin.

Anne-Laure Marie
Directrice Prat Éditions

LISTE DES ABRÉVIATIONS

C. assur. : Code des assurances
C. cass. : Cour de cassation
C. civ. : Code civil
C. élect. : Code électoral
C. mut. : Code de la mutualité
C. pén. : Code pénal
C. consom. : Code de la consommation
CA : Cour d'appel
CASF : Code de l'action sociale et des familles
C. Civ. : Chambre civile
COJ : Code de l'organisation judiciaire
CPC : Code de la procédure civile
CSP : Code de la santé publique
MAJ : Mesure d'accompagnement judiciaire
MASP : Mesure d'accompagnement social personnalisée
MJD : Maison de justice et du droit
MJPM : Mandataire judiciaire à la protection des majeurs
TGI : Tribunal de grande instance
TI : Tribunal d'instance
RSA : Revenu de solidarité active
UDAF : Union départementale des associations familiales

Rapport Blessig : rapport n° 3557 enregistré le 10 janvier 2007 à l'Assemblée nationale dans le cadre du projet de réforme de la protection des majeurs, accessible sur le site :
www.assemblee-nationale.fr/12/rapports/r3557.asp

Rapport Richemont : rapport n° 145 (2007-2008) de M. Henri de Richemont, fait au nom de la commission des lois, déposé le 19 décembre 2007, dans le cadre du projet de réforme de la protection des majeurs, accessible sur le site :
www.senat.fr/rap/l07-145/l07-145.html

Circulaire 2009 : circulaire de la DACS n° CIV/01/09/C1 du 9 février 2009 relative à l'application des dispositions législatives et réglementaires issues de la réforme du droit de la protection juridique des mineurs et des majeurs, accessible sur le site :
www.textes.justice.gouv.fr/art_pix/boj_20090001_0000_0036.pdf

Table des matières

■ PROTÉGER UN PROCHE : POURQUOI ET COMMENT ? 1

Des solutions avant le recours à la protection juridique **2**

La procuration (ou mandat) 2
Les mesures prévues dans le cadre du mariage 4
Le mandat de protection future 6
Les mesures d'aide à la personne en difficulté sociale 10
Les recours contre l'abus de faiblesse 12
Quand un placement s'impose 16

Les principes de la protection juridique **19**

Protéger la vulnérabilité 19
Le respect des droits fondamentaux 21
Les différentes formes de protection 26
La sauvegarde de justice : une protection temporaire 30
La curatelle : un degré supplémentaire dans la protection 34
La tutelle, mode de protection le plus complet 43
L'habilitation familiale, un dispositif conçu pour les familles qui s'entendent 52

La remise en cause d'un acte accompli avant la mise sous protection **58**

L'annulation d'un acte pour vice de consentement ou pour trouble mental 58
La « période suspecte » avant une tutelle, curatelle ou habilitation familiale 61

La remise en cause d'un acte accompli après la mise sous protection **63**

L'annulation d'un acte pour trouble mental 63
La remise en cause de certains actes 64

■ LA MISE EN PLACE D'UNE MESURE DE PROTECTION 67
Qui peut faire la demande ? **68**
Les proches et la personne vulnérable 68
Le procureur de la République 69
Le médecin 71

Les étapes de la procédure **72**
La requête 72
L'audition 75
L'accès au dossier (tutelle, curatelle et sauvegarde) 78
Le jugement 80
L'appel 81
La publicité de la mesure de protection 83
La durée de la mesure, ses modifications et son issue 83

■ LE PROTECTEUR 87
Le choix du protecteur **88**
La prise en charge par les proches 88
Les mandataires judiciaires à la protection des majeurs (MJPM) 94

Quelles sont les obligations du protecteur ? **97**
Les obligations générales 97
L'inventaire 97
Le budget de la tutelle 99
L'établissement des comptes de gestion 100

Quelles sont les responsabilités du protecteur ? **104**
Les principes 104
Le tuteur 105
Le curateur 106
Le mandataire dans la sauvegarde de justice 106
Le mandataire d'un mandat de protection future
ou la personne habilitée 106
L'action en justice en cas de dysfonctionnement 107

■ QUI FAIT QUOI ? 109
Protéger la personne **110**
Un devoir d'information pour plus d'autonomie 110
Les actes concernant la vie privée 111
Quand la personne est incapable de prendre
une décision la concernant 121

Protéger ses biens **123**
Les principes qui régissent la gestion des biens 123
Les pratiques bancaires et la gestion des comptes 128

La réception et l'utilisation de capitaux ou d'excédents de revenus....131
L'assurance-vie....132
Le testament et la donation....134
Les opérations immobilières....135
Les actes surveillés et les actes interdits....136

MODÈLES DE LETTRES ET DE DOCUMENTS....141

LEXIQUE....191

TEXTES DE LOI....195

INDEX ALPHABÉTIQUE....229

Protéger un proche : pourquoi et comment ?

➤ À l'heure où 680 000 personnes sont placées sous un régime de protection judiciaire – vieillissement de la population oblige –, la question de vos moyens d'agir se pose, si vous êtes confronté à la vulnérabilité d'un proche.

➤ Existe-t-il des dispositifs d'aide à la personne moins contraignants qu'une mesure de tutelle, curatelle ou sauvegarde de justice ?

➤ Si ces dispositifs s'avèrent insuffisants, quelle protection choisir entre ces trois mesures ?

➤ En quoi consiste la nouvelle procédure d'habilitation familiale ?

Des solutions avant le recours à la protection juridique

L'état de votre proche vous inquiète. Pour autant, il ne nécessite pas forcément une mesure de tutelle, curatelle, sauvegarde de justice, ou d'habilitation familiale. Mettre en place un portage de repas, faire appel à une lectrice ou à une aide à domicile, ou encore établir une procuration suffit peut-être à améliorer la situation, outre vos visites régulières. C'est à vous, la personne proche, d'adapter les mesures existantes à la situation en vous renseignant, notamment auprès de votre mairie ou de votre médecin traitant.

La procuration (ou mandat)

Sur le plan de la gestion courante des revenus, chacun connaît le principe de la procuration qui permet à une personne en difficulté (hospitalisée, par exemple) de se faire représenter.

› Le principe

Même si vous n'y avez pas pensé, sachez que le juge des tutelles l'envisagera s'il est saisi d'une demande de placement sous tutelle ou un autre régime. Un des principes en matière de protection juridique d'une personne est en effet la subsidiarité de sa mise en place par rapport à une mesure plus légère (voir *Le principe de subsidiarité,* p. 25). De fait, l'article 428 du Code civil précise qu'une tutelle, curatelle ou sauvegarde de justice ne peut être ordonnée par le juge que si elle s'avère nécessaire et « lorsqu'il ne peut être suffisamment pourvu aux intérêts de la personne notamment par l'application des règles du droit commun de la représentation ». Il en est de même pour l'habilitation familiale (C. civ., art. 494-2).

› Définition

Le mandat – ou procuration, les deux termes sont synonymes – se définit comme un contrat permettant à votre proche – le mandant – de nommer une personne de confiance, vous-même, en tant que mandataire pour agir à sa place. Si vous acceptez le mandat, vous agirez donc en son nom pour les situations prévues dans le mandat.

À NOTER

Les règles concernant la procuration Le mandataire a des obligations et des responsabilités envers la personne qui lui a confié le mandat. En voici quelques-unes :
- le mandat est, en principe, gratuit (non rémunéré), sauf convention contraire. Concrètement donc, aucune rémunération ne peut être prévue pour votre intervention ;
- le mandataire est responsable de ses fautes de gestion, qu'elles soient volontaires ou non ; sa responsabilité est appliquée moins rigoureusement quand le mandat est gratuit (C. civ., art. 1992) ;
- les actes du mandataire engagent le mandant vis-à-vis des tiers (banque, commerces, etc.). Autrement dit, tout ce que vous avez fait en tant que mandataire, de manière régulière et dans la limite de ce que prévoit le mandat, engage votre proche puisque vous le représentez (C. civ., art. 1998).

› Les opérations bancaires

La mesure la plus connue est la procuration pour gérer les comptes bancaires. Seul le titulaire d'un compte bancaire est habilité à le faire fonctionner (si l'on excepte l'hypothèse du compte joint). Si votre mère, en vue d'une hospitalisation prochaine, souhaite vous autoriser à faire fonctionner son compte personnel, elle doit établir à votre nom une procuration que vous signerez, manifestant par là même votre acceptation.
Ses conditions sont fixées par la banque. La procuration peut être générale ou limitée à certaines opérations ou à certains montants ; elle peut être donnée pour une durée limitée ou être valable jusqu'à révocation. Renseignez-vous auprès de la banque et demandez-lui un formulaire que vous remplirez attentivement.

› Les opérations ponctuelles

En dehors de ces opérations bancaires proprement dites, vous pouvez, en tant que personne de confiance, bénéficier d'une procuration de votre proche pour une opération ou une série d'opérations pour laquelle il ne peut pas intervenir. Si l'on reprend l'exemple de son hospitalisation, vous pouvez ainsi obtenir, par une procuration de sa part, la possibilité :
- de prendre une location en son nom, de résilier un bail, etc. ;
- de traiter en son nom avec des entrepreneurs afin d'effectuer des travaux d'entretien sur son logement ;
- de vendre sa voiture ou son appartement, etc.
Des précautions s'imposent. Il convient en effet de prévoir un écrit précisant l'identité des intéressés, l'étendue de la procuration, sa durée, et qui sera daté et signé du mandant (votre proche) et du mandataire (vous-même).
Sachez que cette procuration pourra être générale pour les actes d'administration (actes de gestion courante) mais devra être spéciale pour les actes de disposition (actes considérés comme les plus graves). Autrement dit, si votre proche établit une procuration générale pour que vous puissiez le remplacer pour la gestion courante de son patrimoine (s'occuper des travaux d'entretien de son logement,

par exemple), cette procuration ne couvrira pas les actes les plus graves, tels que la vente de son logement. Pour vendre son appartement ou sa voiture, votre proche devra établir à votre bénéfice une procuration spéciale. Par ailleurs, une procuration devant notaire est obligatoire dans un certain nombre de cas (donation, par exemple).
Attention : entre mari et femme, les règles du mandat présentent des particularités en vue de s'adapter au cadre du mariage (voir ci-après *Les mesures prévues dans le cadre du mariage*).

› Les limites de la procuration

La question est bien sûr de savoir si cette mesure s'avère suffisante. Autant il est usuel d'accorder, pour une personne empêchée, une procuration pour une durée déterminée ou un acte spécifique, autant cette mesure est inadaptée quand l'état de vulnérabilité pèse de plus en plus sur le quotidien.
En effet, la procuration présente bien des avantages mais également certains inconvénients, notamment quand la situation perdure, s'aggrave ou encore en cas de conflits familiaux : procurations données à plusieurs mandataires et pouvant être contradictoires entre elles, contestations possibles des actes effectués par le mandataire, etc.
Il faut également noter qu'elle ne permet pas de régler des questions non patrimoniales : la procuration ne vous autorise pas à prendre des décisions médicales pour la personne empêchée, par exemple.
Dans ces différentes hypothèses, il faut veiller, en tant que proche, à ce qu'une mesure plus rigoureuse et plus durable soit mise en place : ce peut être un mandat de protection future ou une mesure de protection judiciaire (voir *Les différentes formes de protection*, p. 26).

Cas pratique

Je suis âgée et vais être hospitalisée. Puis-je désigner par avance quelqu'un en qui j'ai confiance pour m'aider à cette occasion, car cela me sécuriserait compte tenu de mon état ?

Vous pouvez effectivement désigner une personne de confiance (parent, proche, médecin traitant, etc.) qui sera consultée au cas où vous seriez hors d'état d'exprimer votre volonté.
Si vous le souhaitez, la personne vous accompagnera dans vos démarches, pourra recevoir l'information nécessaire et assistera aux entretiens médicaux pour vous aider à prendre les décisions nécessaires (CSP, art. L. 1111-6).

Les mesures prévues dans le cadre du mariage

Certaines mesures spécifiques sont prévues par les textes quand la personne vulnérable est mariée. Il vous faut les connaître ne serait-ce que parce que le juge des tutelles les envisagera avant un placement sous protection judiciaire (C. civ.,

art. 428 et 494-2). Il s'agit des règles relatives aux droits et devoirs respectifs des époux et aux régimes matrimoniaux.
Il faut tout d'abord préciser qu'il existe un mandat tacite entre époux pour les achats courants (C. civ., art. 220). Nul besoin de procuration pour qu'un époux soit engagé par les dettes de l'autre concernant l'entretien du ménage ou l'éducation des enfants. Cet engagement (on parle de la « solidarité » entre époux) a cependant certaines limites (dépenses excessives, inutilité de l'opération, recours au crédit, etc.). À noter que des règles similaires existent pour les partenaires d'un Pacs mais non entre concubins.

› Le principe

En dehors des achats courants, un époux peut, comme tout un chacun, donner procuration à l'autre pour le représenter dans certains actes indispensables à la vie familiale (C. civ., art. 218).
Par exemple, vous êtes mariés sous le régime de la séparation de biens. Votre conjoint, avant une hospitalisation, par exemple, vous donne mandat pour vendre un appartement qu'il possède. Vous avez besoin de cette autorisation puisque, à défaut, le régime matrimonial que vous avez adopté vous interdit de vous en occuper.
Il arrive cependant parfois que la situation du conjoint se dégrade trop rapidement pour qu'il ait le temps de vous donner cette procuration alors qu'une décision s'impose. Si vous êtes confronté à cette situation, vous avez tout intérêt à saisir le juge.
Comme le précise une décision, le mariage crée entre les époux, et ce quel que soit leur régime matrimonial (communauté ou séparation de biens), une association d'intérêts, ce qui explique la raison pour laquelle chacun d'eux a vocation à représenter l'autre sous le contrôle du juge (C. cass., civ. 1re, 10.985, n° 84-12476).
Deux dispositions du Code civil vous y autorisent : les articles 217 et 219 (voir ci-après).
Attention, ces règles bénéficient aux époux mais non aux concubins ou partenaires d'un Pacs.

› L'autorisation judiciaire de l'article 217

Le concours ou le consentement de votre conjoint est nécessaire pour valider l'opération que vous projetez. Par exemple, il vous paraît indispensable de vendre votre logement ou d'en résilier le bail pour des raisons financières évidentes. Or, les textes précisent que, quel que soit le régime matrimonial des intéressés (séparation ou communauté), l'accord du couple s'impose pour ce type d'opération, les opérations sur le logement conjugal étant soumises à la cogestion des époux.
Autre exemple : étant marié sous le régime de la communauté légale (sans contrat de mariage), vous désirez vendre un appartement acheté après le mariage. S'agissant d'un bien commun, l'accord de votre conjoint s'impose.
Or, votre époux(se) ne peut pas vous donner cette autorisation car il (elle) est dans l'incapacité de manifester sa volonté (du fait d'un accident, d'une maladie, etc.). Dans ce cas, vous pouvez vous faire autoriser par le juge à passer seul(e) cet acte.

Cas pratique

Un mari a été autorisé en justice à représenter son épouse dans la vente de l'immeuble commun, et ce malgré les recours engagés ensuite contre lui par la tutrice de sa femme lorsque celle-ci a été placée sous tutelle.
L'ensemble du dossier et notamment les certificats médicaux produits, constatant l'altération des facultés mentales de l'épouse et prouvant qu'elle était hors d'état de manifester sa volonté, ont emporté la conviction des juges (C. cass., civ. 1re, 18.5.1994, nº 92-14806).

› L'habilitation judiciaire de l'article 219

Cette habilitation judiciaire remplace la procuration qu'aurait pu vous donner votre conjoint s'il avait été en pleine possession de ses moyens (C. civ., art. 217 ; voir ci-avant). L'intérêt de cette habilitation donnée par le juge est qu'elle vous permet de gérer des biens communs (régime de communauté) ou en indivision (régime de séparation), mais également des biens appartenant à votre conjoint.
Vous pouvez représenter votre conjoint d'une manière générale ou pour certains actes particuliers, les conditions et l'étendue de cette représentation étant fixées par le juge.

Cas pratique

Les juges ont autorisé, sur la base de cet article, la vente par l'épouse d'une résidence secondaire inhabitée qui appartenait à son conjoint. Sa remise en état nécessitait des frais auxquels le conjoint propriétaire, âgé de 85 ans et hors d'état de manifester sa volonté au jour de la vente, ne pouvait faire face (C. cass., civ. 1re, 10.985, nº 84-12476).

Le mandat de protection future

Une autre mesure a été introduite, par la loi du 5 mars 2007, dans le paysage des protections de la personne vulnérable : il s'agit du mandat de protection future (C. civ., art. 477 à 494 ; CPC, art. 1258 à 1260).
Avec ce mandat, une personne peut, en pleine possession de ses moyens (elle ne doit pas faire l'objet d'une mesure de tutelle ou d'une habilitation familiale), désigner une personne de confiance chargée, si besoin est le moment venu, de la représenter au cas où elle ne pourrait plus gérer seule ses intérêts personnels et/ou patrimoniaux.

À NOTER

Le mandat pour autrui Ce mandat concerne également un autre cas de figure, à savoir celui de la personne désireuse de protéger les intérêts de son enfant majeur handicapé, le jour où elle-même n'en sera plus capable. Les parents (ou le dernier vivant des père et mère) ne doivent pas faire l'objet d'une mesure de curatelle, de tutelle ou d'une habilitation familiale, et exercer l'autorité parentale sur leur enfant mineur ou assumer la charge matérielle et affective de leur enfant majeur.

L'intérêt de cette mesure est qu'elle emprunte pour partie les règles de la procuration (la personne choisit librement son mandataire, l'intervention du juge n'est pas nécessaire pour sa mise en œuvre, le mandataire doit accepter la mission qu'on lui confie…), mais pour partie également les règles d'une tutelle (les pouvoirs du mandataire peuvent concerner la personne elle-même et non seulement ses biens, il doit faire un inventaire des biens, ses activités sont contrôlées, etc.).

› Comment le mettre en œuvre ?

Qu'il s'agisse d'un mandat pour soi ou pour son enfant handicapé, il ne prend effet que si certaines conditions sont remplies :
- la personne à protéger est hors d'état de s'occuper elle-même de ses intérêts (selon les termes de la loi, elle présente une altération de ses facultés empêchant l'expression de sa volonté) ;
- cet état est constaté par un certificat médical datant de 2 mois au plus, émanant d'un médecin agréé (il est nécessaire de demander la liste au greffe du juge des tutelles du tribunal d'instance de son domicile) ;
- dans le cas d'un mandat prévu pour un enfant handicapé, ses parents sont soit décédés, soit hors d'état de s'en occuper car leurs facultés sont altérées.

S'il accepte le mandat, le mandataire procède à son enregistrement auprès du greffe du juge des tutelles. Il est en principe accompagné de la personne à protéger (mandant ou enfant bénéficiaire du mandat). Le mandat de protection future prend effet à compter de la date de sa présentation par le mandataire au greffe du juge des tutelles. N'hésitez pas à téléphoner au greffe avant de vous déplacer pour que votre dossier soit complet.

Une fois enregistré, le mandat de protection future sera alors mis en œuvre, si nécessaire, au moment où la personne à protéger ne sera plus en mesure de veiller à ses intérêts (C. civ., art. 481 ; CPC, art. 1258-1 et suivants).

› Le choix du mandataire

Toute personne qui se sent vulnérable peut donc charger une personne de son choix (membre de la famille, proche, etc.) de ses intérêts. Si elle ne sait pas vers qui se tourner car elle est isolée, veuve ou célibataire, sans enfant ou encore qu'elle ne désire pas impliquer ses proches dans ses affaires, elle peut choisir un professionnel, tel l'avocat ou l'expert-comptable, voire une personne morale (association…) inscrite sur la liste des mandataires judiciaires à la protection des majeurs (MJPM).

Bien plus, la personne concernée peut prendre plusieurs mandataires : par exemple, l'un pour s'occuper de ses comptes (ou de ceux de son enfant handicapé, s'il s'agit d'un mandat prévu dans ce cas) et l'autre de sa personne (ou de celle de son enfant).

Comme pour la tutelle, la curatelle ou la sauvegarde de justice, il n'est en revanche pas possible de choisir un médecin, un membre des professions médicales et de la pharmacie ou un auxiliaire médical (infirmier, etc.) (C. civ., art. 445).

› Le rôle du mandataire

Si vous êtes désigné par votre meilleur ami comme mandataire dans le cadre d'un mandat de protection future, réfléchissez bien aux différentes contraintes que cela implique : êtes-vous prêt à assumer cette charge et ces responsabilités ? Sachez qu'un mandat rédigé par un notaire ou un avocat peut apporter plus de sécurité à votre ami qu'un mandat « sous seing privé », même si un modèle officiel est à votre disposition (voir le modèle *Mandat de protection future*, p. 171). Par ailleurs, votre domaine d'intervention sera plus étendu si le mandat est notarié (voir ci-après).

Si vous êtes désigné pour vous occuper des biens de votre proche, vous devrez :

- faire procéder à l'inventaire de ses biens. Dans le cadre d'un mandat, et contrairement à la tutelle, l'inventaire est fait dès que la mesure est effective ;
- assurer son actualisation au cours du mandat afin de maintenir à jour l'état du patrimoine ;
- établir annuellement le compte de la gestion qui est vérifié selon les modalités définies par le mandat et que le juge peut en tout état de cause faire vérifier (C. civ., art. 486, 511).

Vous devrez conserver l'inventaire des biens et ses actualisations, les 5 derniers comptes de gestion, les pièces justificatives ainsi que celles nécessaires à la continuation de l'inventaire. Vous êtes tenu de les présenter au juge des tutelles ou au procureur de la République, s'ils vous les demandent (C. civ., art. 494).

Vous serez contrôlé dans votre gestion soit par le notaire s'il s'agit d'un mandat notarié, soit par la personne en charge du contrôle, dont le nom figure dans l'acte (voir le modèle *Mandat de protection future*, p. 171).

Si vous êtes désigné pour vous occuper de la personne elle-même, sachez que, dans la mesure où son état le permet, elle continuera de prendre les décisions personnelles la concernant. Les actes impliquant un consentement strictement personnel ne pourront jamais être accomplis par vous ou avec vous (voir *Qui fait quoi ?*, p. 109).

Enfin, vous devrez faire intervenir le juge des tutelles lorsque cela est nécessaire (voir *L'intervention du juge*, p. 9).

(Sur les obligations du mandataire, voir aussi *Quelles sont les obligations du protecteur ?*, p. 97).

› Mandat notarié ou non ?

Le mandat doit être conclu par acte notarié quand il est établi par le parent pour son enfant handicapé. En dehors de ce cas, il peut être notarié ou bien établi par un avocat ou encore sans avocat, directement par les intéressés. Un modèle obligatoire doit être utilisé en l'absence de l'assistance d'un notaire ou d'un avocat. Le décret n° 2009-1628 du 23 décembre 2009 (complété par un arrêté du même jour) prévoit un formulaire à remplir contenant à la fois des informations sous forme de réponses à des questions, et des instructions précises pour établir le mandat (voir le formulaire *Mandat de protection future*, reproduit p. 171). Le formulaire Cerfa n° 13592*02, accessible sur le site Internet : www.service-public.fr/particuliers/vosdroits/R17967, est reproduit dans cet ouvrage (voir le modèle

Mandat de protection future, p. 171). Il convient, en outre, de faire enregistrer ce mandat à la recette des impôts de votre domicile pour lui donner date certaine (125 €).

Le champ d'application du mandat sous seing privé (hors notaire) est limité aux seuls actes de gestion courante, c'est-à-dire à l'ensemble des actes d'administration. Il faudra donc demander l'autorisation du juge des tutelles pour les actes de disposition.

Dans le cadre d'un mandat notarié, le champ d'application de la gestion des biens est plus étendu puisque le mandat peut porter non seulement sur les actes d'administration (gestion courante, par exemple : la mise en location d'un appartement de la personne sous mandat), mais également sur les actes de disposition du patrimoine (vente d'une maison, par exemple), à l'exception de ceux effectués « à titre gratuit », comme une donation. Pour ces actes gratuits, il conviendra de demander l'autorisation du juge des tutelles (voir ci-après, *L'intervention du juge*).

Ces notions d'acte d'administration et de disposition sont expliquées dans le chapitre : *Qui fait quoi ?*, p. 109.

› L'intervention du juge

Si en tant que mandataire, vous devez prendre une décision « ayant pour effet de porter gravement atteinte à l'intégrité corporelle de la personne protégée ou à l'intimité de sa vie privée » (par exemple, vous désirez autoriser le tournage d'un film où apparaît la personne dont vous vous occupez, vous désirez autoriser une intervention chirurgicale), ou encore lorsque des difficultés surgissent sur le choix du lieu de la résidence de la personne dont vous vous occupez ou dans ses relations avec les tiers, vous devez impérativement solliciter l'autorisation ou l'arbitrage du juge des tutelles (C. civ., art. 459, 3e alinéa, 459-2 et 479 – sur tous ces points, voir *Protéger la personne*, p. 110).

Si vous estimez nécessaire d'accomplir, dans l'intérêt de la personne, un acte non prévu par le mandat, vous devez également vous adresser au juge (C. civ., art. 493).

Il peut également arriver que vous souhaitiez, en tant que mandataire, être déchargé de vos fonctions alors que le mandat a déjà été mis en œuvre. Seul le juge des tutelles pourra vous retirer cette charge. Il faut donc le saisir à cette fin, par requête. Vous expliquerez clairement vos motivations, en rappelant vos coordonnées, celles de la personne sous mandat et la date de mise en vigueur du mandat (C. civ., art. 480, dernier alinéa).

Enfin, « tout intéressé » (il peut s'agir d'un ami, d'un membre de la famille ou de toute autre personne) qui conteste la mise en œuvre du mandat ou les conditions et modalités de son exécution peut saisir le juge, notamment lorsqu'il s'avère que les conditions prévues par la loi ne sont pas réunies, ou encore lorsque le mandat est mal exécuté (C. civ., art. 484).

Le juge qui met fin au mandat peut ouvrir une mesure de protection (tutelle, curatelle ou encore sauvegarde avec mandat spécial) à sa place. Il peut également ouvrir une autre mesure en complément : une curatelle, par exemple (C. civ., art. 485).

À NOTER

Fin du mandat par l'ouverture d'une curatelle Selon un arrêt, dans la mesure où une personne est placée sous curatelle postérieurement à la mise en exécution du mandat de protection future et qu'aucune décision du juge des tutelles n'a maintenu ce mandat, celui-ci doit cesser (C. civ. 1re, 29.5.2013, n° 19-851).

› La publicité du mandat de protection future

La loi n° 2015-1776 du 28 décembre 2015, relative à l'adaptation de la société au vieillissement, a prévu la publicité de ce mandat sur un registre spécial. Cette publicité doit permettre d'assurer la sécurité juridique du dispositif, en permettant aux professionnels du droit d'avoir connaissance de l'expression de volonté du mandant, ce qui évite ainsi le prononcé d'une mesure de protection judiciaire (Réponse ministérielle n° 85699, *JOAN Q* du 17 mai 2016, p. 4268). Reste qu'aujourd'hui, les modalités de cette mesure de publicité, ainsi que l'accès au registre créé par la loi, ne sont toujours pas fixés.

À NOTER

Pour plus d'informations Pour tous renseignements, il convient de s'adresser aux professionnels que sont le notaire ou l'avocat. Les services sociaux de votre mairie peuvent également être d'excellents interlocuteurs.

On peut également consulter le site ministériel : www.justice.gouv.fr/art_pix/1_gt_mandat protectionfuture_200604_bd.pdf

Les mesures d'aide à la personne en difficulté sociale

La réforme du 5 mars 2007 ayant supprimé l'ancien cas de curatelle pour « intempérance ou prodigalité », les personnes prises en charge auparavant dans ce cadre peuvent dorénavant être concernées par ces mesures d'aide à la gestion des prestations sociales, énumérées ci-après.

La loi procède en deux temps :
- elle prévoit une mesure d'aide purement administrative ;
- en cas d'échec de cette mesure, elle prévoit le recours au juge des tutelles et la désignation d'un mandataire.

› La mesure administrative d'accompagnement social personnalisé (MASP)

Cette mesure pré-judiciaire concerne la personne majeure qui perçoit certaines prestations sociales et dont la santé ou la sécurité est menacée par ses difficultés à gérer ses ressources. Les prestations sociales concernées sont fixées par le décret n° 2008-1498 du 22 décembre 2008, modifié par le décret n° 2009-404 du

15 avril 2009. Elles figurent sous l'article D. 271-2 du Code de l'action sociale et des familles (aides versées en raison d'un handicap ou d'une invalidité, aides versées en raison de l'âge ou de l'inactivité, prestations de logement, etc.). Ainsi, si vous connaissez un proche en grande difficulté socio-économique, vous pouvez signaler son cas aux services sociaux. La personne concernée peut elle-même demander la mise en place de cette mesure en s'adressant à ces mêmes services (CASF, art. L. 271-1 à L. 271-8).
En pratique, l'aide prend la forme d'un contrat conclu, pour une durée de 6 mois à 2 ans renouvelable (sans que la durée totale de la mesure puisse excéder 4 ans), entre l'intéressé et le département, reposant sur des engagements réciproques et des actions, menées par les services sociaux, dans le but de l'aider à rétablir les conditions d'une gestion autonome des prestations sociales.
La personne en difficulté peut aussi autoriser le département à percevoir et à gérer certaines de ses prestations sociales, en les affectant en priorité au paiement du loyer et des charges locatives en cours. La mesure d'accompagnement social repose sur le consentement de l'intéressé. Cependant, elle peut lui être imposée suite à la décision du juge d'instance de versement direct au bailleur d'une partie des prestations sociales en règlement des loyers et charges locatives (CASF, art. L. 271-5). Le but de cette mesure étant d'éviter une expulsion pour l'intéressé.

› La mesure d'accompagnement judiciaire (MAJ)

Lorsque la MASP n'a pas permis à son bénéficiaire d'assurer seul la gestion de ses prestations sociales, que sa santé ou sa sécurité sont compromises et qu'il est impossible de confier la gestion des prestations à un conjoint, le procureur de la République peut saisir le juge des tutelles d'une mesure d'accompagnement judiciaire (MAJ). Pour ce faire, il est informé par le président du conseil départemental qui lui transmet un rapport circonstancié concernant la personne en difficulté (C. civ., art. 495 et suivants ; CPC, art. 1262-1 et suivants).
Concrètement, il s'agit également d'un dispositif d'aide à la gestion des prestations sociales mais qui est subsidiaire à la MASP : il n'est pas mis en place directement mais seulement si la MASP n'a pas été efficace. Un mandataire judiciaire à la protection des majeurs (MJPM), désigné par le juge des tutelles, perçoit les prestations incluses dans la mesure et fixées par le juge puis les gère pour le compte de la personne concernée.
La mandataire assure dans le même temps une action éducative auprès de la personne afin de l'aider à rétablir son autonomie dans la gestion de ses prestations sociales. Il doit établir un compte annuel de sa gestion, qui est soumis à la vérification du greffier en chef.
La MAJ est prononcée par le juge des tutelles pour une durée qui ne peut excéder 2 ans et peut être renouvelée de telle sorte que sa durée ne puisse pas dépasser 4 ans au total (C. civ., art. 495-8). Elle n'entraîne aucune incapacité. Une MASP peut être proposée aux personnes sous MAJ arrivée à échéance.

À NOTER

Une mesure non cumulable avec la protection juridique Cette mesure d'accompagnement judiciaire ne peut pas être prononcée si la personne bénéficie d'une mesure de protection juridique (tutelle, curatelle, sauvegarde de justice ou habilitation familiale et mandat de protection future). Elle n'est mise en place qu'en cas d'impossibilité de confier la gestion des prestations à un conjoint.

› Des modifications envisageables ?

En février 2012, les Assises nationales de la protection juridique des majeurs, organisées par les quatre fédérations du secteur (CNAPE, FNAT, UNAF, Unapei), ont permis de dresser un premier bilan de la loi du 5 mars 2007 portant notamment sur ces mesures. Selon cet intitulé « Livre blanc sur la protection juridique des majeurs », accessible sur Internet – www.unaf.fr –, la création de mesures alternatives à la protection juridique, saluée par tous les acteurs, ne souffre pas de contestations majeures. Cependant, sa limitation aux seuls bénéficiaires de prestations sociales prive les personnes en réelle difficulté de pouvoir être accompagnées par ce dispositif. C'est un écueil majeur de la réforme comme le rappelle le Défenseur des droits dans son rapport du 29 septembre 2016.

Les recours contre l'abus de faiblesse

Qui n'a pas entendu parler de démarcheurs entreprenant une personne âgée ou vulnérable ou encore d'abus émanant de prétendus « amis » ou voisins indélicats ? Sachez que l'exploitation de la vulnérabilité d'une personne (ou « abus de faiblesse ») est pénalement sanctionnée aussi bien par le Code pénal que par le Code de la consommation.

À NOTER

Procédures en annulation Il existe d'autres procédures envisageables, prévues par le Code civil, permettant la remise en cause d'actes de la personne vulnérable en cas d'abus. Si l'abus a été accompli sur une personne manifestement sous l'emprise d'un trouble mental, la victime (son protecteur sous certaines conditions) peut engager la procédure en annulation d'acte prévue par l'article 414-1 du Code civil (voir *L'annulation d'un acte pour vice de consentement ou pour trouble mental*, p. 58).

S'il a été commis moins de 2 ans avant le jugement mettant en place une tutelle, une curatelle ou, dorénavant, une habilitation familiale, l'abus peut également entraîner la réduction ou l'annulation de l'engagement de la personne vulnérable dans les conditions prévues par l'article 464 (pour la tutelle et la curatelle) et 494-9 du Code civil (pour l'habilitation familiale). Ont ainsi pu être remis en cause des crédits à la consommation concernant des travaux, inutiles et onéreux, souscrits par une femme âgée quelques mois avant sa mise sous curatelle. Il était avéré que la société de travaux avait conscience de son état (CA Paris, Pôle 4, ch. 9, 11.6.2015, n° 13/08036, Dt de la famille, revue Lexisnexis, Jurisclasseur 9.2015, p. 71 – voir *La « période suspecte » avant une tutelle, curatelle ou habilitation familiale*, p. 61).

Quel que soit le cas de figure, ces événements doivent résonner comme des signaux d'alerte pour les proches, la personne n'étant manifestement pas en mesure de se défendre contre de telles manœuvres. Des mesures de protection doivent alors être envisagées, mesures qui, d'ailleurs, facilitent la remise en cause d'actes accomplis avant leur mise en place (voir *La « période suspecte » avant une tutelle, curatelle ou habilitation familiale*, p. 61).

› L'abus de faiblesse selon le Code pénal

L'article 223-15-2 du Code pénal incrimine « l'abus frauduleux de l'état d'ignorance ou de la situation de faiblesse soit d'un mineur, soit d'une personne dont la particulière vulnérabilité due à son âge, à une maladie, à une infirmité, à une déficience physique ou psychique ou à un état de grossesse, est apparente ou connue de son auteur, soit d'une personne en état de sujétion psychologique ou physique résultant de l'exercice de pressions graves ou réitérées ou de techniques propres à altérer son jugement pour conduire ce mineur ou cette personne à un acte ou à une abstention qui lui sont gravement préjudiciables. »

Cette vulnérabilité recouvre des situations très diverses. L'abus de faiblesse peut ainsi être reconnu par la justice, même si la personne n'est pas sous un régime de protection. Les peines encourues sont de 5 ans d'emprisonnement et de 750 000 € d'amende. Cette peine pouvant être augmentée si l'abus est commis par le dirigeant d'un groupement « qui poursuit des activités ayant pour but ou pour effet de créer, de maintenir ou d'exploiter la sujétion psychologique ou physique des personnes qui participent à ces activités ». Outre la condamnation pénale du professionnel indélicat, la victime de l'abus peut, en se constituant partie civile, obtenir son indemnisation. Sur la marche à suivre pour agir au pénal, voir *Comment réagir face à un abus de faiblesse ?*, p. 15. Quelques exemples, tirés du rapport de la Cour de cassation de 2009, traitant de la vulnérabilité, sont donnés ici (http://courdecassation.fr/publications_26/rapport_annuel_36/rapport_2009_3408).

Cas pratiques

L'abus de faiblesse a été retenu dans les affaires suivantes :

- Une personne âgée de 72 ans, en état de grande solitude et de détresse, se livre à des achats compulsifs, en nombre tel que deux des trois pièces de son appartement sont condamnées car complètement envahies d'objets hétéroclites, achetés par correspondance pour la plupart. Elle a d'ailleurs été placée sous tutelle après la découverte des faits (C. cass., crim., 15.10.2002, n° 01-86697) ;
- Une femme âgée de 86 ans, dans un état de solitude affective suite au décès de son mari, se désintéresse de la gestion de ses biens et de ses revenus et ignore les mécanismes juridiques, bancaires et comptables car, de son vivant, son mari s'occupait de tout. Son âge, son état d'ignorance en matière juridique et financière, sa confusion au niveau de la monnaie en cours et sa situation de faiblesse étaient apparents et manifestement connus d'un couple d'« amis » qui la fréquentait depuis une trentaine d'années et l'a hébergée pendant 20 mois. Au terme de son séjour, ces

derniers sont parvenus à s'emparer, de façon irrévocable, de la totalité de ses biens immobiliers et de ses avoirs bancaires jusqu'à laisser son compte à découvert (C. cass., crim., 21.2.2006, n° 05-85865).

• Une personne qui avait obtenu d'être mentionnée sur le testament d'une personne vulnérable en tant que légataire universel (C. cass., crim., 16.12.2014, n° 13-86620).

• À l'inverse, une cour d'appel a considéré qu'une personne âgée de 78 ans, affaiblie par une intervention chirurgicale suivie d'un lourd traitement médical, et qui avait pourtant été placée ensuite sous sauvegarde de justice puis sous curatelle, ne se trouvait pas dans une situation de faiblesse et de particulière vulnérabilité au moment des faits (C. cass., crim., 16.11.2004, n° 03-87968).

› L'abus de faiblesse selon le Code de la consommation

Abuser de la faiblesse ou de l'ignorance d'une personne est également sanctionné par le Code de la consommation. Ainsi, le fait de faire souscrire, lors de visites à domicile, des engagements au comptant ou à crédit « lorsque les circonstances montrent que cette personne n'était pas en mesure d'apprécier la portée des engagements qu'elle prenait ou de déceler les ruses ou artifices déployés pour la convaincre à y souscrire ou font apparaître qu'elle a été soumise à une contrainte » est un abus de faiblesse.

L'abus est susceptible d'être sanctionné dans le cadre d'autres opérations, à savoir :

- à la suite d'un démarchage par téléphone ou télécopie ;
- à la suite d'une sollicitation personnalisée, sans que cette sollicitation soit nécessairement nominative, à se rendre sur un lieu de vente, effectuée à domicile et assortie de l'offre d'avantages particuliers ;
- à l'occasion de réunions ou d'excursions organisées par le professionnel ou à son profit ;
- lorsque la transaction a été faite dans des lieux non destinés à la commercialisation du bien ou du service proposé ou dans le cadre de foires ou de salons ;
- lorsque la transaction a été conclue dans une situation d'urgence ayant mis la personne dans l'impossibilité de consulter un ou plusieurs professionnels qualifiés, tiers au contrat.

De même, le fait d'abuser de la faiblesse ou de l'ignorance d'une personne pour se faire remettre, sans contreparties réelles, des paiements (en numéraire, par virement, chèques, carte bancaire, etc.) est sanctionné (C. consom, art. L. 121-8 et L. 121-10).

Cas pratiques

• Il a ainsi été jugé qu'une personne fragile de 74 ans n'avait pas été en mesure d'apprécier la portée de ses engagements ; en l'espèce, elle avait acheté deux systèmes d'alarme parfaitement inutiles et surtout d'un montant disproportionné par rapport à ses revenus puisqu'elle avait signé des offres de crédit dont les mensualités représentaient le tiers de son budget (C. cass., crim., 19.4.2005, n° 04-83902).

• Une seule visite peut suffire pour qu'il y ait abus de faiblesse, il n'est pas nécessaire de prouver l'existence de plusieurs interventions. Cette précision a été apportée à propos d'un démarcheur (vente de vin) qui avait pu constater, lors d'une unique visite, qu'il s'adressait à des personnes âgées, seules, malades, ne sachant plus compter suffisamment ni comprendre un document. Il était avéré qu'elles n'étaient donc pas en mesure d'apprécier la portée de leurs engagements, de déceler les ruses ou artifices déployés pour les convaincre. Elles n'avaient en outre pas besoin de vins en ces quantités et prix sans rapport avec leurs situations, besoins et possibilités (C. cass., crim., 8.3.2016, n° 14-88347).

› Comment réagir face à un abus de faiblesse ?

Deux possibilités s'offrent à la victime de l'abus incriminé par le Code de la consommation :

- elle peut saisir la juridiction civile compétente pour demander tant l'annulation de l'engagement, que la restitution des sommes versées et son indemnisation. Pour savoir quel tribunal saisir, il faut tenir compte du montant des sommes en jeu. Par exemple, si le prix des bouteilles de vin commandées comme dans notre dernier exemple, s'élève à 9 000 € et que la personne demande 2 000 € d'indemnisation, c'est le tribunal de grande instance (TGI) qui est compétent car le montant total des sommes en jeu dépasse 10 000 €.
Si le montant des sommes en jeu est inférieur ou égal à 4 000 €, c'est le juge de proximité qui est compétent, du moins jusqu'au 1er juillet 2017, date de sa disparition programmée au profit du tribunal d'instance. En effet, ce dernier est compétent jusqu'à cette date pour toute somme comprise entre 4 000 et 10 000 € et, à compter de cette date, pour toute somme inférieure à 10 000 € ;
- elle peut saisir la juridiction pénale si elle désire obtenir des sanctions contre le professionnel. En effet, en matière pénale, l'abus de faiblesse constitue un délit puni de 5 ans d'emprisonnement et de 750 000 € d'amende (C. consom, art. L. 132-13 à L. 132-15).

La juridiction pénale est seule compétente si la victime se fonde sur le Code pénal. Dans ces cas, la victime doit porter plainte et « se constituer partie civile ». Ce n'est en effet qu'à cette condition qu'elle obtiendra l'indemnisation de son préjudice (par exemple, le remboursement des sommes versées, mais aussi tout autre préjudice subi, qu'elle devra prouver).

En pratique, elle doit déposer plainte à la gendarmerie ou au poste de police le plus proche du lieu de l'infraction. Cette plainte peut également être adressée au procureur du tribunal de grande instance du lieu de l'infraction. Elle va donner lieu à une enquête au cours de laquelle la personne vulnérable pourra formuler sa demande de dommages et intérêts en se constituant partie civile. À son terme, une décision est prise par le procureur de la République dont la victime est informée (convocation au tribunal de la personne ou de l'organisme ayant commis l'abus ou, au contraire, classement sans suite, etc.).

Le plus simple pour la personne vulnérable peut consister, avec l'aide d'un proche, à contacter :
- une association agréée de consommateurs qui pourra l'aider à monter son dossier, voire l'accompagner lors de ses démarches ;
- les services de la DDPP (Direction départementale de la protection des populations : www.economie.gouv.fr) ;
- les services sociaux de la mairie qui peuvent également l'orienter ;
- un avocat, le cas échéant dans le cadre de sa Maison de justice et de droit (MJD) dont elle aura les coordonnées par sa mairie.

Une condamnation pénale pour un abus de faiblesse sanctionné par le Code de la consommation entraîne la nullité de plein droit du contrat (contrairement à l'abus sanctionné par le Code pénal).

MON CONSEIL

Des aides pour les personnes âgées en perte d'autonomie La situation de votre proche vous inquiète. S'il s'agit d'une personne âgée en perte d'autonomie, et au-delà de la question de sa protection juridique, sachez que vous pouvez accéder, depuis juin 2015, à un numéro national d'information : le 0 820 10 39 39 (0,15 €/min). Il permet à l'entourage d'obtenir des informations sur les aides à domicile, les maisons de retraite, etc. Vous pouvez aussi vous connecter sur le site Internet : www.pour-les-personnes-agees.gouv.fr. Les services sociaux de votre mairie peuvent également vous renseigner et notamment – s'il y en a dans votre commune – votre Clic (Centre local d'information et de coordination gérontologique).

Quand un placement s'impose

Les différents dispositifs vus ci-avant s'avèrent, dans certains cas, insuffisants et le recours au placement sous protection peut alors s'imposer. Pourtant, l'entourage hésite souvent quant au principe même d'un placement, craignant d'infliger une blessure d'amour-propre à la personne vulnérable ou d'attenter à sa dignité. En clair, quelle attitude adopter ? Comment savoir si une mesure plus protectrice s'impose ?

› Être à l'écoute des signaux d'alerte et agir sans tarder

Certains comportements de votre proche doivent résonner comme des signaux d'alerte : mémoire défaillante, signes de confusion, lieu de vie non entretenu, factures impayées, paranoïa latente, etc. Sachez que sont également retenus par les tribunaux la solitude affective de la personne, un profond état de détresse, une désocialisation, un faible niveau intellectuel…

Tous ces signes indiquent que votre proche n'est plus en mesure d'exprimer sa volonté ; il n'est plus lui-même, du fait notamment de l'âge ou d'une maladie. En clair, il a besoin de votre aide.

La première des choses à faire est évidente : dialoguer avec lui. Avec tact, vous devez tenter de lui faire partager votre inquiétude, exemples à l'appui, en lui expliquant que cette mesure est prise dans son intérêt, puis d'obtenir son accord sur la mise en place d'une procédure de protection.
Bien sûr, vous n'êtes pas forcément à même de savoir quel type de mesure il convient de mettre en place. Ce point ne doit pas vous inquiéter outre mesure car c'est le juge des tutelles qui en décidera selon le dossier que vous aurez constitué.
En revanche, il ne semble pas qu'il y ait de possibilité de « passerelle » entre la nouvelle procédure d'habilitation familiale et les autres mesures (voir *L'habilitation familiale, un dispositif conçu pour les familles qui s'entendent*, p. 52).
Votre seul devoir de proche est de déceler la vulnérabilité d'un intime et de saisir la justice afin qu'il soit protégé.

MON CONSEIL

Faites-vous aider par votre médecin traitant Vous hésitez sur l'attitude à adopter face à votre proche qui ne semble pas se rendre compte de la situation. Vous ne savez pas s'il vaut mieux demander un placement ou opter pour une procédure plus légère. Pourquoi ne pas demander conseil au médecin de famille ? Il est en effet l'un des premiers qui pourra vous conseiller sur l'état de santé mental ou physique de votre proche.
En tout état de cause, qu'il s'agisse d'une mesure de protection judiciaire (habilitation familiale, tutelle, curatelle ou sauvegarde de justice) ou de l'établissement d'un mandat de protection future, la loi exige un certificat médical. En l'occurrence, ce n'est pas votre médecin qui va l'établir mais un médecin agréé figurant sur une liste qui vous sera remise par le greffe du tribunal. Votre médecin traitant peut cependant être amené à intervenir dans la procédure à la demande de ce médecin agréé, et ce pour décider de la mise en place d'un placement ou pour son renouvellement.
Le médecin traitant est aussi celui qui peut directement déclencher la mise en place d'une des protections juridiques existantes, à savoir la sauvegarde de justice (CSP, art. L. 3211-6 ; voir *La mise en place d'une mesure de protection*, p. 67).
C'est lui qui donnera son avis en cas de vente du logement pour un accueil en établissement (voir *Les interventions concernant le logement*, p. 118).
Attention : demander conseil au médecin ne signifie pas que celui-ci sera chargé du rôle de tuteur, de curateur ou fera partie d'un conseil de famille : le médecin, comme les autres membres des professions médicales et de la pharmacie ainsi que les auxiliaires médicaux (infirmiers, etc.), ne peut pas exercer une telle charge à l'égard de ses patients (C. civ., art. 445 ; voir *Cas pratiques*, p. 91).

› Un observatoire des mesures concernant les plus vulnérables : une mesure utile

Un Observatoire national des populations « Majeurs Protégés » (ONPMP) réalise chaque année une étude de l'ensemble de la population majeure protégée dont la mesure de protection est assurée par une Union départementale des associations familiales (UDAF).

Un rapport préconise la mise en place d'un dispositif national d'observation des personnes protégées, animé par la Direction générale de la cohésion sociale (DGCS) permettant de mieux connaître les caractéristiques de ce public (rapport IGAS, Financement par les organismes de sécurité sociale des mandataires judiciaires à la protection des majeurs, juillet 2014).

Les principes de la protection juridique

Les différentes mesures existantes étant largement méconnues, les familles se trouvent souvent démunies quand elles se trouvent confrontées à l'opposition de la personne vulnérable ou à leur propre sentiment de culpabilité.
Pourtant, les dispositifs prévus par les textes, diversifiées, modulables et adaptées à l'état de la personne, toujours temporaires, ne seront prises qu'en fonction de l'état de vulnérabilité constaté par le juge et dans le seul intérêt de cette personne.

Protéger la vulnérabilité

Permettre à votre proche (ami, ancien collègue, parent…) de vivre sa vie sans risquer d'être la proie d'abus divers de personnes profitant de sa faiblesse, tout en étant épaulé au quotidien, est l'objectif des mesures de protection de la personne.

› L'altération des facultés mentales ou corporelles

Parce qu'elle porte atteinte aux droits de la personne, une mesure de protection, quelle qu'elle soit, doit être justifiée par des raisons juridiques. Si la règle de principe est qu'à partir de 18 ans, une personne est considérée comme juridiquement apte à réaliser tous les actes de la vie civile et notamment à administrer et disposer de tous ses biens personnels, certaines circonstances de la vie (accident, maladie, âge avancé…) peuvent entraîner une altération de ses facultés mentales (le plus fréquent) ou de ses facultés corporelles (voir *Cas pratiques*, p. 20) qui la met dans l'impossibilité de pourvoir seule à ses intérêts (C. civ., art. 425).
« Le Code civil n'emploie pas le terme de *personne vulnérable* dans les articles consacrés aux majeurs protégés. Pourtant, ces derniers sont par définition des personnes vulnérables, des personnes qui peuvent être blessées, qui résistent mal aux attaques, selon la définition du dictionnaire » (rapport de la Cour de cassation 2009 : Les personnes vulnérables dans la jurisprudence de la Cour de cassation, accessible sur le site : www.courdecassation.fr).
Voici en quels termes est définie la vulnérabilité susceptible d'entraîner le placement d'une personne : « Toute personne dans l'impossibilité de pourvoir seule à ses intérêts en raison d'une altération, médicalement constatée, soit de ses facultés mentales, soit de ses facultés corporelles de nature à empêcher l'expression de sa volonté, peut bénéficier d'une mesure de protection juridique prévue au présent chapitre. […] La mesure est destinée à la protection tant de la personne que des intérêts patrimoniaux de celle-ci. Elle peut toutefois être limitée expressément à l'une de ces deux missions. »

Notons que cette notion d'altération des facultés est commune aux quatre régimes de protection judiciaire, mais également à la mise en place d'un mandat de protection future.
En pratique, les situations qui répondent à cette exigence légale sont extrêmement variées (maladie, infirmité, coma, affaiblissement dû à l'âge, handicap mental, etc.).

Cas pratiques

Comme le rappelle le rapport de la Cour de cassation 2009, cité ci-avant, l'altération des facultés corporelles ne peut entraîner le placement sous un régime de protection que si elle empêche l'expression de la volonté ou si la communication avec l'entourage est impossible ou très difficile.

- Ainsi, le fait qu'un majeur souffre depuis plusieurs années d'une maladie invalidante qui le prive de toute autonomie, telle la sclérose en plaques, n'est pas suffisant s'il n'est pas, en outre, constaté que cette altération des facultés corporelles empêche le majeur d'exprimer sa volonté (C. cass., civ. 1re, 17.10.2007, n° 06-14.155).
- De même, des difficultés de déplacement ou une altération de la vue ou de l'ouïe ne peuvent justifier le prononcé d'une mesure de protection que si elles empêchent l'expression de la volonté (C. cass., civ. 1re, 3.1. 2006, n° 02-19.537).
- Un arrêt de la Cour de cassation reproche aux juges d'avoir placé une personne sous curatelle au motif qu'elle est malvoyante et, ayant été victime de nombreuses chutes, se déplace désormais en fauteuil. Même si ses facultés intellectuelles sont demeurées bonnes, elle se trouve, selon les premiers juges, dans l'incapacité physique de contrôler utilement la gestion de ses biens. Cet arrêt est cassé car en se déterminant ainsi, sans préciser si l'altération de ses facultés corporelles empêchait l'intéressée d'exprimer sa volonté, le tribunal n'a pas donné de base légale à sa décision (C. cass., civ. 1re, 30.9.2009, n° 09-10127).

Ces décisions ont été rendues sous l'empire de l'ancienne législation ; cependant, la réforme de 2007 reprend à l'identique cette exigence selon laquelle l'altération des facultés corporelles doit empêcher l'expression de la volonté.

› La nécessité du certificat médical circonstancié

Pour demander l'ouverture d'une mesure de protection, vous devez apporter la preuve de la dégradation de la santé de votre proche. Lors du dépôt de la requête, et ce « sous peine d'irrecevabilité », vous devez donc impérativement joindre un certificat médical qui atteste l'altération des facultés de la personne, de nature à empêcher l'expression de sa volonté.
Adressez-vous au greffe du juge des tutelles pour obtenir, outre un modèle de requête à adresser au juge, une liste des médecins agréés qui peuvent établir le certificat médical exigé par la loi. Comme vous le constaterez, il s'agit le plus souvent de médecins psychiatres, de gériatres ou de neurologues.
Ce certificat est un pré-requis tant pour une demande de protection que lors d'une demande de renforcement de la mesure (par exemple, passage de la curatelle à la curatelle aggravée).

Signalons à cet égard une certaine jurisprudence (l'affaire Bettencourt, pour ne pas la citer, mais elle n'est pas la seule) qui tend à déclarer recevable, malgré les termes légaux, une requête sans certificat. L'idée est qu'une personne ne doit pas pouvoir faire obstacle à une mesure de protection qui lui serait bénéfique, en refusant de se faire examiner. L'absence de certificat pourrait être palliée par d'autres documents médicaux, telle une expertise médicale ordonnée par le juge. Sur cette question, il faut noter l'intervention d'un arrêt de la Cour de cassation qui devrait faire cesser cette controverse. En l'espèce, le procureur de la République avait joint à sa requête en placement, non le certificat médical circonstancié, mais un simple courrier d'un médecin attestant de l'impossibilité d'effectuer l'examen de la personne du fait du refus de celle-ci. La décision du juge instaurant la mesure de protection a été cassée (C. cass., 1re civ., 29 juin 2011, n° 10-21879). Pourtant, malgré cet arrêt, plusieurs cours d'appel ont continué à admettre des placements sur la base de certificats médicaux de carence (par exemple, CA Douai, 11.1.2013, n° 12/05941). (Sur le contenu du certificat médical, voir p. 74).

À NOTER

Le rôle du greffe Le greffe du juge des tutelles est composé de greffiers en chef et de greffiers. On considère le greffe comme le « guichet » de la justice, car c'est ce service qui vous renseignera, vous délivrera les formulaires à remplir, vous adressera la liste des médecins agréés et, de façon générale, vous donnera tout renseignement utile.

Il possède par ailleurs de nombreuses autres attributions : le greffier assure notamment le secrétariat du juge (envoi des convocations, par exemple), mais il l'assiste également aux audiences. C'est au greffier en chef que le tuteur doit adresser les comptes de sa gestion pour être vérifiés. C'est auprès du greffe qu'est déposé le mandat de protection future.

Le greffe se trouve dans les locaux du tribunal d'instance. Pour trouver son adresse, vous pouvez interroger votre mairie ou consulter l'annuaire.

Le respect des droits fondamentaux

Une mise sous protection ne doit pas porter atteinte à la dignité de la personne. Autrement dit, elle doit respecter ses droits fondamentaux. Ce principe est décliné dans l'article 415 du Code civil : « Les personnes majeures reçoivent la protection [...] que leur état ou leur situation rend nécessaire [...]. Cette protection est instaurée et assurée dans le respect des libertés individuelles, des droits fondamentaux et de la dignité de la personne. Elle a pour finalité l'intérêt de la personne protégée. Elle favorise, dans la mesure du possible, l'autonomie de celle-ci [...]. »

En clair, la mise sous protection doit obéir à certains principes, sous peine de ne pouvoir être appliquée.

› La finalité de la mesure

Cela paraît être une évidence, et pourtant, dans certains dossiers, les juges des tutelles sont obligés de rappeler ce principe : la protection concerne la personne vulnérable elle-même et non sa famille. Le but d'une mise sous protection n'est donc pas de protéger les intérêts de la famille (en préservant la succession des futurs héritiers, par exemple) mais a pour finalité le seul intérêt de la personne concernée.

Cas pratique

Un juge des tutelles peut-il refuser à une personne sous curatelle d'acheter une voiture si sa conduite représente un vrai danger public ?

C'est ce qui a été effectivement décidé dans l'affaire suivante. Une personne placée sous curatelle renforcée souhaitait acquérir un véhicule sans permis. N'ayant pu obtenir l'assistance de son curateur, elle demande l'autorisation du juge des tutelles. Or, comme l'attestaient différents avis médicaux, son acuité visuelle ne lui permettait pas de conduire en toute sécurité. Elle n'a donc pas été autorisée à acquérir un véhicule sans permis. Signalons que cette personne avait déjà par le passé causé un accident avec un véhicule sans permis, sans tiers responsable. Son véhicule avait été entièrement détruit lors de cet accident… (C. cass., civ. 1re, 27.2.2013, n° 11-28307).

› Les droits procéduraux

Rappelons qu'en premier lieu, la personne doit consentir à sa mise sous protection : elle doit en effet accepter de se faire examiner par un médecin agréé. Elle doit ensuite être entendue par le juge (voir *L'audition*, p. 75 ; C. civ., art. 432). À cette occasion, elle a la possibilité d'être assistée d'un avocat susceptible de défendre ses intérêts. Elle peut consulter le dossier du juge, sauf exception. Elle peut exercer un recours contre la mesure de protection – à l'exception de la sauvegarde mais la décision de placement sous sauvegarde avec mandataire peut être contestée (voir *L'appel*, p. 81).

À NOTER

Spécificité de l'habilitation familiale Les textes relatifs à l'habilitation familiale ne renvoient curieusement pas aux articles 1222 à 1224 du Code de procédure civile prévoyant la consultation du dossier (voir *L'accès au dossier (tutelle, curatelle et sauvegarde)*, p. 78).

Autant de droits procéduraux fondamentaux pour l'intéressé, même si des bémols sont apportés en fonction de l'état de l'intéressé.

Cas pratique

Je voudrais aider mon voisin que je connais depuis plus de 10 ans. Il « perd la boule » mais il refuse d'écouter mes conseils quand j'évoque son placement sous un régime de protection. Puis-je saisir directement le juge, n'étant pas de la famille ? Je précise que j'ai contacté ses proches qui se désintéressent de la situation.

Vous pouvez signaler son cas, preuves à l'appui, au procureur de la République. C'est lui qui décidera de la suite à donner à votre demande en fonction des données obtenues, à savoir les éléments que vous lui apporterez et le résultat de sa propre enquête, notamment auprès des services sociaux. Ces renseignements peuvent porter sur l'état du logement de la personne, sur son environnement familial, social et professionnel... Vous pouvez également contacter les services sociaux de votre mairie qui se chargeront directement de l'enquête et feront le signalement.

Le procureur de la République pourra réorienter votre voisin vers les services du conseil départemental, si son problème est lié à une mauvaise gestion de prestations sociales qui le met en danger (risque d'expulsion, par exemple) et non à une altération des facultés. Dans ce cas, sera envisagée la mise en place d'une mesure d'accompagnement social personnalisé (MASP). Attention : le Parquet ne peut pas saisir le conseil départemental d'une demande de MASP, mais il peut inviter la personne vulnérable ou l'auteur du signalement la concernant à se rapprocher des services sociaux en vue de la mise en place d'une telle mesure, ou de toute autre mesure sociale plus adaptée.

Si le procureur décide, en revanche, qu'une tutelle, curatelle ou sauvegarde de justice s'impose du fait de l'altération des facultés de votre voisin, il pourra directement présenter au juge une requête afin d'ouvrir une mesure de protection.

Vous pouvez également décider de saisir vous-même le juge, à l'instar de certains membres de la famille. Sachez cependant que la liste des personnes aptes à le faire est limitative : en ce qui concerne les personnes extérieures à la famille, le juge ne peut être saisi que par une personne « entretenant avec le majeur des liens étroits et stables » (C. civ., art. 430). Malheureusement, le texte n'est pas explicite et les tribunaux n'ont pas eu, à notre connaissance, à préciser ce que recouvrait cette notion. En l'absence de précisions, il est donc préférable d'opter pour le signalement ou de doubler votre requête par un signalement.

› Le respect des choix antérieurs

Garantir le respect de la personne et de ses droits est l'un des enjeux principaux des textes de loi sur la protection des majeurs. Ainsi, si la personne vulnérable a désigné à l'avance une ou plusieurs personnes pour exercer les fonctions de curateur, de tuteur ou de mandataire spécial en sauvegarde de justice pour le cas où elle serait placée sous protection, le juge doit respecter ce choix, sauf si la personne désignée refuse la mission ou qu'elle est dans l'impossibilité de l'exercer ou encore si l'intérêt de la personne protégée commande de l'écarter. En cas de difficultés, le juge tranche (C. civ., art. 437 et 448 ; voir aussi *La désignation anti-*

cipée prime, p. 88). Cette précision (l'éventuelle désignation anticipée d'un protecteur) vous sera d'ailleurs demandée dans la requête.
Par ailleurs, comme on l'a vu ci-avant, le mandat de protection future, s'il remplit sa mission, doit être privilégié par rapport à une mesure décidée par le juge.

› Le droit à l'information

Favoriser l'autonomie de l'intéressé, dans la mesure du possible, est l'un des vœux de cette disposition et, de façon générale, de la réforme de 2007. La personne, lorsqu'elle bénéficie d'une mesure de protection, quelle qu'elle soit, ne doit pas être passive mais participer aux prises de décision. Lorsque cela est possible, elle doit être consultée. Pour ce faire, elle doit recevoir de la personne en charge de la mesure une information adaptée à ses capacités intellectuelles (voir *Un devoir d'information pour plus d'autonomie*, p. 110).
Cela sous-entend que cette dernière ait une relation personnelle et régulière avec elle. La personne sous protection doit également conserver ses repères de la vie quotidienne : comptes bancaires, logement, etc. Elle doit pouvoir rencontrer sa famille et ses amis... (Sur ces sujets, voir *Les actes concernant la vie privée*, p. 111).

À NOTER

Des mesures temporaires Depuis la réforme de 2007, une mesure de protection est prise pour une durée déterminée. Le caractère temporaire de ces mesures montre que l'on espère le rétablissement des facultés de l'intéressé, et si, dans certains cas, ce vœu est illusoire, du moins veille-t-on à respecter sa personnalité.

› Le principe de nécessité

Si ces régimes ont pour but de protéger, ils portent aussi nécessairement atteinte à la liberté des personnes concernées. Ouvrir un régime de protection est un acte grave qui doit pouvoir être compris par la personne vulnérable et, le cas échéant, contesté par elle. C'est pourquoi il est indispensable de limiter l'incapacité à ce qui est vraiment nécessaire à la protection du majeur.
Conséquence du principe de nécessité, l'altération des facultés doit être justifiée dès la requête par un certificat médical. Il faut y ajouter, au titre de ce principe, la règle concernant la durée de la mesure. La réforme de 2007 prévoit en effet que les mesures de protection juridique ne peuvent être prises que pour un temps limité : c'est une garantie pour la personne puisque cela oblige le juge à réétudier régulièrement leur nécessité.
Ce principe de nécessité sous-entend également ce qui constitue la base juridique de ces mesures, à savoir :
- pour la tutelle : le besoin d'une représentation continue, que le juge des tutelles devra constater expressément dans son jugement ;
- pour la curatelle : le besoin d'assistance pour les actes graves ;
- pour la sauvegarde de justice : le besoin d'une protection juridique temporaire ou de représentation pour l'accomplissement de certains actes déterminés.

De son côté, l'habilitation familiale ne peut être ordonnée par le juge des tutelles qu'en cas de nécessité afin d'assurer la sauvegarde des intérêts du mandant (C. civ., art. 494-1 et 494-2).

› Le principe de subsidiarité

Selon ce principe, le juge ne doit pas placer la personne sous protection si d'autres mesures moins contraignantes existent (le mandat de protection future, ou les règles applicables entre époux, par exemple).
Ce principe de subsidiarité impose également au juge de préférer, dans l'échelle des mesures de protection, la moins contraignante : par exemple, privilégier la curatelle par rapport à la tutelle (C. civ., art. 428). L'habilitation familiale, elle, ne peut être ordonnée par le juge que si les règles de la procuration, celles concernant les époux ou le mandat de protection future sont insuffisantes (C. civ., art. 494-2).

À NOTER

Les règles applicables entre époux La loi prévoit donc l'application préférentielle des règles issues des régimes matrimoniaux quand la personne vulnérable est mariée. L'idée est que le conjoint est le mieux à même de protéger son époux quand surviennent les défaillances.
Parfois, les enfants – le plus souvent – s'insurgent contre cette règle et demandent une mise sous tutelle quand ils constatent la dégradation de la santé de leur parent, jugeant celle-ci préférable à une mesure familiale. Il revient donc au juge d'arbitrer le régime sous lequel doit être placée la personne vulnérable.
Selon une décision de la Cour de cassation, par exemple, il n'y a pas lieu de placer l'époux, plongé dans un coma sans espoir d'amélioration, sous un régime de protection dès lors que le couple était marié sous le régime de la communauté universelle (ce qui implique la mise en commun de tous les biens) et que l'épouse avait demandé au juge d'être substituée à son époux défaillant dans l'exercice des pouvoirs résultant de ce régime (voir *Les mesures prévues dans le cadre du mariage*, p. 4). En outre, les actes qui lui étaient reprochés n'établissaient pas un risque de dilapidation des biens communs (C. cass., civ. 1re, 1.2.2012, pourvoi n° 11-11346).

› Le principe de proportionnalité et d'individualisation

Toute mesure prise doit être proportionnée et individualisée en fonction du degré d'altération des facultés personnelles de l'intéressé (C. civ., art. 428).
Ce principe est complémentaire aux autres. Le juge doit adapter la mesure de protection à la situation de la personne. Ainsi, les textes prévoient toute une palette de mesures. S'il en existe trois principales, à savoir, par ordre de gravité, la tutelle, la curatelle ou la sauvegarde de justice, la réalité est plus nuancée puisqu'une tutelle peut être allégée par le juge, qu'une curatelle peut être renforcée, que la sauvegarde de justice peut s'accompagner de la désignation d'un mandataire, etc. À ces

mesures, il convient d'ajouter, depuis le 1er janvier 2016, l'habilitation familiale qui se concentre sur le proche hors d'état de manifester sa volonté.
À chaque situation individuelle doit correspondre une réalité judiciaire appropriée, et révisée régulièrement pour suivre l'évolution de la personne vulnérable.

Les différentes formes de protection

› Les régimes pouvant être mis en œuvre

Il existe aujourd'hui 4 régimes de protection susceptibles d'être mis en place par le juge des tutelles. Leur point commun est d'obéir :
- au principe de nécessité : l'intéressé doit se trouver dans l'impossibilité de pourvoir seul à ses intérêts en raison d'une altération médicalement constatée (par un médecin agréé) de ses facultés mentales ou physiques de nature à empêcher sa volonté (C. civ., art. 425) ;
- au principe de subsidiarité : la mesure la plus légère en termes de contrainte pour la personne est privilégiée eu égard à son état (C. civ., art. 428 et 494-2) ;
- au respect des droits de la personne : en effet, comme le précisent les textes, cette protection est instaurée et assurée dans le respect des libertés individuelles, des droits fondamentaux et de la dignité de la personne. Elle a pour finalité son seul intérêt. Elle favorise, dans la mesure du possible, l'autonomie de celle-ci (C. civ., art. 415).

En ce qui concerne la gestion des biens, ces régimes sont classés par ordre croissant de contrainte pour la personne, l'aide apportée étant proportionnée à son degré d'incapacité :
- la sauvegarde de justice est destinée à la personne qui a besoin d'être protégée de façon temporaire ou d'être représentée pour certains actes déterminés ;
- la curatelle concerne la personne qui, sans être incapable d'agir elle-même, a besoin d'être assistée ou contrôlée régulièrement dans les actes importants de la vie civile ;
- la tutelle concerne la personne qui doit être représentée de manière continue dans les actes de la vie civile ;
- l'habilitation familiale est destinée à la personne « hors d'état de manifester sa volonté », la personne habilitée la remplaçant pour un ou plusieurs actes ou pour l'ensemble de ses actes.

En ce qui concerne les décisions d'ordre intime (vie privée, santé, choix du lieu de vie, etc.), la loi fait le choix de règles indépendantes du régime choisi :
- elle précise les cas dans lesquels une personne, bénéficiaire d'une mesure de protection, conserve une totale autonomie dans l'exercice de ses droits. Il en va ainsi, sous réserve de dispositions légales particulières, des actes énumérés à l'article 458 du Code civil dont la nature implique un consentement strictement personnel (déclaration de naissance ou reconnaissance d'un enfant, par exemple) ;
- elle prévoit que la personne protégée prend également seule les décisions relatives à sa personne dans la mesure où son état le permet (C. civ., art. 459 et 459-2).

En ce qui concerne la mise en place de ces protections, elle est globalement la même : le proche adresse une requête au juge des tutelles, laquelle doit être

accompagnée du certificat médical du médecin agréé. La personne vulnérable est auditionnée par le juge sauf exception. Le jugement peut, sous certaines conditions, être contesté, etc.
Deux régimes diffèrent au regard de leur mise en place :
- **la sauvegarde de justice :** elle peut être déclenchée par un médecin, l'audition de la personne peut être écartée, le jugement de placement ne peut pas être contesté (contrairement à celui désignant un mandataire spécial), les modes de publicité ne sont pas les mêmes, etc. ;
- **l'habilitation familiale :** le cercle de ceux pouvant la demander est bien plus restreint que dans les régimes classiques (exclusion de la personne elle-même mais aussi de la personne exerçant des liens étroits et stables avec elle, etc.). Le procureur ne peut pas saisir le juge au vu d'un signalement des services sociaux, de l'hôpital, etc.

› Des effets différents quant à la capacité de la personne vulnérable

Plusieurs mécanismes juridiques sont mis en jeu dans le cadre de ces dispositifs. En premier lieu, le fait de permettre à votre proche d'être sous un régime de protection facilite la remise en cause des actes qu'il a passés sous ce régime (l'achat d'un bien, par exemple). Si la personne est sous tutelle, curatelle ou habilitation familiale, cette remise en cause est également possible avant le jugement d'ouverture (institution d'une « période suspecte »).
En outre :
- **la sauvegarde de justice,** régime le plus « léger » mais aussi l'habilitation familiale, n'entraînent, en soi, pas d'incapacité de la personne vulnérable. La personne conserve l'exercice de ses droits. Par exception, dans la sauvegarde de justice, un mandataire spécial peut être désigné qui la remplace (c'est un régime de représentation) pour un acte ou une série d'actes. De même, en habilitation familiale, la personne conserve l'exercice de ses droits en dehors de ceux transférés à la personne habilitée. La différence de ce dernier régime avec la sauvegarde de justice est que la personne habilitée peut bénéficier d'une habilitation générale, ce qui réduit d'autant la capacité de la personne vulnérable ;
- **la curatelle,** du moins lorsqu'elle n'est pas renforcée, permet une simple assistance de la personne protégée qui n'est pas hors d'état d'agir par elle-même : la personne reste décisionnaire, le curateur l'accompagne et cosigne les actes les plus graves. L'incapacité de la personne dans la gestion de ses biens n'est donc que partielle. En pratique, pourtant, c'est la curatelle renforcée qui est le plus souvent décidée, le curateur la remplaçant pour la gestion de ses comptes et le règlement de ses dépenses ;
- **la tutelle, la curatelle renforcée, la sauvegarde avec mandataire et l'habilitation familiale** mettent en place un régime de représentation de la personne dont l'état est plus dégradé. Le tiers protecteur la remplace à l'occasion d'actes ponctuels (sauvegarde de justice avec mandataire ou habilitation familiale non générale), dans la perception de ses revenus et acquittement de ses charges (dans le cadre de la curatelle renforcée), dans tous les actes de gestion de ses biens et revenus (dans le cadre de la tutelle ou de l'habilitation familiale générale). En

tutelle et en habilitation familiale générale, l'incapacité de la personne dans la gestion de ses biens est donc générale.

› Des mesures dont les durées sont différentes

Plusieurs durées sont prévues qui diffèrent selon la mesure mise en place : elle est courte pour les sauvegardes (1 an maximum - renouvelable 1 fois pour la sauvegarde autonome), plus longue pour une curatelle à savoir, 5 ans maximum, cette durée peut atteindre 10 ans pour une habilitation familiale générale et une tutelle (dans ce dernier cas, si la personne présente une pathologie irréversible). Le renouvellement de la curatelle et de la tutelle peuvent atteindre 20 ans en cas de pathologie irréversible.

› Une intervention du juge à géométrie variable

• Lors de la mise en place de la mesure

Le juge des tutelles est celui qui va décider de mettre en place ou non la mesure sollicitée. À ce stade, il va vérifier si les conditions sont réunies au regard des critères exigeants posés par les textes : principe de nécessité, de subsidiarité, mesure appropriée à l'état de la personne, etc.
Pour les personnes qui demandent une habilitation familiale, compte tenu de sa souplesse et du fait que le juge est amené à peu intervenir dans son fonctionnement, sa mise en place doit être entourée d'autant plus de précautions.

• Au cours du fonctionnement de la mesure

Hors habilitation familiale, le protecteur, en contrepartie des pouvoirs que les textes lui accordent, est contrôlé dans la gestion des biens de la personne vulnérable. La liste de ces contraintes est étoffée en particulier pour le tuteur : inventaire des biens lors de l'entrée en fonction, établissement d'un budget, reddition annuelle des comptes de gestion qui seront vérifiés par le directeur des services de greffe judiciaires du juge des tutelles (sauf dispense familiale), obligation d'emploi des capitaux, demande d'autorisation au juge des tutelles pour lui permettre d'accomplir à la place de la personne vulnérable les actes les plus graves, impossibilité de changer ou clôturer le compte bancaire de l'intéressé sans autorisation du juge, responsabilité spécifique…
Rien de tel en habilitation familiale, régime pourtant proche du fonctionnement de la tutelle, du moins si elle est générale car :
- **en amont :** il n'existe pas d'obligation d'inventaire des avoirs de la personne. Aucune autorisation préalable n'est nécessaire au proche habilité pour accomplir un acte à sa place, qu'il s'agisse de la gestion courante ou d'actes plus importants. La seule autorisation judiciaire obligatoire concerne l'acte de disposition à titre gratuit (une donation, par exemple) et l'acte concernant le logement de la personne vulnérable (vente de son logement pour payer les mensualités de la maison de retraite, par exemple) ;
- **en aval :** aucun contrôle ni reddition des comptes ne sont prévus par les textes. La responsabilité de la personne habilitée est alignée sur celle d'un mandataire. Il n'existe pas de garde-fous comme en tutelle ou curatelle dans la désignation d'un

subrogé ou *ad hoc*… En revanche, il reste possible de désigner plusieurs personnes habilitées ce qui peut être intéressant.
Le tableau ci-après répertorie ces mesures mais aussi les situations intermédiaires. En effet, entre une curatelle et une curatelle renforcée, par exemple, il existe d'importantes différences en pratique pour la personne concernée et pour son protecteur.

RÉGIME	CARACTÉRISTIQUES
Sauvegarde de justice	Régime provisoire ne privant pas le majeur de sa capacité mais qui facilite une action en annulation pour trouble mental, une action en rescision pour lésion ou en réduction pour excès.
Sauvegarde avec mandataire	La personne ne gère pas correctement son patrimoine. Le juge décide qu'elle sera représentée par un mandataire chargé d'accomplir en son nom un acte, voire plusieurs actes déterminés, d'administration ou de disposition, « rendus nécessaires par la gestion de son patrimoine ». Le mandataire peut également se voir confier une mission de protection de la personne (actes concernant sa santé, notamment). Le majeur est privé de sa capacité pour les actes que le mandataire effectue.
Curatelle simple	La personne n'est pas « hors d'état d'agir elle-même », mais est assistée ou contrôlée : – d'une manière continue ; – dans les actes importants de la vie civile. La personne placée sous curatelle simple : – effectue seule les actes d'administration (gestion courante), les actes strictement personnels la concernant (par exemple, reconnaissance d'enfant) et, si son état le permet, les actes personnels (interventions médicales, etc.) – est assistée de son curateur pour les actes de disposition (donation, vente de biens immobiliers, etc.). La personne décide seule des actes strictement personnels et, sauf intervention du juge des tutelles, des actes relatifs à sa vie privée.
Curatelle aménagée	Le juge peut énumérer, dans le jugement, certains actes que la personne en curatelle a la capacité de faire seule ou, au contraire, ajouter d'autres actes à ceux qui nécessitent l'assistance du curateur.
Curatelle renforcée (ou aggravée)	La personne sous curatelle renforcée a besoin d'une intervention de son curateur plus importante que la simple assistance qu'il lui procure dans le cadre de la curatelle simple. Le juge décide alors que le curateur : – gère ses comptes à la place de l'intéressé si elle n'est pas apte à percevoir ses revenus et à en faire une utilisation normale ; – et/ou se préoccupe de ses droits au logement : le curateur peut être ainsi autorisé à conclure, en son nom, un bail d'habitation ou une convention d'hébergement, par exemple dans un foyer. …/…

RÉGIME	CARACTÉRISTIQUES
Tutelle	La personne est représentée par son tuteur pour tous les actes de la vie civile (actes d'administration et de disposition). En revanche, elle décide seule des actes strictement personnels et, sauf intervention du juge, des actes relatifs à sa vie privée.
Tutelle allégée	Le juge, compte tenu de l'état de l'intéressé, peut l'autoriser à faire seul ou avec l'assistance du tuteur certains actes qu'il énumère dans le jugement. Le principe de l'incapacité demeure, mais avec des atténuations plus ou moins marquées.
Habilitation familiale	La personne peut être représentée par la personne habilitée, dans les termes de la décision judiciaire, pour les décisions relatives à sa vie privée et/ou la gestion de ses biens. L'habilitation peut être ponctuelle ou générale. La personne est privée de sa capacité pour les actes confiés à la personne habilitée. La personne décide seule des actes strictement personnels, et sauf intervention du juge, des actes relatifs à sa vie privée.

La sauvegarde de justice : une protection temporaire

La sauvegarde de justice peut correspondre au cas suivant : l'un de vos proches a perdu le contact avec la réalité et vous craignez qu'il ne fasse l'objet d'abus de la part de personnes mal intentionnées. L'état de vulnérabilité est établi ; cependant, cet affaiblissement semble ponctuel : par exemple, la personne a perdu sa capacité d'agir à la suite d'un accident, d'un choc, etc.

Elle a donc besoin d'être protégée de façon temporaire ou d'être représentée pour l'accomplissement de certains actes déterminés, cette dernière hypothèse visant la sauvegarde avec mandataire (C. civ., art. 433 ; voir *L'aide des tiers*, p. 32).

Comme pour la tutelle ou la curatelle, la sauvegarde de justice n'est mise en place que sur la preuve d'une altération des facultés mentales ou physiques empêchant l'expression de la volonté.

En pratique pourtant, il faut bien voir que la sauvegarde correspond à un premier stade. Elle est souvent suivie d'une curatelle ou d'une tutelle, en raison, par exemple, du caractère évolutif des troubles que présente la personne.

Contrairement à la tutelle ou à la curatelle :

- elle peut être demandée non seulement par les proches, le Parquet (procureur de la République) ou par l'intéressé lui-même, mais également par un médecin (voir *Qui peut faire la demande ?*, p. 68) ;
- la décision de mise sous sauvegarde de justice est valable pendant 1 an maximum, renouvelable une fois ;
- le juge peut l'ordonner, suite à cette demande mais également pendant la procédure de tutelle ou de curatelle et pour la durée de cette procédure.

Son but est de protéger la personne sans la priver de sa capacité. La sauvegarde apparaît comme un régime temporaire qui, suivant les hypothèses, peut soit cesser dès que l'intéressé retrouve ses pleines facultés, soit au contraire si l'état s'aggrave, être remplacé par un régime plus protecteur.

À NOTER

Contester un placement sous sauvegarde de justice Le placement sous sauvegarde de justice, et ce, contrairement à la décision désignant un mandataire spécial, ne peut faire l'objet d'aucune voie de recours (CPC, art. 1249, al. 2 et 1250).
Cette absence de recours a été jugée comme n'étant pas contraire aux dispositions de l'article 6 de la Convention européenne des droits de l'homme garantissant le droit à un procès équitable (C. cass., civ. 1re, 13.7.2004, n° 01-03.695 ; 8.7.2010, n° 09-68671). La Cour suprême est amenée à rappeler régulièrement ce principe d'une absence de recours (C. cass., civ. 1re, 10.6.2011, n° 10-21036).

› Le principe de la capacité

L'originalité de ce régime réside dans le fait qu'il laisse à l'intéressé sa capacité juridique et la faculté d'organiser la gestion de ses intérêts : la personne peut acheter un bien, gérer ses revenus, etc. Il faut cependant excepter le cas où un mandataire spécial lui a été désigné, puisque, dans cette hypothèse, c'est lui qui, dans les limites de sa mission, effectue les actes à sa place.

› Le principe de protection

Cependant, l'intéressé, compte tenu de sa vulnérabilité, est protégé :
- contre les actes qu'il aurait pu accomplir inconsidérément (par exemple, vente d'une maison à un prix bien trop faible) : il peut obtenir leur remise en cause dans le cadre des actions en nullité, en rescision pour lésion ou en réduction sous certaines conditions (voir *Sous sauvegarde de justice*, p. 64) ;
- contre les actes qu'il aurait négligé d'accomplir (par exemple, mauvaise gestion de ses comptes) et pour lesquels un mandataire peut lui être désigné.

À NOTER

Une exception de taille : le divorce Si les actes passés par une personne sous sauvegarde de justice demeurent, en principe, valables sans distinction de nature, qu'il s'agisse d'actes concernant son patrimoine ou sa personne, il existe une exception notable à cette règle : le divorce par consentement mutuel ou le divorce accepté lui sont interdits. Pour les deux autres cas de divorce (divorce pour faute et divorce pour altération du lien conjugal), si l'époux qui demande un divorce est sous sauvegarde de justice, sa demande ne pourra être examinée par le juge aux affaires familiales qu'après ouverture d'une curatelle ou d'une tutelle (C. civ., art. 249-3 et 249-4).

› L'aide des tiers

La loi prévoit le cas où la personne sous sauvegarde est négligente. Par exemple, à la suite d'un accident, son long séjour à l'hôpital la prive de ses initiatives concernant l'entretien d'un bien, le recouvrement de sommes qui lui sont dues, le paiement de ses factures, etc.

● La procuration ou la gestion d'affaires

Dans cette hypothèse, deux situations sont à distinguer :
- la personne a pensé à établir une procuration au bénéfice d'une personne de confiance, par exemple en prévision de l'intervention chirurgicale qui risque d'affaiblir ses facultés : cette procuration, par laquelle elle charge une autre personne de l'administration de ses biens, continue à produire ses effets pendant la sauvegarde de justice à moins qu'elle ne soit révoquée ou suspendue par le juge des tutelles. Le mandataire est alors entendu par le juge (C. civ., art. 436) ;
- la personne n'a pas établi de procuration : dans ce cas, la loi prévoit que vous pouvez, en tant que proche, intervenir spontanément pour la représenter dans les actes de gestion courante, en vertu du principe juridique de la « gestion d'affaires » (C. civ., art. 436 et 1300 et suivants).

● Les actes de conservation de son patrimoine

Mais cela n'a pas semblé suffisamment protecteur et la loi met en place une autre règle : ceux qui peuvent demander l'ouverture d'une curatelle ou d'une tutelle (proches, famille, Parquet) et la personne ou l'établissement qui héberge la personne placée sous sauvegarde sont tenus d'accomplir les actes indispensables à la préservation du patrimoine de la personne protégée et qui présentent un caractère d'urgence (C. civ., art. 436). Il peut s'agir, par exemple, de payer une facture en retard ou d'effectuer des travaux de réparation qui s'imposent sur un bien.
Il faut cependant avoir eu connaissance :
- du caractère d'urgence ;
- de l'ouverture de la mesure de sauvegarde.

À NOTER

Mettre des scellés Le procureur de la République ou le juge des tutelles peut mettre sous scellés les biens de la personne placée sous sauvegarde, lorsque ces biens sont en péril (CPC, art. 1252).

Si vous estimez, en tant que proche du malade, que ces différentes règles s'avèrent insuffisantes, vous devez alerter le juge des tutelles qui pourra alors désigner un mandataire spécial (C. civ., art. 437).

● La désignation d'un mandataire spécial

Si la situation l'impose, un mandataire spécial peut être désigné par le juge des tutelles quand, ponctuellement, la personne vulnérable a besoin d'être représentée. En pratique, cette désignation est fréquente. Elle présente de nombreux

avantages puisque le majeur est épaulé au quotidien tout en gardant sa liberté d'action en dehors des zones d'intervention du mandataire.
Sachez que le mandataire est choisi en fonction des critères présidant à la désignation d'un tuteur ou d'un curateur (priorité familiale et primauté du choix de la personne, professionnel à défaut). Sur ce sujet, voir *Le choix du protecteur*, p. 88.
Concrètement, cette décision peut être prise non seulement dans le cadre de l'ouverture de la mesure mais à tout moment si la situation se détériore.
Si vous êtes désigné comme mandataire spécial, votre mission est d'accomplir un ou plusieurs actes précisés dans le jugement. Ces actes concernent la gestion courante (par exemple : encaissement des loyers, réception du courrier, fonctionnement des comptes, etc.) ou des opérations plus graves (par exemple : vendre un bien, accepter une succession). En outre, vous pouvez vous voir confier une mission de protection de la personne, comme, par exemple, donner l'accord pour une intervention chirurgicale si l'intéressé n'en est pas capable, compte tenu de son état (C. civ., art. 438 ; voir *Les restrictions*, p. 77).
Le mandataire spécial est tenu de rendre compte de l'exécution de son mandat à la personne protégée et au juge : établissement et approbation des comptes (voir *Quelles sont les obligations du protecteur ?*, p. 97).
Par ailleurs, sachez que les tribunaux ne désigneront de mandataire que si sa présence est effectivement nécessaire à la gestion du patrimoine de la personne protégée, compte tenu des troubles qu'elle présente. Il faut savoir que la désignation d'un mandataire (ou ultérieurement, la décision modifiant les pouvoirs de ce mandataire) peut faire l'objet d'un appel, notamment de la part de la personne vulnérable (CPC, art. 1250).

Cas pratiques

- Un homme souffrait de troubles de la mémoire et de troubles physiques ne lui permettant plus de s'occuper de ses biens (confusion dans le maniement de la monnaie, perte de sa notion de valeur). Dans cette affaire, il a été jugé que la nécessité de désigner un mandataire spécial était démontrée (C. cass., civ. 1re, 20.5.2009, n° 08-12923).
- Une femme présente des signes de démence : la nécessité pour elle d'être représentée dans les actes de la vie civile, tant patrimoniaux qu'à caractère personnel, est donc reconnue. Son fils n'est pas en mesure de préserver les intérêts de sa mère « puisqu'il néglige de veiller ne serait-ce qu'aux soins élémentaires qu'elle serait en droit de recevoir ». Les juges ont donc désigné une association mandataire (C. cass., civ. 1re, 29 juin 2011, n° 1018960).

À NOTER

La sauvegarde de justice largement sous-utilisée La mesure de sauvegarde de justice ne représente que 0,3 % des mesures ordonnées par les juges des tutelles (Infostat Justice, juillet 2016, n° 143, « 680 000 majeurs sous protection judiciaire en 2014 », accessible sur le site du ministère de la Justice).

Autant dire qu'elle est largement sous-utilisée au regard des 54 % de mesures de tutelle ordonnées sur la même période et ce malgré le principe de subsidiarité mis en place par les textes consistant à privilégier la mesure la plus légère au regard des capacités de la personne.

Plusieurs raisons peuvent expliquer cette sous-utilisation, outre le fait qu'elle est méconnue du public concerné. Les familles ont tendance à tarder à saisir le juge des tutelles et souvent, elles se décident à un moment où les facultés du proche s'avèrent très dégradées... Cette mesure s'avère donc, à ce moment-là, insuffisante.

Pourtant, ce régime mérite d'être mieux connu et mieux utilisé (Rapport « Protection juridique des personnes vulnérables », Défenseur des droits, septembre 2016).

La curatelle : un degré supplémentaire dans la protection

Il s'agit ici d'une mesure de protection intermédiaire entre sauvegarde de justice et tutelle :

- par rapport à la sauvegarde de justice : la personne éprouve le besoin d'être assistée ou contrôlée d'une manière continue dans les actes importants de la vie civile ;
- par rapport à la tutelle : la personne n'est pas « hors d'état d'agir elle-même ». En conséquence, elle n'est qu'assistée (et non représentée) par son curateur, et ce, uniquement pour les actes importants (C. civ., art. 440).

Suivant le principe de subsidiarité vu ci-avant, la curatelle n'est prononcée que s'il est établi que la sauvegarde de justice, ou une autre mesure, ne peut assurer une protection suffisante.

Cas pratiques

- Une hospitalisation, même pour trouble du comportement, ne suffit pas à démontrer une altération des facultés mentales susceptible d'entraîner le placement de l'intéressé sous curatelle (C. cass., civ. 1re, 8.4.2009, n° 07-21488).
- En revanche, une mesure de curatelle est nécessaire pour assainir le budget d'une personne et procéder à un bilan financier, compte tenu notamment de l'existence de dettes importantes injustifiées au regard de ses ressources. La personne n'est pas en mesure de surmonter seule les difficultés financières auxquelles elle est confrontée. La nécessité pour l'intéressée d'être conseillée ou contrôlée dans les actes de la vie civile est donc avérée (C. cass., civ. 1re, 27.3.2007, n° 05-12633).

Rappelons que le placement sous curatelle exige la constatation par les juges, d'une part, de l'altération médicalement établie des facultés de l'intéressé et, d'autre part, de sa nécessité d'être conseillé ou contrôlé dans les actes de la vie civile.

La curatelle peut être ordonnée directement ou faire suite à une mesure de sauvegarde de justice.

> À NOTER
>
> **Suppression de la curatelle pour « prodigalité, intempérance, oisiveté »** Cette forme de curatelle n'existe plus. Elle a été supprimée, car elle présentait le risque d'entraîner les personnes qui rencontrent des difficultés économiques, sociales ou financières vers un régime de protection juridique disproportionné, constituant un frein à leur autonomie. Ces personnes doivent désormais être orientées vers la mesure d'accompagnement social personnalisé ou la mesure d'accompagnement judiciaire (voir *Les mesures d'aide à la personne en difficulté sociale,* p. 10).

› Le rôle du curateur

La loi est claire sur ce point : si vous êtes désigné comme curateur, vous ne pouvez vous substituer à la personne en curatelle pour agir en son nom (C. civ., art. 469). Le curateur n'a qu'une fonction d'assistance (voir ci-après), contrairement au tuteur qui représente l'intéressé.
Une curatelle est donc très différente d'une tutelle, tant dans son fondement que dans son mode de fonctionnement. On constate souvent, en pratique, une confusion entre ces deux régimes, probablement parce que, la plupart du temps, c'est une curatelle renforcée (qui entraîne une augmentation des pouvoirs du curateur) qui est ordonnée.
Dans une curatelle, le principe est que le curateur ne peut pas agir seul, la personne sous curatelle restant décisionnaire. Le rôle du curateur se limite à détecter la nécessité d'agir et à essayer d'en convaincre son protégé. S'il n'y arrive pas, il ne peut pas agir directement à sa place mais doit saisir le juge des tutelles (voir aussi *La curatelle aménagée*, p. 38, ou *La curatelle renforcée*, p. 40).

› Que peut-il faire ?

Comme toujours en matière de protection, il faut faire la distinction entre les actes concernant la personne et les actes concernant les biens (voir aussi *Qui fait quoi ?*, p. 109).

Les actes concernant la personne

Le majeur, même sous un régime de protection, peut et doit accomplir seul un certain nombre d'actes pour lesquels le curateur – comme d'ailleurs le tuteur – n'a, en principe, pas à intervenir. Il s'agit de sa vie familiale, du choix de son lieu de vie, de ses relations avec les tiers. Le curateur est, en outre, débiteur à l'égard de son proche d'un devoir d'information sur les décisions à prendre (voir *Protéger la personne*, p. 110).
Il faut par ailleurs signaler, en ce qui concerne la vie familiale, l'existence de règles particulières concernant le mariage ou le Pacs, le divorce ou encore des testaments ou donations (voir *tableau*, p. 112 et *Le testament et la donation*, p. 134).

La gestion du patrimoine (biens, revenus)

Le rôle du curateur varie suivant la gravité des actes à passer.

Ce que la personne sous curatelle peut faire seule :

- effectuer les « actes d'administration » concernant ses biens ; il s'agit des actes relatifs à ce qu'on pourrait appeler la gestion courante : travaux d'amélioration utiles ou réparations d'entretien d'un bien immobilier, perception de revenus, réception de capitaux, conclusion ou renouvellement d'un contrat d'assurance de bien, etc.

Ce que la personne sous curatelle ne peut faire qu'avec l'assistance de son curateur :

- accomplir des « actes de disposition », actes considérés comme les plus graves (par exemple : vendre un appartement, résilier le bail de son logement, faire une donation d'un bien ou d'une somme d'argent à un tiers ou à sa famille, consentir à une hypothèque, clôturer un compte bancaire, modifier le bénéficiaire d'un contrat d'assurance-vie, transiger avec un assureur, etc.). Concrètement, cette assistance se manifeste, pour un acte écrit, par l'apposition de la signature du curateur ;
- employer des capitaux, les placer, etc. (C. civ., art. 468) ;
- mener une action en justice soit en tant que demandeur (la personne en curatelle veut, par exemple, « attaquer » son voisin en justice), soit en tant que défendeur (la personne en curatelle veut répondre à une procédure lancée contre elle) (C. civ., art. 468).

Sur les actes classés en fonction de leur gravité, on peut se reporter :
- au décret n° 2008-1484 du 22 décembre 2008 (reproduit en fin d'ouvrage) ;
- aux explications fournies dans le chapitre *Qui fait quoi ?*, p. 109.

MON CONSEIL

Lisez attentivement le jugement ! Vous devez toujours, en tant que curateur, vous reporter aux termes exacts du jugement rendu (voir l'encadré *Savoir lire son jugement*, p. 81). En effet, le juge peut énumérer dans le jugement certains actes que la personne en curatelle a la capacité de faire seule ou au contraire ajouter d'autres actes à ceux qui nécessitent votre assistance (voir *La curatelle aménagée*, p. 38).

Par ailleurs, vous n'êtes pas libre de décider ce qui relève d'un acte grave, pour lequel vous devez intervenir (les « actes de disposition ») ou d'un acte moins grave pour lequel vous êtes dispensé de signer l'acte (les « actes d'administration »). En effet, le décret n° 2008-1484 du 22 décembre 2008 (voir p. 220) répertorie ces actes selon leur gravité, et partant, décline les droits et obligations de chacun. Ce texte s'impose à toute personne chargée d'une protection, qu'il s'agisse des protecteurs professionnels ou des protecteurs familiaux.

N'hésitez pas à vous faire aider car le décret n'est pas toujours d'une lecture facile. Il établit, par exemple, deux listes : les actes qui sont toujours des actes d'administration ou de disposition (comme dans nos exemples ci-avant) et ceux qui sont de tels actes « sauf circonstance d'espèce ». Tel est le cas, par exemple, d'une opération aussi courante qu'un crédit à la consommation.

Enfin, certaines règles s'appliquent indépendamment du régime de protection : protection du logement ou des comptes bancaires (voir *Qui fait quoi ?*, p. 109).

L'avocat, le notaire, le cas échéant l'assistante sociale mais aussi et surtout le juge des tutelles peuvent être interrogés en cas de doute.

Cas pratique

Vous êtes désigné(e) curateur(trice) de votre vieille tante, dans le cadre d'une curatelle renforcée. Votre tante vous autorise à distribuer certaines sommes d'argent entre ses neveux et nièces puis se désintéresse de l'opération. Il ne vous revient pas d'effectuer ce don en votre nom, même avec l'accord de votre tante. C'est elle qui est décisionnaire car la protection dont elle bénéficie est une curatelle et non une tutelle. Vous ne la représentez pas : les actes doivent donc être établis à son nom et cosignés par vous car la donation fait partie des actes de disposition.
Ainsi, vous ne pouvez également pas, par exemple, signer une lettre de licenciement de l'assistant de vie de votre protégé à sa place (CA Lyon, 12.9.2014, n° 13/08261).
Il faut également être attentif au fait que certaines opérations sont encadrées par la loi et nécessitent une autorisation juridiciaire en amont (vente ou bail du logement de la personne, par exemple).

› Les personnes en charge de la curatelle

Le curateur

Contrairement à la tutelle, il n'y a pas ici de conseil de famille. Le curateur est la personne chargée d'épauler la personne vulnérable au quotidien. Sur le choix du curateur, voir *Le choix du protecteur*, p. 88.

Le subrogé curateur

Un subrogé curateur peut être désigné par le juge des tutelles, s'il l'estime nécessaire, pour surveiller ou remplacer le curateur. La désignation d'un subrogé curateur peut lui permettre, en particulier lorsque des tensions existent, d'instituer un système de contrôle interne à la famille.
Pour éviter les conflits, le Code civil prévoit que si le curateur est un parent (ou un parent par alliance) de la personne protégée dans une branche, paternelle par exemple, le subrogé curateur est choisi, dans la mesure du possible, dans l'autre branche (maternelle). Lorsque aucun membre de la famille ou aucun proche ne peut assumer les fonctions de subrogé curateur, un mandataire judiciaire à la protection des majeurs peut être désigné (C. civ., art. 454).
Le subrogé curateur est chargé de surveiller les actes passés par le curateur et d'informer rapidement le juge s'il constate des fautes dans l'exercice de sa mission. Par exemple, si la mesure est une curatelle renforcée, il pourra être amené à contrôler les comptes de gestion.
Il est informé et consulté par le curateur avant « tout acte grave » accompli par ce dernier. Il s'agit, selon les travaux parlementaires, des actes qui n'ont pas un caractère usuel ou habituel, ou qui ne relèvent pas de la gestion courante (rapport Blessig).
Le subrogé curateur remplace le curateur lorsque les intérêts de la personne sous curatelle sont en opposition avec ceux du curateur (voir l'encadré *L'opposition d'intérêts*, p. 51).
Il prend également le relais lorsque le curateur ne peut pas intervenir en raison des limitations de sa mission. Par exemple, si le juge des tutelles a prévu de limiter

l'intervention du curateur à la protection de la personne, il peut charger le subrogé curateur de la protection des biens (rapport Blessig).
La charge du subrogé curateur cesse en même temps que celle du curateur. Le subrogé curateur est toutefois tenu de provoquer le remplacement du curateur en cas de cessation des fonctions de celui-ci ; à défaut, il engage sa responsabilité à l'égard de la personne protégée.

À NOTER
Il peut être intéressant de demander la charge de subrogé lorsque c'est, par exemple, un professionnel qui a été désigné comme curateur.

Le curateur *ad hoc*

En l'absence de subrogé curateur, le curateur doit faire nommer par le juge des tutelles un curateur *ad hoc* :
- lorsque ses intérêts sont, à l'occasion d'un acte ou d'une série d'actes, en opposition avec ceux de la personne protégée ;
- ou lorsqu'il ne peut intervenir en raison des limitations de sa mission.
Le procureur de la République peut demander cette désignation au juge de lui-même ou sur demande qui lui est faite par toute personne intéressée (C. civ., art. 454 et 455). Les textes ne précisent pas ce qu'est « une personne intéressée », mais on peut penser qu'il s'agit de son entourage, d'un professionnel (notaire de famille, par exemple) ou de toute relation de la personne qui joue le rôle d'alerte auprès du Parquet parce qu'il estime que le curateur doit être remplacé, notamment en cas de conflit d'intérêts.

› La curatelle aménagée

Comme on l'a vu, une curatelle n'est pas une tutelle : le curateur ne représente pas la personne concernée, il ne fait que l'assister pour les actes les plus graves, telles une vente immobilière ou une donation. Plusieurs mesures peuvent cependant être prises par le juge, dès l'ouverture de la mesure de protection ou en cours de protection, entraînant une modification de cette règle.

Le curateur demande à représenter la personne pour un acte déterminé

Une personne sous curatelle peut se mettre en danger et compromettre gravement ses intérêts. La loi donne alors la possibilité à son curateur de saisir le juge des tutelles pour être autorisé à la représenter à l'occasion d'un acte déterminé (C. civ., art. 469).
Doté de cette autorisation, qui ne peut être qu'exceptionnelle, le curateur doit ensuite saisir le juge d'une demande de tutelle si ce comportement persiste. Cette démarche nécessite la production par le curateur, à l'appui de sa requête, d'un certificat médical circonstancié du médecin agréé figurant sur la liste préfectorale. La personne protégée doit en principe être entendue (C. civ., art. 432 et 442).

ATTENTION

Anticipez ! Il est important d'anticiper les délais de réponse quand il s'agit de demander l'intervention du juge. Les autorisations judiciaires doivent en effet être obtenues avant la prise d'acte. Sachez que le juge des tutelles doit répondre aux requêtes qui lui sont adressées pendant le cours d'une mesure de protection – donc postérieurement à sa mise en place –, en principe dans les 3 mois de la réception de celles-ci, et ce sauf prorogation de ce délai – par exemple, s'il décide de procéder à une enquête (CPC, art. 1229).

Les pouvoirs du curateur sont augmentés ou diminués par jugement

Une mesure de protection n'est pas un dispositif figé, mais doit suivre l'évolution de la personne vulnérable. C'est pourquoi la loi permet au juge, à tout moment, de mettre fin à la mesure, de la modifier ou de lui substituer une autre mesure.

Le juge des tutelles peut ainsi, à tout moment, énumérer dans son jugement :

- certains actes que la personne en curatelle a la capacité de faire seule sans l'assistance de son curateur, malgré leur gravité ;
- à l'inverse, ajouter d'autres actes qui exigent l'assistance du curateur (C. civ., art. 471).

Comment obtenir la curatelle aménagée ?

La curatelle aménagée peut être demandée par le curateur, la personne protégée ou encore par l'un de ceux pouvant enclencher la procédure (voir *Qui peut faire la demande ?*, p. 68). En cas d'aggravation de la mesure, il faut joindre un certificat médical circonstancié établi par un médecin agréé (liste disponible auprès du greffe du juge des tutelles).

La curatelle aménagée peut également être décidée d'office par le juge, uniquement si l'aménagement va dans le sens d'une plus grande autonomie pour l'intéressé.

Le juge prend sa décision après avoir recueilli l'avis de la personne protégée et de son curateur (C. civ., art. 432 et 442, dernier alinéa).

Cas pratiques

- **Je suis sous curatelle et je souhaite effectuer une donation. Mon curateur refuse de m'assister dans cette démarche. Suis-je sans défense face à ce refus d'assistance ? Que puis-je faire ?**

Vous pouvez tout à fait demander au juge d'intervenir (C. civ., art. 469). Concrètement, vous devez adresser une requête au juge des tutelles de votre domicile sur papier libre, en expliquant clairement l'acte souhaité, les raisons du refus du curateur et en exposant votre demande d'autorisation judiciaire. Le juge décidera de la suite à lui donner.

- Cette autorisation est donnée ou non en fonction du dossier soumis. Par exemple, il a été jugé qu'une personne sous curatelle ne peut pas acheter seule un véhicule sans permis si elle est en fait inapte à conduire. Cette personne prenait des leçons de conduite et des attestations de l'auto-école démontraient qu'elle était dans l'incapacité de conduire seule. Son curateur s'était donc opposé à cette décision. Elle n'a pas obtenu l'autorisation du juge des tutelles. « L'achat d'une voiture sans permis ne dispense pas le conducteur de conduire de manière sûre sur la route [...] laisser Mlle X prendre le volant dans ces conditions ne serait compatible ni avec ses intérêts ni avec ceux de la société » (TI Alençon, 14 mars 2011, JurisClasseur, droit de la Famille juillet-août 2011, p. 47).

› La curatelle renforcée

La curatelle renforcée est, de loin, la plus fréquemment prononcée par les juges des tutelles ces dernières années (C. civ., art. 472). Elle est généralement prononcée par le juge quand :
- une mesure de curatelle lui apparaît suffisante, au regard des éléments qui lui sont soumis,
- mais qu'en raison de ses troubles, il y a lieu de donner au curateur des pouvoirs élargis.

• Comment obtenir la curatelle renforcée ?

Comme pour la curatelle aménagée, cette décision peut être prise lors de la mise en place de la curatelle mais aussi à tout moment, si la situation se détériore. Le juge ne peut pas se saisir d'office. Il doit être saisi par le curateur, la personne protégée, le procureur de la République ou un des proches pouvant enclencher la procédure (voir *Qui peut faire la demande ?*, p. 68). Il convient de joindre un certificat médical circonstancié établi par un médecin agréé. Le juge prend sa décision après avoir recueilli l'avis de la personne protégée et de son curateur (C. civ., art. 432 et 442, dernier alinéa).
Même si les textes ne prévoient pas de conditions particulières pour permettre au juge de doter le curateur de pouvoirs plus importants, la curatelle renforcée doit obéir aux grands principes en matière de protection de la personne vulnérable, vus plus haut, et notamment à celui de la nécessité. Ainsi, les tribunaux doivent expliquer, notamment sur recours de la personne concernée qui s'oppose à l'extension de pouvoir de son curateur, en quoi l'aggravation de la curatelle est indispensable.
En tant que curateur, vous devez tenter d'obtenir, dans la mesure du possible, l'accord de l'intéressé. À défaut, c'est le juge qui arbitrera, s'il y a opposition de l'intéressé, ou qui décidera de mettre en place une tutelle en cas d'aggravation de son état, après son examen par un médecin agréé.

Cas pratiques

Les tribunaux sont vigilants sur la mise en place de cette mesure qui diminue la capacité de la personne. Ainsi, le tribunal doit rechercher si la personne est apte à percevoir des revenus et à en faire une utilisation normale (C. cass., civ. 1re, 24.10.1995, n° 93-21484).

• Tel n'était pas le cas en présence d'un signalement inquiétant du service social mentionnant les difficultés budgétaires de la personne âgée (82 ans), l'existence de dettes injustifiées au regard de ses ressources, outre des procédures pénales concernant les agissements de tiers pour se faire remettre des fonds ainsi que la nécessité d'assainir son budget : tous ces éléments ont permis aux juges d'estimer qu'elle était inapte à faire une utilisation normale de ses revenus et de justifier cette mesure (C. cass., civ. 1re, 27.3.2007, n° 05-12633).

• Tel n'était pas le cas non plus d'une personne qui présentait de faibles capacités de socialisation entraînant une autonomie sociale limitée, l'expression de sa volonté pouvant parfois être déficitaire, d'où une certaine vulnérabilité, de sorte qu'elle avait besoin d'être conseillée et assistée dans les actes de la vie civile. Son placement sous curatelle renforcée a été accepté (C. cass., civ. 1re, 12.12.2006, n° 05-21312).

• Une décision a estimé, en revanche, que des troubles psychotiques, existant depuis l'âge de 17 ans, n'entraînent pas forcément cette incapacité (C. cass., civ. 1re, 15.5.2008, n° 06-20915 ; voir aussi C. cass., civ. 1re, 1.6.2011, n° 06-20915 et n° 10-18638 et C. cass., civ. 1re, 29.2.2012, n° 10-28822).

ATTENTION

Une curatelle renforcée n'est pas une tutelle La curatelle renforcée est clairement une mesure intermédiaire entre curatelle et tutelle, d'où l'engouement des juges pour cette mesure quand l'état de la personne s'aggrave.

Notons qu'en pratique, elle est pourtant source de confusion pour les curateurs, tant elle se rapproche, sur certains points, des règles de la tutelle (notamment, les obligations comptables).

Attention donc pour l'entourage de la personne à bien différencier ces deux régimes : la curatelle, même renforcée, reste un régime d'assistance pour les actes les plus graves et non de représentation. Cette assistance se manifeste, dans un acte écrit, par l'apposition de la signature du curateur.

En tant que curateur, vous ne représentez donc le majeur protégé que dans les limites de l'autorisation judiciaire (le plus souvent pour percevoir ses revenus et régler ses dépenses), et non pour la gestion des autres éléments de son patrimoine. Par exemple, il n'est pas question de vous substituer à lui pour changer le bénéficiaire de son assurance-vie ou pour faire une donation : ces actes relèvent de sa décision et vous devez seulement l'assister.

La curatelle renforcée est une mesure « lourde » pour la personne protégée car sa principale conséquence est qu'elle n'a plus accès directement à ses revenus : le curateur paye les factures, devient l'interlocuteur de la banque et des divers créanciers.

Ne pas laisser les comptes à la gestion de la personne protégée peut effectivement diminuer le risque de dilapidation de ses revenus, soit par des dépenses disproportionnées mettant en péril sa capacité à subvenir à ses besoins, soit par les agissements de personnes mal intentionnées ou incompétentes parvenant à le dépouiller de ses ressources.

Les pouvoirs et devoirs du curateur, dans le cadre d'une curatelle renforcée

Il s'agit pour lui :

- de percevoir les revenus et régler les dépenses courantes : c'est la mission la plus courante et la seule qui existait avant la réforme de 2007. En curatelle renforcée, le curateur perçoit seul les revenus de la personne sur un compte ouvert au nom de

cette dernière. C'est donc, en principe, dans sa décision ordonnant la mise en place de la curatelle renforcée, que le juge va donner l'autorisation au curateur d'ouvrir un nouveau compte, au nom de la personne protégée mais exclusivement géré par le curateur. Il faut en tout cas penser à le lui demander pour ne pas perdre de temps. C'est sur ce compte qu'il va déposer l'excédent de revenus, une fois les besoins vitaux de son protégé satisfaits et ses dettes réglées (C. civ., art. 472).
Le curateur assure le règlement des dépenses : paiement des factures courantes fixes concernant le logement, l'énergie, les impôts, les assurances, etc., ou prévisibles (déménagement, voyages, procès, santé, équipement médical de la personne ou du lieu de résidence, etc.). Puis le curateur dépose l'excédent sur un compte laissé à la disposition de la personne sous curatelle ou le lui verse (voir *Le fonctionnement du compte bancaire*, p. 130)
- d'être contrôlé dans sa gestion : les dispositions concernant l'inventaire, l'établissement et le contrôle des comptes s'appliquent à la personne en charge d'une mesure de curatelle renforcée (voir *Quelles sont les obligations du protecteur ?*, p. 97) ;
- d'assurer le logement de l'intéressé : le curateur peut aussi, depuis la réforme du 5 mars 2007, être chargé par le juge de conclure seul un bail d'habitation ou une convention d'hébergement pour la personne protégée (et ce, contrairement au principe selon lequel le majeur choisit librement son logement ; voir *Le logement, les meubles et objets personnels de la personne sous protection*, p. 116). Cette disposition s'inscrit dans la volonté de répondre aux situations d'urgence et de précarité, la première des protections consistant à loger sans délai la personne vulnérable.
N'hésitez pas à poser toutes les questions utiles au juge si vous demandez une curatelle renforcée.

Cas pratique

Extrait d'un jugement mettant en place une curatelle renforcée

Par exemple, le jugement précisera : « Dit que le curateur percevra les revenus de la personne en curatelle, assurera lui-même, à l'égard des tiers, les dépenses et versera l'excédent, s'il y a lieu, sur un compte ouvert au nom de l'intéressé, avec obligation de rendre compte de sa gestion, le 1er janvier de chaque année, au greffier en chef du tribunal d'instance.

Rappelle que le curateur devra faire un inventaire des biens appartenant à la personne protégée dans les 3 mois de la présente notification du jugement… »

À NOTER

Les chiffres de la curatelle La curatelle a représenté 46,1 % des mesures ordonnées par le juge des tutelles en 2014. Et, à elle seule, la curatelle renforcée représente 42,7 % de ces mesures (Infostat Justice, juillet 2016, n° 143, « 680 000 majeurs sous protection judiciaire en 2014 »).

La tutelle, mode de protection le plus complet

Lorsque l'état de la personne est tellement détérioré qu'elle n'est plus capable de prendre des décisions, même en ce qui concerne la gestion courante, il est nécessaire qu'elle soit représentée de manière continue dans tous les actes de la vie civile.

En clair, si votre proche a besoin, non plus d'être aidé mais d'être représenté au quotidien, vous devez alors demander au juge la mise en place d'une tutelle.

Comme pour tout régime de protection, et en application du principe de subsidiarité, cette mesure n'est prononcée que s'il est établi qu'aucune autre mesure, telle une habilitation judiciaire entre époux ou une curatelle ne peut lui assurer une protection suffisante.

Cette mesure peut être demandée d'emblée ou faire suite à une mesure de sauvegarde de justice ou de curatelle.

La tutelle est le régime le plus protecteur et le plus contraignant puisque la personne va se trouver totalement déchargée, en ce qui concerne la gestion de ses biens, au profit de son représentant légal qui fait l'objet de différents contrôles dans le cadre de cette gestion. Elle ne doit donc être appliquée que dans les formes les plus profondes de l'altération des facultés d'un individu (malades mentaux gravement atteints, personnes très âgées, ou atteintes de la maladie d'Alzheimer à un stade avancé, etc.). À cet égard, la question se pose de l'articulation de cette mesure par rapport à la nouvelle procédure d'habilitation familiale qui est, comme la tutelle, un régime de représentation de la personne par l'un de ses proches.

À NOTER

Les chiffres de la tutelle La tutelle a représenté 53,6 % des mesures ordonnées par le juge des tutelles en 2014. La tutelle allégée ne représente que 0,4 % des cas (Infostat Justice, juillet 2016, n° 143, « 680 000 majeurs sous protection judiciaire en 2014 »).

La mise en place de la tutelle est la même que pour la curatelle ou la sauvegarde judiciaire : l'état physique et/ou mental de la personne doit être constaté par un médecin agréé (voir *Les mentions et pièces obligatoires*, p. 73).

Cas pratiques

On pense souvent que la tutelle ne concerne que les personnes très âgées, diminuées intellectuellement et physiquement. Ce n'est pas toujours le cas.

- Ainsi, a été placée sous tutelle une personne présentant des carences d'acquisition dues à un manque de scolarisation et dont l'immaturité, les limites intellectuelles, la suggestibilité, l'inconstance et l'instabilité potentielle la rendaient particulièrement vulnérable et dépendante : cet état prouvait son besoin d'être représentée de manière continue (C. cass., civ. 1re, 7.6.2006, n° 04-10125).

- En revanche, une décision ne peut pas placer sous tutelle une personne présentant un alcoolisme ancien et sévère, sans préciser si cet alcoolisme entraîne une altération de ses facultés mentales et nécessite qu'il soit représenté de manière continue (C. cass., civ. 1re, 14.4.2010, n° 09-13851).

› Le rôle du tuteur

Comme toujours en matière de protection, il faut distinguer les actes concernant la personne et ceux concernant ses biens.

Les actes concernant la personne

La personne doit accomplir seule un certain nombre d'actes relatifs à sa famille (reconnaissance d'enfant, autorité parentale, par exemple). Il s'agit des actes strictement personnels pour lesquels le tuteur ne peut jamais la représenter. Pour les autres actes personnels (sa santé, par exemple, ou ses relations avec les tiers), ils relèvent du principe d'autonomie. Le tuteur ne pourra intervenir que sous conditions. Il n'y a pas de tutelle à la personne comme il y a une tutelle aux biens, et son autonomie doit l'emporter, sauf décision spéciale du juge des tutelles, par exemple si la personne se met en danger. Enfin, le tuteur est débiteur d'une obligation d'information quant aux décisions à prendre à l'égard de la personne dont il a la charge (sur tous ces points, voir *Protéger la personne,* p. 110).
Des règles particulières concernent le mariage, le divorce, le Pacs ou encore les testaments ou donations.
C'est en revanche le tuteur qui représente la personne (en ayant obtenu, au préalable, l'autorisation du juge ou du conseil de famille) dans le cadre d'une action en justice pour faire valoir les droits « extrapatrimoniaux » (concernant sa personne) de la personne protégée (droit à l'image, par exemple, ou protection de sa vie privée) (C. civ., art. 475).

Les actes concernant ses biens

En dehors des actes de la vie courante (voir *Les actes de la vie courante,* p. 128), le tuteur va représenter la personne, c'est-à-dire agir à sa place. La question qu'il doit se poser est celle de savoir s'il a besoin ou non d'une autorisation du juge des tutelles (ou du conseil de famille s'il a été constitué). Les règles sont les suivantes.
Le tuteur peut accomplir seul les actes d'administration, c'est-à-dire schématiquement ceux relevant de la gestion courante (voir *Protéger ses biens,* p. 123).
Il mène également seul les actions en justice pour défendre les droits de son protégé en matière patrimoniale (par exemple, une demande en justice de recouvrement contre un débiteur de la personne vulnérable) et, au-delà, effectue les différentes démarches ou actions administratives à la place de son protégé (C. civ., art. 473 et 475).
Il établit l'inventaire des biens de la personne vulnérable, prépare le budget le concernant et rédige les comptes annuels (C. civ., art. 503 et 504) (pour plus de précisions, voir *Quelles sont les obligations du protecteur ?,* p. 97).
Il lui revient également d'effectuer les actes de conservation du patrimoine de la personne sous tutelle (actes conservatoires). Il s'agit de ceux qui permettent de

préserver les biens ou de les soustraire à un « péril imminent » ou à une dépréciation inévitable (décret n° 2008-1484 du 22 décembre 2008).
En revanche, le tuteur doit être autorisé par le juge des tutelles (ou le conseil de famille, s'il a été constitué) pour effectuer, au nom de son protégé, les actes de disposition (vendre un bien immobilier, faire une transaction, etc.).
Par ailleurs, le juge des tutelles peut conserver à la personne protégée la possibilité d'accomplir seule ou avec l'assistance du tuteur certains actes, dans le cadre d'une tutelle « allégée » (voir ci-après). Cette modalité est, en pratique, rarement utilisée (voir le *À noter*, p. 43).

MON CONSEIL

Connaître l'étendue de sa mission Vous devez, en tant que tuteur, toujours vous reporter aux termes exacts du jugement rendu. En effet, le juge peut conserver à la personne protégée la possibilité d'accomplir seule ou avec votre assistance certains actes, s'il se prononce pour une tutelle « allégée » (voir ci-après).
Par ailleurs, la question qui se pose à vous est de distinguer les actes que vous pouvez faire seul ou ceux qui requièrent l'autorisation du juge ou du conseil de famille s'il en a été désigné un.
Attention : cette autorisation doit être antérieure à l'acte ; elle ne peut pas intervenir après coup. Le défaut d'autorisation du juge entraîne la nullité de l'acte (voir *La remise en cause d'un acte accompli avant la mise sous protection,* p. 58).
La ligne de démarcation est la même que celle prévue en matière de curatelle : actes d'administration et actes de disposition.
Les conseils donnés ci-avant à propos de la curatelle sont donc valables ici : vous n'êtes pas libre, en tant que tuteur, de décider ce qui relève d'un acte grave, pour lequel vous devez obtenir une autorisation du juge, ou d'un acte pour lequel vous êtes dispensé de cette autorisation. Vous devez vous référer à la liste établie par le décret n° 2008-1484 du 22 décembre 2008 (voir p. 220).

› La tutelle « allégée »

À l'instar de ce qui est prévu pour l'aménagement de la curatelle, un allégement de la mesure de tutelle peut être effectué par le juge des tutelles à tout moment (lors de l'ouverture ou ultérieurement), soit d'office – le juge se saisit lui-même – soit sur requête d'une des personnes pouvant mettre en place la mesure (famille, proches, Parquet, intéressé lui-même) (C. civ., art. 473).
Le juge peut en effet énumérer certains actes que la personne en tutelle aura la capacité de faire seule ou avec l'assistance du tuteur. Il n'est tenu de consulter ni le conseil de famille, ni le tuteur.

› Les personnes en charge de la tutelle

Le juge des tutelles va préciser le mode d'organisation de la tutelle (présence d'un conseil de famille ou non, tuteur désigné parmi les proches ou tuteur extérieur, présence d'un cotuteur, d'un subrogé tuteur ou d'un tuteur *ad hoc*, etc.).

Le conseil de famille

Lorsque l'on pense tutelle, on pense aussitôt conseil de famille. Cela est à la fois exact et inexact.

- Il est vrai que c'est la spécificité de cette mesure puisqu'il n'y a pas de conseil de famille en curatelle ou en sauvegarde de justice.
- Cependant, toute tutelle ne nécessite pas la constitution d'un conseil de famille.

Deux conditions doivent être réunies pour que le juge décide sa mise en place :

- les nécessités de la protection de la personne ou la nature de son patrimoine doivent le justifier ;
- la composition de sa famille ou de son entourage doit permettre sa constitution (C. civ., art. 456).

La loi donne au juge un large pouvoir d'appréciation de l'opportunité d'organiser ou non un conseil de famille, quelles que soient les demandes ou velléités de l'entourage de la personne protégée. Sur un plan pratique, il devra apprécier non seulement la justification de cette formation, mais également sa faisabilité. En effet, si la famille de la personne protégée n'est pas trop dispersée, le conseil familial a l'avantage de constituer l'instance de délibération la moins contestable dans laquelle le juge des tutelles est placé dans un rôle d'influence plus que de décision (rapport Blessig).

Il faut noter qu'avant l'intervention de la réforme du 5 mars 2007, seul 0,3 % des tutelles étaient organisées avec un conseil de famille.

Les règles relatives au conseil de famille sont regroupées sous les articles 397 à 405, 456, 457, 500 et 502 du Code civil et sous les articles 1234 et 1235 du Code de procédure civile.

Qui fait partie du conseil de famille ?

Le juge des tutelles, s'il décide de constituer un conseil de famille, va en choisir les membres pour la durée de la tutelle. Il doit désigner au minimum 4 membres (y compris le subrogé tuteur et le tuteur, le juge, quant à lui, restant toujours en dehors de ce décompte) (C. civ., art. 399). Il s'agit d'un minimum, la loi ne prévoyant pas de maximum. Ces membres sont désignés en considération :

- des sentiments exprimés par la personne protégée ;
- de ses relations habituelles ;
- de l'intérêt porté à son égard ;
- des recommandations éventuelles de ses parents et alliés ainsi que de son entourage (C. civ., art. 456).

Une fois ces critères pris en compte, le juge des tutelles peut désigner comme membres du conseil de famille de la personne sous tutelle :

- ses parents directs (enfant, frère, sœur, cousin…) ou ses parents par alliance (gendre, belle-fille, etc.) ;
- une personne qui manifeste un intérêt à son égard (C. civ., art. 399, alinéa 3).

Cette dernière disposition permet au juge, selon la circulaire d'application de 2009, de considérer plus largement l'entourage de la personne, en tenant compte, par exemple, des professionnels qui ont, soit, à un moment donné, été désignés pour exercer seuls la mesure de protection, soit ont été sollicités à plusieurs

reprises par les membres de la famille et ont pu nouer des liens constructifs avec la personne protégée.
(Sur la possibilité de refuser cette charge, voir *Cas pratiques*, p. 91).

Quel est son rôle ?

Les décisions qui reviennent au conseil de famille portent sur les points suivants (étant précisé qu'en l'absence de conseil constitué, elles sont dévolues au juge des tutelles) :
- la désignation du tuteur : il lui revient de désigner le ou les tuteurs, le subrogé tuteur et, le cas échéant, le tuteur *ad hoc* (C. civ., art. 456) ;
- la protection de la personne sous tutelle : c'est le conseil de famille qui donne, sauf urgence, l'autorisation au tuteur de prendre une décision portant « une atteinte grave à l'intégrité corporelle de la personne protégée », telle une opération chirurgicale (C. civ., art. 459). C'est lui qui statue en cas de difficulté sur le choix de la résidence (C. civ., art. 459-2). Il autorise le mariage ou le Pacs de la personne protégée (C. civ., art. 460, alinéa 2 et 462, alinéa 1) ;
- l'autorisation donnée au tuteur d'accomplir des actes de disposition : il s'agit du rôle phare du conseil de famille. Les textes énumèrent les actes de disposition que le tuteur ne peut accomplir sans autorisation du conseil de famille (C. civ., art. 505 à 508). Il faut cependant noter que le juge des tutelles peut donner son autorisation, à la place du conseil de famille, pour des actes portant sur des biens d'une valeur en capital inférieure à 50 000 € (décret n° 2008-1484 du 22 décembre 2008). La loi prévoit également une possibilité d'intervention du juge, à la place du conseil, en cas d'urgence, pour autoriser la vente d'« instruments financiers » (valeurs mobilières notamment), à charge qu'il en soit rendu compte sans délai au conseil ;
- l'établissement du budget de la personne sous tutelle : il lui revient d'arrêter le budget de la tutelle, sur proposition du tuteur, en déterminant, en fonction de l'importance des biens de la personne protégée et des opérations qu'implique leur gestion, les sommes annuellement nécessaires à son entretien et au remboursement des frais d'administration de ses biens. Il peut autoriser le tuteur à inclure dans les frais de gestion la rémunération des administrateurs particuliers dont il demande le concours sous sa propre responsabilité : il peut autoriser le tuteur à conclure, s'il se trouve confronté à la gestion d'un portefeuille important, un contrat pour la gestion des valeurs mobilières et instruments financiers de la personne protégée (C. civ., art. 500) ;
- l'emploi des capitaux : il détermine la somme à partir de laquelle le tuteur a l'obligation d'employer les capitaux liquides (par exemple, pour les placer) et l'excédent des revenus. Il prescrit les mesures qu'il juge utiles concernant l'utilisation des fonds soit par avance, soit à l'occasion de chaque opération (C. civ., art. 501, alinéas 1 et 2) ;
- le dépôt des fonds sur un compte indisponible : en vue de sécuriser la gestion des fonds de la personne protégée, il peut ordonner, à titre conservatoire, le dépôt des fonds sur un compte indisponible, voire l'utilisation exclusive de comptes ouverts à la Caisse des dépôts et consignations (C. civ., art. 501) ;

- la modification des comptes bancaires ou livrets : il peut être amené à autoriser le tuteur à procéder à la modification des comptes ou livrets ouverts au nom de la personne protégée ou à l'ouverture d'un autre compte ou livret (C. civ., art. 427).

La réunion du conseil de famille

Le conseil de famille est convoqué et présidé par le juge des tutelles. La présence de ce dernier est obligatoire lorsque le tuteur n'est pas un professionnel.
La convocation est faite, en principe, par lettre recommandée avec accusé de réception, au moins 8 jours à l'avance (CPC, art. 1234).
La réunion a lieu en principe au tribunal.
Elle est impérative si elle est demandée au juge des tutelles par deux de ses membres, par le tuteur ou le subrogé tuteur, ou encore par la personne protégée (CPC, art. 1234).

> **À NOTER**
> **Une présence obligatoire** Si vous faites partie du conseil de famille, sachez que votre présence est exigée lors des réunions, l'ancienne possibilité d'être représenté ayant été supprimée par la réforme du 5 mars 2007. La sanction d'une absence au conseil de famille, sans excuse légitime, est lourde puisqu'elle peut consister en la suppression de la charge, autrement dit par votre exclusion (CPC, art. 1234-2).

Le vote

Les décisions du conseil de famille font l'objet d'un vote qui ne peut avoir lieu que si la moitié au moins des membres sont présents. À défaut, le juge peut soit ajourner la séance, soit prendre lui-même la décision en cas d'urgence (CPC, art. 1234-3).
Les décisions sont prises à la majorité simple des votes exprimés (CPC, art. 1234-5).
Le tuteur doit assister à la séance. Il y est entendu mais ne vote pas, de même que le subrogé tuteur dans le cas où il le remplace.
En cas d'égalité des voix, celle du juge des tutelles, qui préside le conseil de famille, est prépondérante.
Les délibérations sont ensuite relatées par procès-verbal. Elles sont toujours motivées ; chaque fois qu'elles ne sont pas prises à l'unanimité, l'avis de chacun des membres est mentionné dans le procès-verbal (C. civ., art. 400 ; CPC, art. 1235).

La copie des délibérations

Les personnes concernées directement par ces délibérations (membres du conseil, tuteur, personne protégée, etc.) peuvent en obtenir copie. Les autres personnes peuvent également en obtenir des extraits sur autorisation du juge des tutelles si elles justifient d'un intérêt légitime (CPC, 1223-2).

Cas pratiques

• La personne sous tutelle peut-elle assister à la réunion du conseil de famille ?
Oui, elle peut assister à la réunion du conseil mais seulement à titre consultatif (elle ne vote pas) et sauf si le juge l'estime contraire à son intérêt (CPC, art. 1234-7).

• Peut-on faire appel d'une décision du conseil de famille ?
Effectivement, les membres du conseil de famille et le juge des tutelles peuvent faire appel d'une décision prise par le conseil de famille (CPC, art. 1239-3). Il en est de même des personnes pouvant demander la mise en place d'une procédure de protection (personne protégée, proches, Parquet) (CPC, art. 1239, alinéa 2).
Le délai est de 15 jours à compter de la décision (ou de sa notification, dans le cas d'une décision prise sans réunion du conseil de famille) (CPC, art. 1234-4).

Le cas du vote en l'absence du juge

Le conseil peut également prendre une décision sans se réunir sous la houlette du juge. Une double condition est exigée par la loi :
- le tuteur (ou le subrogé tuteur) est un professionnel, à savoir un mandataire judiciaire à la protection des majeurs (MJPM) ;
- le juge des tutelles estime que le conseil peut se prononcer sur une délibération sans que la tenue d'une réunion soit nécessaire (C. civ., art. 457 ; CPC, art.1237 à 1238).

Cette modalité peut, par exemple, être mise en place par le juge lorsque le conseil de famille est composé de proches entre lesquels existent une capacité de dialogue et une confiance mutuelle dans un souci commun de protéger la personne et ses intérêts. En outre, la présence d'un tuteur professionnel peut constituer une sorte de garantie de compétence sur certaines questions et permet de bénéficier d'un avis neutre.

Concrètement, le conseil désigne en son sein un président et un secrétaire (qui ne peuvent être ni le tuteur, ni le subrogé tuteur). Le président doit cependant transmettre l'ordre du jour de la réunion au juge. À cet égard, aucun délai ni aucune formalité ne sont imposés pour cette transmission mais il paraît prudent, selon la circulaire d'application, d'inviter le président désigné à transmettre cet ordre du jour dans les 8 jours qui précèdent la réunion, et ce, par lettre recommandée ou remise au greffe.

Le président exerce les mêmes missions que celles dévolues au juge en ce qui concerne la convocation, la réunion et la délibération du conseil de famille : il choisit le lieu (hors du tribunal, au domicile de l'un des membres du conseil de famille, par exemple), la date et l'ordre du jour, qui peut contenir des suggestions des membres du conseil ou de la personne protégée elle-même ; il établit ou fait établir par son secrétaire les convocations des membres du conseil à la réunion.

Chaque membre vote dans le délai et selon les modalités impartis par le juge dans sa décision autorisant cette modalité. Il faut noter que le membre qui ne répondrait pas pourrait voir sa charge tutélaire retirée (CPC, art. 1234-4). La décision est ensuite notifiée à chacun des membres qui peut alors, le cas échéant, la contester.

Cette modalité du vote sans juge est ponctuelle : le juge des tutelles peut à tout moment convoquer une réunion du conseil de famille sous sa présidence.

> **À NOTER**
> **La vérification des comptes** En cas de vote obtenu dans ces conditions (vote en l'absence du juge), le juge des tutelles peut décider que le conseil de famille vérifiera et approuvera les comptes en lieu et place du greffier en chef (C. civ., art. 511).

Le tuteur

Dans une tutelle, s'il peut ne pas y avoir de conseil de famille, il y a toujours un tuteur. L'étendue de sa mission est écrasante puisqu'il représente les intérêts de la personne dans tous les actes de sa vie.

Il est en contact avec le juge des tutelles ou le conseil de famille régulièrement, et notamment quand il a besoin d'obtenir une autorisation pour effectuer, au nom de l'intéressé, un acte grave. Il lui revient ensuite d'exécuter ces décisions.

Il assiste aux réunions du conseil de famille, quand il en existe un, sans participer au vote. Il peut d'ailleurs requérir la convocation du conseil, la réunion est alors impérative.

Le subrogé tuteur

Un subrogé tuteur peut être désigné par le juge – ou le conseil de famille – si cela s'avère nécessaire (C. civ., art. 454).

Comment est-il choisi ?

Si le tuteur est choisi dans une branche de sa famille, le subrogé tuteur est choisi, dans la mesure du possible, dans l'autre branche. Lorsqu'aucun membre de la famille ou aucun proche ne peut assumer les fonctions de subrogé tuteur, un mandataire judiciaire à la protection des majeurs peut être désigné (C. civ., art. 454).

Quel est son rôle ?

Son rôle est triple.

- Surveiller la gestion du tuteur : le subrogé tuteur qui constate des fautes dans la gestion du tuteur doit, à peine d'engager sa responsabilité personnelle, en informer immédiatement le juge des tutelles (C. civ., art. 454). De même, l'inventaire des biens de la personne, obligatoire en cas de tutelle, doit être fait en sa présence et sous sa surveillance (C. civ., art. 503). Il doit attester auprès du juge du bon déroulement des opérations comprises dans la mission du tuteur, spécialement quant à l'emploi ou remploi des capitaux (C. civ., art. 497). Il se voit remettre chaque année par ce dernier un compte de gestion qu'il transmet, avec ses observations, au greffier en chef. Le juge peut d'ailleurs décider que la mission de vérification et d'approbation des comptes, normalement du ressort du greffier en chef, sera exercée par le subrogé tuteur (C. civ., art. 511).
- Être informé et consulté par le tuteur avant « tout acte grave » (C. civ., art. 454). Il s'agit des actes qui n'ont pas un caractère usuel ou habituel, ou qui ne relèvent pas de la gestion courante (rapport Blessig).

Rappelons également que le subrogé tuteur fait partie du conseil de famille quand il en existe un (C. civ., art. 399). Comme le tuteur, il peut requérir sa convocation et la réunion s'impose alors (CPC, art. 1234).

• Représenter le majeur protégé lorsque ses intérêts sont en opposition avec ceux du tuteur ou lorsque ce dernier ne peut pas lui apporter son assistance ou agir pour son compte en raison des limitations de sa mission (C. civ., art. 454). Dans ces hypothèses, il se substitue à ce dernier : ainsi il assiste aux séances du conseil de famille, y est entendu mais ne vote pas (C. civ., art. 399, alinéa 2 ; art. 400, alinéa 2). À noter qu'en l'absence de subrogé tuteur, ce rôle de suppléance est tenu par le tuteur *ad hoc*.

Le subrogé tuteur ne remplace pas de plein droit le tuteur dont la charge a cessé. Dans ce cas, il doit provoquer la nomination d'un nouveau tuteur (C. civ., art. 454, alinéa 7).

À NOTER

L'opposition d'intérêts Un subrogé tuteur (ou un subrogé curateur en cas de curatelle) ou, s'il n'y en a pas, un tuteur *ad hoc* (ou un curateur *ad hoc*) doit être désigné en cas d'opposition d'intérêts entre le tuteur (curateur) et son protégé. Il s'agit de situation où les intérêts peuvent être divergents (par exemple dans le cadre d'une succession ouverte au bénéfice de la personne sous tutelle et de son frère qui est son tuteur).

Dans certains cas, la loi impose cette désignation. Ainsi, si notamment la personne se pacse avec son tuteur (ou curateur), celui-ci se trouve alors, fort logiquement, en opposition d'intérêts avec la personne protégée pour tout ce qui concerne les relations entre partenaires pacsés (comptes entre eux, rupture du Pacs). Le partenaire tuteur ou curateur doit donc demander au juge la désignation d'un tuteur ou curateur *ad hoc* (C. civ., art. 461 et 462). Notons que cette présomption d'opposition d'intérêt qui existe pour le Pacs n'est pas prévue en cas de mariage.

Il en est également de même en cas de donation effectuée par la personne protégée au profit du curateur (C. civ., art. 470).

Le tuteur *ad hoc*

En l'absence de subrogé tuteur, le tuteur demande au juge ou au conseil de famille s'il en existe un, de désigner un tuteur *ad hoc* dans deux hypothèses :

- quand ses intérêts sont, à l'occasion d'un acte ou d'une série d'actes, en opposition avec ceux de la personne protégée ;
- quand il ne peut lui apporter son assistance ou agir pour son compte en raison des limitations de sa mission (pour plus d'explications sur ces limitations, voir *Le curateur* ad hoc, p. 38, les règles étant les mêmes).

Le procureur de la République peut demander cette désignation au juge de lui-même ou sur demande qui lui est faite par toute personne intéressée (C. civ., art. 455 ; sur cette notion de personne intéressée, voir *Le curateur* ad hoc, p. 38, les règles étant les mêmes).

Ces pouvoirs sont définis par le juge des tutelles dans sa décision de désignation. S'il faut faire des actes de disposition, l'administrateur *ad hoc* devra suivre la même procédure qu'un administrateur ou gérant ordinaire.

Il est parfois obligatoire pour le tuteur de demander cette désignation car la loi déclare qu'à l'occasion de tel acte, il y a présomption d'opposition d'intérêts (voir encadré, p. 51).

L'habilitation familiale, un dispositif conçu pour les familles qui s'entendent

Ce dispositif a pour objectif de permettre d'associer plus étroitement les familles à la protection de leur proche sans qu'elles aient à se soumettre au formalisme des mesures de protection judiciaire que sont la sauvegarde de justice, la curatelle et la tutelle, et ce lorsque le suivi du juge n'apparaît pas nécessaire.
C'est en tout cas ce qu'indique le projet d'ordonnance, mettant en place cette nouvelle mesure, présenté au conseil des ministres le 14 décembre 2015. L'habilitation familiale résulte en effet de l'ordonnance n° 2015-1288 du 15 octobre 2015, prévue dans le cadre de la loi de simplification du droit n° 2015-177 du 16 février 2015. Cette ordonnance a été ratifiée par la loi de modernisation de la justice du XXIe siècle (*L. n° 2016-1547 du 18.11.2016*) avec certaines modifications qui seront précisées au fil du texte.
Dernier né des régimes de protection, l'habilitation familiale s'adresse aux familles au sein desquelles l'entente règne. Son objectif est de mieux tenir compte de leur place auprès des personnes vulnérables en leur proposant un dispositif simplifié, et ce même si sa mise en place est la même que pour les autres régimes.
Cette mesure est applicable depuis le 1er janvier 2016. Elle est régie par les articles 491-1 à 491-12 du Code civil et les articles 1260-1 à 1260-12 du Code de procédure civile.

› Avantage et inconvénients...

Le juge des tutelles peut habiliter l'un des proches parmi le cercle prévu par la loi (cercle limité aux proches parents contrairement à la tutelle), une fois vérifié que les intérêts de la personne vulnérable sont bien préservés, et ce dans les mêmes conditions que pour les autres dispositifs judiciaires (nécessité d'un certificat médical circonstancié, respect des principes de subsidiarité, audition de la personne concernée, etc.). Cependant, il existe une différence : le juge doit s'assurer de l'adhésion ou de l'absence d'opposition des proches.
Contrairement à la tutelle, régime qui lui est le plus proche, une fois l'habilitation familiale mise en place, le contrôle du juge est réduit à la portion congrue. En effet, le proche habilité n'a pas à saisir le juge pour se faire autoriser à effectuer les actes les plus graves pour le patrimoine de l'intéressé, à savoir les actes de disposition (et ce, sauf s'il s'agit d'un acte de disposition à titre gratuit, comme une donation). Il n'est pas soumis à l'obligation de rendre des comptes de sa gestion annuellement (ce qui est obligatoire en tutelle, sauf dispense familiale), etc.
Or, la durée initiale de la mesure, s'il s'agit d'une habilitation générale, peut aller jusqu'à 10 ans. Par comparaison, une tutelle ne peut être mise en place que pour

une durée initiale maximale de 5 ans sauf pathologie irréversible, une curatelle pour une durée de 5 ans, une sauvegarde de justice pour 1 an.
Ces spécificités constituent à la fois un avantage pour celui qui a été désigné comme représentant de la personne (parce qu'il permet une utilisation plus souple du dispositif) et un inconvénient potentiel pour la personne vulnérable (moins de protection car moins de contrôle du juge).
Cette mesure est donc exclue dès qu'il y a mésentente au sein de la famille, mais aussi de risque de négligence de la part de celui qui demande à être habilité. Et bien sûr, elle est exclue dès lors qu'il y a suspicion de risque de détournement du patrimoine ou d'abus de faiblesse.
Il reviendra au juge des tutelles de procéder aux vérifications nécessaires lorsqu'il décide de cette mesure mais aussi à la famille de se faire entendre dans le cadre des auditions prévues par les textes.
Signalons deux garde-fous : comme pour une tutelle, la prise en charge des décisions peut être partagée entre plusieurs personnes. Par ailleurs, le juge des tutelles peut être saisi en cas de difficulté dans la mise en œuvre de la mesure. Dans ce cadre, il peut la modifier, voire la faire cesser.

Cas pratiques

• Existe-t-il un modèle de demande pour placer un proche sous habilitation familiale ?

Oui, vous pouvez télécharger le modèle Cerfa n° 15613*01 (voir *Requête au juge des tutelles aux fins d'ouverture d'une mesure d'habilitation familiale d'un majeur,* p. 151). N'hésitez pas à consulter également sa notice explicative.

• Je ne sais pas quelle mesure serait la plus adaptée pour ma grand-mère dont l'esprit se dégrade : j'hésite entre une tutelle, une curatelle ou une habilitation familiale. Comment me faire aider dans ma démarche ?

Faites-vous aider par un médecin : le médecin traitant de votre grand-mère, le médecin hospitalier, etc. Un médecin agréé va de toute façon l'examiner et donner son avis dans le cadre de son certificat circonstancié remis au juge et dont ce dernier tiendra compte.

Si vous vous orientez vers une mesure classique (comme une tutelle ou une curatelle), c'est le juge qui appréciera, quelle que soit votre demande, la décision à prendre au regard de ce certificat mais aussi des auditions qu'il aura menées et des éléments d'information que vous lui soumettrez. N'oubliez pas qu'en ce qui concerne la gestion des biens, la tutelle est un régime de représentation : vous agissez à la place de la personne, alors que la curatelle n'est, en principe, qu'un régime d'assistance : vous l'aidez dans sa prise de décision et cosignez ses engagements les plus graves. Seule la curatelle dite renforcée vous permet d'agir à sa place dans la perception de ses revenus et l'acquittement de ses dépenses.

En revanche, si vous déposez une demande d'habilitation familiale, il semble que le juge ne puisse se prononcer que sur cette mesure et non sur une mesure de protection qui lui apparaîtrait plus appropriée (sauvegarde de justice, curatelle, tutelle), et ce même si vous faites partie des descendants de la personne vulnérable. En cas de refus de l'habilitation familiale, vous devrez alors déposer à nouveau une demande d'ouverture d'une mesure de protection pour saisir le juge des tutelles (voir *Requête au juge des tutelles aux fins d'ouverture d'une mesure d'habilitation familiale d'un majeur,* p. 151).

• Ma famille n'est pas d'accord sur le placement de mon proche. Puis-je quand même demander à être habilitée dans le cadre de l'habilitation familiale ?

N'oubliez pas que la mesure d'habilitation familiale exige au préalable l'existence d'un consensus des membres de la famille, s'agissant d'un dispositif au formalisme simplifié où le juge n'intervient, sauf difficultés particulières, qu'au stade du prononcé de la mesure. Le juge des tutelles doit donc, avant de l'ordonner, vérifier l'adhésion ou, du moins, l'absence d'opposition des proches.

Cela n'est pas forcément le cas des autres dispositifs où un professionnel (le mandataire judiciaire à la protection des majeurs – MJPM) peut justement être désigné en cas de conflit, de risque de négligences ou d'abus ou tout simplement d'éloignement géographique qui empêche un véritable suivi de la personne.

• Existe-t-il des dispositions spécifiques concernant le mariage ou le Pacs d'une personne faisant l'objet d'une habilitation familiale ?

Non, contrairement à ce qui est le cas pour la personne sous tutelle, par exemple, les textes régissant cette mesure n'abordent pas la question du mariage ou du Pacs de la personne vulnérable faisant l'objet d'une habilitation familiale.

› ... par rapport aux différents régimes existants

Les familles ont à leur disposition une autre mesure largement méconnue : la sauvegarde de justice qui peut permettre, dans un temps assez court (en moyenne moins d'1 an), au mandataire désigné (familial ou professionnel) d'aider à la mise en place des nouvelles conditions de vie de la personne vulnérable hors d'état d'exercer seule ses droits et de restructurer son patrimoine (cf. Rapport du Défenseur des droits, 29.9.2016).

Si la situation l'impose, un mandataire spécial peut être désigné lorsque, ponctuellement, la personne a besoin d'être représentée. Cependant, contrairement à l'habilitation générale, cette mesure est conçue comme étant ponctuelle.

De son côté, la curatelle est un régime d'assistance de la personne, qui peut se transformer en représentation, en partie, en cas de curatelle renforcée.

Enfin la tutelle se préoccupe des personnes les plus vulnérables.

Ce qui fait dire à certains praticiens que rien n'imposait, en l'état, d'introduire cette nouvelle mesure d'habilitation familiale, au regard de la richesse de celles existantes, et 7 ans après l'entrée en vigueur de la réforme de 2007 sur la protection des personnes vulnérables.

Néanmoins, elle peut intéresser les familles « bienveillantes » confrontées à la dégradation de l'état de santé d'un proche qui peuvent ainsi lui apporter l'aide nécessaire dans son intérêt.

Quant au régime d'habilitation judiciaire entre époux (voir *Les mesures prévues dans le cadre du mariage,* p. 4) dispositif peu utilisé, il ne concerne pas les décisions relatives à la vie privée de la personne vulnérable.

MON CONSEIL

La vigilance s'impose L'habilitation familiale ne peut donc intervenir (c'est le postulat de cette réforme) que dans les familles soudées et soucieuses des intérêts propres de la personne vulnérable.
Ce dispositif peut en effet se retourner contre les intérêts de celle-ci, puisqu'il s'adresse à une personne qui est hors d'état d'exprimer sa volonté.
Le contrôle du juge, réduit en aval, doit être d'autant plus important en amont lorsqu'il décide de mettre en place cette mesure.
Les auditions des proches (et celle de la personne demandant à être habilitée qui est obligatoire dans ce régime) peuvent l'aider dans sa décision.
En effet, ultérieurement, le contrôle des proches, tels qu'ils existent sous tutelle ou curatelle (désignation d'un subrogé ou d'un *ad hoc*), n'est pas prévu par les textes. Il n'y a plus de contrôle des comptes du directeur des services de greffe judiciaires puisque la personne habilitée n'est pas soumise à l'obligation de remettre tous les ans ses comptes (ce qui est la règle sous tutelle, sauf dispense expresse du juge des tutelles en cas de protection familiale).

› Le rôle de la personne habilitée

Comme toujours en matière de protection, il convient de distinguer les actes concernant la personne de ceux concernant les biens.

Les actes concernant la personne

L'article 494-6 du Code civil, concernant ce régime, indique que si l'habilitation porte sur un ou plusieurs actes relatifs à la personne à protéger, elle doit respecter les dispositions des articles 457-1 à 459-2 du Code civil.
La personne habilitée est donc débitrice à l'égard de son proche d'un devoir d'information sur les décisions à prendre.
La personne vulnérable doit pouvoir accomplir seule un certain nombre d'actes relatifs à sa famille (reconnaissance d'enfant, autorité parentale, par exemple). Il s'agit des actes strictement personnels pour lequel la personne habilitée (pas plus que le tuteur ou le curateur) ne peut jamais la représenter.
Pour les autres actes personnels (sa santé, son lieu de vie ou ses relations avec des tiers, par exemple), ils relèvent de son autonomie. La personne habilitée ne peut intervenir que sous certaines conditions (voir *Protéger la personne*, p. 110).
Ces règles sont donc communes à la tutelle et à la curatelle. En revanche, si celles-ci traitent également d'autres dispositions personnelles (le mariage, le divorce, le testament, etc.), tel n'est pas le cas de l'habilitation familiale.
Remarque : curieusement, l'article 494-6 du Code civil ne renvoie aux articles 457-1 à 459-2 du Code civil qu'à propos de l'habilitation spéciale et non de l'habilitation générale. Or, le juge des tutelles peut délivrer une habilitation générale portant sur l'ensemble des actes personnels... Il ne renvoie également pas à l'obligation, pour la personne chargée d'une mission de protection de la personne, de rendre compte de ses diligences prévues par l'article 463.

Les actes concernant les biens

L'habilitation peut porter sur un ou plusieurs des actes « que le tuteur a le pouvoir d'accomplir, seul ou avec une autorisation, sur les biens de l'intéressé » (C. civ., art. 494-6). En d'autres termes, la personne habilitée peut effectuer, dans les limites du jugement qui la désigne et qui précise ce point, des actes de gestion courante (dits actes d'administration) ou plus graves (dits actes de disposition). La seule réserve posée par le texte est que la personne habilitée ne peut accomplir un acte de disposition à titre gratuit (du type donation) qu'avec l'autorisation expresse et préalable du juge des tutelles.

L'habilitation, si l'intérêt de la personne à protéger l'implique, peut également être générale, portant sur l'ensemble des actes ou l'une des deux catégories d'actes (personnels ou concernant les biens – C. civ., art. 494-6).

Il faut signaler que, comme en matière de sauvegarde de justice, la personne protégée peut continuer à accomplir les actes qui ne sont pas confiés à la personne habilitée.

De fait, la personne peut, par exemple, continuer à encaisser ses revenus si le seul mandat judiciaire porte sur la vente d'un bien, etc. Cependant, en pratique, si le mandat est général, elle se trouvera priver de l'exercice des droits (C. civ., art. 494-8).

Seule restriction posée par le texte : elle ne peut pas conclure un mandat de protection future pendant la durée de l'habilitation.

Remarque : Les textes sur l'habilitation familiale ne renvoient pas expressément aux dispositions protectrices du logement de la personne vulnérables (C. civ., art. 426). Cependant, s'agissant d'une disposition générale commune aux régimes de protection, elle soit s'appliquer à la personne habilitée.

> **MON CONSEIL**
>
> **Connaître l'étendue de sa mission** Comme pour tous les régimes de protection, une lecture attentive du jugement vous habilitant s'impose afin de connaître avec précision le périmètre de votre mission. C'est important car vous engagez votre responsabilité en cas de dépassement de celle-ci et les actes passés sont susceptibles d'être annulés…
>
> La connaissance des textes est également importante. Par exemple, si, contrairement à un tuteur, vous pouvez transférer dans une autre agence le compte bancaire de votre protégé sans autorisation judiciaire, les autres dispositions de l'article 427 du Code civil (voir *Les pratiques bancaires et la gestion des comptes,* p. 128) s'imposent à vous : principe d'individualisation du compte au nom de la personne sous habilitation, par exemple.

› Les difficultés d'application

L'opposition d'intérêt en cas d'habilitation familiale générale

La personne habilitée dans le cadre d'une habilitation générale ne peut pas accomplir un acte pour lequel elle serait en opposition d'intérêts avec la personne

protégée. Cependant, à titre exceptionnel et lorsque l'intérêt de celle-ci l'impose, le juge des tutelles peut autoriser la personne habilitée à accomplir cet acte (C. civ., art. 494-6).
C'est en ces termes que la loi traite du possible conflit d'intérêt entre protecteur et protégé dans le cadre d'une habilitation familiale générale.
Remarque : il faut tout d'abord noter que le texte n'aborde le conflit d'intérêt qu'à propos de l'habilitation générale. Le juge des tutelles, en cas d'habilitation ponctuelle, devra en effet vérifier l'absence d'opposition d'intérêt. Notons aussi que les textes sur l'habilitation familiale ne renvoient pas aux articles prévoyant une liste d'actes *a priori* suspects, susceptibles d'intervenir entre protecteur et protégé (C. civ., art. 508 et 509 : voir *Les actes surveillés et les actes interdits*, p. 136). De même, en tutelle et en curatelle, des présomptions d'opposition d'intérêt sont posées par les textes. Rien de tel ici pour l'habilitation familiale et ce alors que la loi ne prévoit pas de possibilité de désigner un subrogé ou un *ad hoc* comme en tutelle. D'où l'intérêt de favoriser le recours aux co-habilitations, ce que les textes, en revanche, autorisent.
Enfin, la question se pose de savoir, en l'état du texte, comment le juge sera alerté d'un possible conflit d'intérêt. Il reste à la personne habilitée, en cas de doute, de veiller à saisir le juge d'une autorisation ponctuelle en amont de l'acte qu'elle entend passer sous peine d'engager sa responsabilité ou que l'acte soit annulé. L'entourage familial appartenant au cercle des personnes pouvant être habilitées, le procureur de la République qui aurait eu connaissance du conflit d'intérêt dans le cadre d'un signalement (des services sociaux, par exemple, mais aussi de la personne habilitée elle-même, le cas échéant, lors d'un épisode de lucidité) peuvent aussi saisir le juge dans le cadre de l'article 494-10 du Code civil.

L'intervention du juge en cas de difficultés

En effet, cet article permet au juge des tutelles de statuer « sur les difficultés qui pourraient survenir dans la mise en œuvre du dispositif ».
Il est saisi par l'une des personnes pouvant être habilitées ou par le procureur de la République.
Il peut modifier l'étendue de l'habilitation ou y mettre fin, après avoir entendu ou appelé la personne à l'égard de qui l'habilitation a été délivrée ainsi que la personne habilitée (C. civ., art. 494-10).

La remise en cause d'un acte accompli avant la mise sous protection

Le placement de votre proche sous un régime de protection est, la plupart du temps, l'ultime remède à une altération progressive de ses facultés. Saisir le juge et obtenir cette mesure prend du temps. Il arrive qu'il ait accompli certains actes graves dans les mois précédant la décision judiciaire. Il faut savoir qu'ils peuvent, sous certaines conditions, être remis en cause.

L'annulation d'un acte pour vice de consentement ou pour trouble mental

Précisons, dans un premier temps, que toute personne, qu'elle soit placée ou non sous un régime de protection (tutelle, curatelle, sauvegarde de justice ou habilitation familiale), peut demander, devant une juridiction civile, que soit annulé un acte qu'elle a signé alors que son consentement a été donné par erreur, qu'il a été extorqué par violence ou obtenu par des manœuvres frauduleuses (ce que l'on appelle un dol – C. civ., art. 1128 et suivants). Il faut, de même, être sain d'esprit pour consentir valablement à un contrat (C. civ., art. 1129, 414-1, 901).

Les personnes vulnérables sont donc susceptibles de bénéficier de cette législation protectrice de leurs intérêts leur permettant de faire annuler le contrat qu'elles ont signé. Et ce, même si, en pratique, les tribunaux retiennent difficilement l'existence d'un vice de consentement ou d'un trouble mental, objet du présent chapitre.

Il ne faut également pas oublier la possibilité de faire annuler un engagement en cas d'abus de faiblesse si l'engagement a été souscrit dans le cadre d'un contrat de consommation (voir les exemples sous *L'abus de faiblesse selon le Code de la consommation*, p. 14) et, de façon générale, les sanctions pénales auxquelles s'exposent les personnes s'y livrant (voir *Les recours contre l'abus de faiblesse*, p. 12)

Notons que si l'acte contesté date de moins de 2 ans avant la mise en place de la protection, la demande peut viser plusieurs fondements (par exemple : trouble mental et le fait que l'acte a été fait moins de 2 ans avant le placement), ce qui augmente les chances de succès, les conditions n'étant pas les mêmes (voir *La « période suspecte » avant une tutelle, curatelle ou habilitation familiale*, p. 61).

› La demande d'annulation du vivant de la personne vulnérable

Prouver le trouble mental n'est pas chose aisée. Cependant, la personne qui va ensuite être sous protection est présumée plus « fragile » qu'une autre. Son placement ultérieur (même s'il ne suffit pas à lui seul à faire annuler son engagement), conjugué à d'autres éléments peut convaincre le juge de l'existence d'un trouble mental au moment de la passation de l'acte (qu'il s'agisse d'une vente, d'un bail, d'une donation, etc.).
Cette preuve que l'intéressé (votre proche, parent, ami ou autre) n'a pas tous ses esprits peut être rapportée par tous moyens (essentiellement par des documents médicaux comme des certificats médicaux ou une expertise psychiatrique qui sera ordonnée par le juge, mais aussi, par l'incohérence des courriers, des témoignages de l'entourage, etc.).
Il n'est cependant pas toujours facile d'obtenir gain de cause comme en témoigne la décision suivante.

Cas pratique

Une cour d'appel précise qu'il appartient à l'intéressée et à sa curatrice de démontrer qu'elle était atteinte d'un trouble mental au moment de la promesse de vente et des actes subséquents. Or, une telle preuve n'était pas rapportée du seul fait de son placement ultérieur sous sauvegarde de justice, puis sous curatelle renforcée.
Si les témoignages, produits aux débats, retracent chez cette personne un intellect limité et une très grande naïveté et permettent de retenir une certaine faiblesse de compréhension chez elle, aucun trouble mental n'a pourtant été établi au moment des actes contestés. Le rapport du médecin, dressé dans le cadre de la procédure de protection, est venu conforter ce constat en ne retenant que quelques failles sur le plan intellectuel (calcul et mémoire) et de la personnalité (Cour d'appel de Reims, civ. 1re, 2 juin 2008, n° RG 06/3247).

› La demande d'annulation après la mort de la personne vulnérable

Lorsque la personne vulnérable décède, ses héritiers peuvent contester la validité d'un acte ou d'une série d'actes qu'elle a signés. Cependant, les conditions sont difficiles à remplir pour obtenir gain de cause (en tout cas, s'il ne s'agit ni d'une donation ni d'un testament), car la preuve du trouble mental doit être faite à partir du seul contenu de l'acte en question (son caractère totalement farfelu, par exemple).
Cependant, il est possible de faire la preuve du trouble mental par tous moyens :
- si l'acte a été accompli alors que votre proche était placé sous sauvegarde de justice ;
- ou si une action a été menée avant son décès afin de demander sa mise sous curatelle ou sous tutelle ou encore sous habilitation familiale ou encore si l'intéressé est sous mandat de protection future (C. civ., art. 414-2).

Cas pratique

À l'héritier est assimilé le légataire universel ainsi que cela a été jugé dans l'affaire suivante. Un particulier lègue tous ses biens, par testament olographe du 26 novembre 1985, à la Fondation pour la recherche médicale. Par trois actes du 25 mars 1996, il cède ensuite, avec son épouse, aux époux Y., la nue-propriété de divers immeubles leur appartenant. Ils ont été placés sous tutelle le 15 décembre 1998. Après leur décès, respectivement le 14 novembre 2003 et le 27 septembre 2007, la Fondation assigne les époux Y. en nullité des actes de vente pour insanité d'esprit. Ils ont obtenu gain de cause (C. cass., civ. 1re., 8.7.2015, n° 14-17768).

› Comment faire la demande ?

● Devant quel tribunal ?

La demande en annulation est portée, suivant le montant de la demande, devant le juge de proximité (cette compétence est en principe supprimée à compter du 1er juillet 2017), le juge d'instance ou le tribunal de grande instance. Dans ce dernier cas, il s'agit des litiges portant sur des sommes supérieures à 10 000 € ou encore, comme dans notre cas pratique ci-avant, sur une vente immobilière. C'est seulement devant le tribunal de grande instance que la loi exige la présence de l'avocat. Néanmoins, on ne saura trop conseiller, même devant les autres juridictions, le recours à ce professionnel, compte tenu de la complexité de la matière.

● Qui peut engager l'action en justice ?

Si la personne est placée en curatelle, elle doit se faire assister par son curateur pour engager une action en justice (C. civ., art. 468). Cette règle de principe reçoit certaines dérogations. En effet, les textes autorisent :
- le curateur à agir seul, sur autorisation du juge des tutelles, si la personne sous curatelle compromet gravement ses intérêts (C. civ., art. 469) ;
- la personne sous curatelle à agir sans son curateur sur autorisation du juge des tutelles en cas de refus d'assistance du curateur (C. civ., art. 469) ;
- la personne sous curatelle à agir seule sur autorisation du juge des tutelles si le jugement le prévoit en cas de curatelle aménagée (C. civ., art. 471).

Si la personne est placée sous tutelle, elle est représentée par son tuteur qui engage donc pour elle l'action en nullité, le cas échéant avec l'autorisation du juge selon l'objet de l'engagement (C. civ., art. 473).

Si la personne est placée sous sauvegarde de justice, elle engage elle-même l'action, sauf si le mandataire spécial qui lui a été désigné est investi de cette mission.

ATTENTION

Ne perdez pas de temps ! La demande en nullité doit être impérativement faite dans les 5 ans qui suivent l'acte, ce qui constitue un délai relativement court (C. civ., art. 2224 : « Les actions personnelles ou mobilières se prescrivent par cinq ans à compter du jour où le titulaire d'un droit a connu ou aurait dû connaître les faits lui permettant de l'exercer. »).

Heureusement, ce délai ne court, selon la loi :

- à l'égard des actes de la personne placée sous protection que « du jour où elle en a eu connaissance alors qu'elle était en situation de les refaire valablement », autrement dit, que du jour où la protection est levée ;
- à l'égard des héritiers de la personne en tutelle, curatelle ou habilitation familiale, que du jour du décès si la prescription n'a commencé à courir auparavant (C. civ., art. 1152).

La « période suspecte » avant une tutelle, curatelle ou habilitation familiale

› Le principe

Avant que la personne vulnérable bénéficie d'un régime de protection, elle peut s'être engagée dans des conditions qui lui sont défavorables parce que certaines personnes ont abusé de la situation.

Certes, elle dispose de plusieurs voies pour revenir sur un engagement inconsidéré : prouver un trouble mental à l'époque de l'engagement ou encore que son consentement ait été « forcé », invoquer un abus de faiblesse, etc.

La législation sur les personnes vulnérables lui offre une autre possibilité, plus facile à mettre en œuvre, de remettre en cause ses actes (en obtenant une diminution du prix ou l'annulation de l'acte) si ceux-ci précèdent sa mise sous protection (C. civ., art. 464 et 494-9). Plus précisément, il faut que l'acte soit intervenu moins de 2 ans avant la publicité du jugement de tutelle ou curatelle (moins de 2 ans avant le jugement d'habilitation familiale) et que la preuve soit apportée :

- que la personne était inapte à défendre ses intérêts compte tenu de l'altération de ses facultés personnelles ;
- et que cette inaptitude était notoire ou, en tout cas, connue de son interlocuteur à l'époque où les actes ont été passés (C. civ., art. 464 et 494-9).

Cas pratiques

- Tel peut être le cas d'une personne qui se trouve hospitalisée en établissement psychiatrique au moment où elle vend sa maison et présente d'évidents signes de confusion, éléments que le futur acquéreur connaissait.
- Un autre exemple est donné ici, tiré d'un arrêt rendu avant la réforme mais toujours valable : il a été jugé que le bénéficiaire de plusieurs ventes de biens et d'un testament, qui vivait avec la personne vulnérable et exerçait une forte influence sur

elle, avait nécessairement une connaissance directe et personnelle de l'affaiblissement de ses facultés mentales à l'époque où les actes avaient été accomplis (C. cass., civ. 1re, 9.3.1982, n° 81-10354).

› Comment faire la demande ?

● Que demander ?

Il est possible d'obtenir une diminution du prix versé (action en réduction) ou une annulation (s'il est justifié d'un préjudice subi par la personne protégée).

● Devant quel tribunal, qui peut la demander et dans quel délai ?

Les règles de compétence des tribunaux exposées ci-avant à propos de l'annulation d'un acte pour vice de consentement ou trouble mental s'appliquent ici (voir *Devant quel tribunal ?*, p. 60).

Outre les personnes autorisées au regard des règles générales de leur régime de protection à agir en justice (voir *Qui peut engager l'action en justice ?*, p. 60), la loi prévoit expressément, dans le cadre de l'habilitation familiale, que la personne habilitée peut, avec l'autorisation du juge des tutelles, engager seule l'action en justice en nullité ou en réduction des actes faits pendant la période suspecte (C. civ., art. 494-9).

L'action en justice doit être introduite dans les 5 ans de la date du jugement d'ouverture de la mesure. En ce qui concerne l'habilitation familiale, pendant ce délai de 5 ans, et tant que la mesure d'habilitation est en cours, l'acte contesté peut être confirmé avec l'autorisation du juge des tutelles (C. civ., art. 464 et 494-9).

À NOTER

La loi n'est pas rétroactive Cette « période suspecte » de 2 ans est une création de la réforme des tutelles de 2007. Le texte antérieur prévoyait la possibilité de remettre en cause des actes antérieurs à la tutelle sans limitation dans le temps sous réserve de remplir certaines conditions.

Les nouvelles conditions sont entrées en application le 1er janvier 2009. Cette loi n'étant pas rétroactive, elle ne peut pas s'appliquer à des actes passés avant son entrée en vigueur.

C'est ce qu'a décidé la Cour de cassation. Dans cette affaire, une grand-mère avait effectué certains actes avant sa mise sous tutelle au profit notamment de ses petits-enfants (dons manuels et testament). Son fils, suite à son décès, obtient leur annulation sur la base de l'ancienne législation qui ne posait pas de limite dans le temps. Les petits-enfants (et leur mère) prétendaient pouvoir soulever la date butoir de 2 ans pour échapper à cette nullité. Leur demande n'a pas abouti (C. cass., civ. 1re, 12.6.2013, n° 12-15688).

La remise en cause d'un acte accompli après la mise sous protection

L'annulation d'un acte pour trouble mental

La possibilité d'annuler un acte pour trouble mental existe, même si la personne se trouve sous un régime de protection (C. civ., art. 414-1, 414-2 et 466). C'est ce qu'a jugé la Cour de cassation dans une décision très favorable aux personnes sous protection (sous curatelle, en l'occurrence). La Cour suprême affirme en effet qu'une personne sous curatelle peut demander l'annulation de la vente de son logement, alors même que cette vente (comme cela est la règle puisqu'il s'agit d'un acte de disposition touchant le logement) avait été autorisée par le juge des tutelles.

Cas pratique

Une personne est placée sous le régime de la curatelle renforcée par jugement du juge des tutelles, le 22 juin 1999.

Une association est nommée curateur. Le juge des tutelles, estimant que les ressources de l'intéressée ne lui permettent pas de faire face aux dépenses engendrées par un appartement dont elle est propriétaire, l'autorise à le vendre par décision du 5 janvier 2005 au prix de 130 000 €.

Elle signe une promesse de vente le 6 mai 2005 (soit 4 mois après l'autorisation judiciaire) avec deux acquéreurs pour ce prix, et ce alors qu'elle avait entre-temps été admise à l'hôpital, le 8 avril 2005, pour « décompensation dépressive et délire hallucinatoire ». Elle se trouvait encore hospitalisée le 6 mai 2005, lors de la signature de l'acte. Son dossier indique que son traitement ne comprenait pas moins de 13 médicaments pour la calmer.

Elle engage une action en nullité de la vente, et ce avec succès. L'un des arguments de l'acquéreur évincé est, bien sûr, d'invoquer le fait que le juge avait autorisé la vente. Cet argument n'est pourtant pas retenu par la Cour suprême : l'autorisation donnée par le juge des tutelles de vendre la résidence d'un majeur protégé ne fait pas obstacle à l'action en annulation, pour insanité d'esprit, de l'acte passé par celui-ci (C. cass., civ. 1re, 20.10.2010, n° 09-13635).

Il faudra vérifier si d'autres arrêts valident ou non cette jurisprudence.

La remise en cause de certains actes

Outre l'annulation pour trouble mental, la loi prévoit des possibilités spécifiques de remettre en cause des actes passés sous une sauvegarde de justice, curatelle, tutelle ou habilitation familiale.

› Sous sauvegarde de justice

Prenons le cas où une personne sous sauvegarde de justice a acheté un appartement à un prix très au-dessus de sa valeur ou au contraire a vendu sa maison à un prix dérisoire. Elle peut faire reconsidérer ces opérations dans le cadre d'une action en réduction pour excès ou d'une action en rescision pour lésion (C. civ., art. 435).

L'action en réduction des engagements excessifs concerne un acte inutile ou disproportionné. Elle se traduit par un rééquilibrage, passant par une réduction de prix, voire, lorsque la réduction n'est pas possible, par une restitution du bien.

La personne sous sauvegarde peut par ailleurs, lorsqu'elle est lésée, demander que son acte soit « rescindé », autrement dit annulé. Le juge doit statuer en fonction du déséquilibre entre la prestation rendue et les ressources du majeur et ses conséquences sur son patrimoine (rapport Blessig).

Dans le cadre de ces procédures, les tribunaux vont prendre notamment en considération :

- l'utilité ou l'inutilité de l'opération ;
- l'importance ou la consistance du patrimoine de la personne protégée ;
- la bonne ou la mauvaise foi de ceux avec qui elle a contracté.

L'action en nullité, en rescision ou en réduction n'appartient qu'à la personne protégée et, après sa mort, à ses héritiers et à son mandataire spécial, s'il en a été désigné un. Elle s'éteint au bout de 5 ans (C. civ., art. 437 et 2224).

> **Cas pratique**
> Une personne sous sauvegarde de justice a pu obtenir l'annulation d'une vente de terres l'ayant lésée, car le prix payé était bien inférieur à la valeur du marché à cette époque (Cour d'appel de Reims, civ. 1re, 2 juin 2008, n° de RG 06/3247).

› Sous curatelle et sous tutelle

La loi décrit très précisément les conditions de remise en cause des actes irréguliers accomplis pendant un régime de protection, plus précisément à compter de la publicité de la décision de mise sous curatelle ou tutelle.

Par exemple, un acte qui relève de l'assistance du curateur a été effectué par la personne protégée seule. Ou encore, le tuteur n'a pas demandé, comme il en avait l'obligation, l'autorisation du juge des tutelles.

Cette irrégularité peut entraîner l'annulation de l'opération. Les modalités diffèrent suivant la nature de l'acte, la personne qui l'accomplit (personne protégée ou personne chargée de la protection) et le régime de protection (curatelle ou tutelle). Les règles sont fixées dans l'article 465 du Code civil.

À compter de la publicité du jugement d'ouverture instaurant une mesure de protection, l'irrégularité est sanctionnée dans les conditions suivantes :

Les actes relevant de la capacité de l'intéressé

Si la personne protégée a accompli seule un acte qu'elle pouvait faire sans l'assistance ou la représentation de la personne chargée de sa protection, elle peut en demander l'annulation pour trouble mental en application de l'article 414-1. Elle peut aussi invoquer le bénéfice du régime prévu pour la sauvegarde de justice et demander la réduction de son engagement s'il était excessif ou sa nullité pour lésion. Ce régime ne s'applique pas si l'acte a été accompli sur autorisation du conseil de famille ou du juge.

Les actes soumis à l'obligation d'assistance

Si la personne protégée a accompli seule un acte pour lequel elle aurait dû être assistée, l'acte ne peut être annulé que s'il est prouvé qu'elle a subi un préjudice. Faute de préjudice, l'acte sera maintenu.

Les actes soumis à l'obligation de représentation

Si la personne protégée a accompli seule un acte pour lequel elle aurait dû être représentée, l'acte est nul de plein droit sans qu'il soit nécessaire de justifier d'un préjudice. Cette disposition vise la tutelle et, à notre avis, la curatelle dans les cas où le curateur a été autorisé à accomplir seul un ou plusieurs actes en représentation de la personne (curatelle aménagée ou renforcée).

Le curateur ou le tuteur peut, avec l'autorisation du juge des tutelles ou du conseil de famille s'il a été constitué, engager seul l'action en nullité, en rescision ou en réduction des trois types d'actes ci-avant, dans un délai de 5 ans (C. civ., art. 1152 et 2224 – voir *Ne perdez pas de temps !*, p. 61).

Le protecteur a outrepassé ses droits (actes irréguliers)

Si le tuteur ou le curateur a effectué seul un acte qui aurait dû être accompli par la personne protégée soit seule, soit avec son assistance ou qui ne pouvait être accompli qu'avec l'autorisation du juge ou du conseil de famille, l'acte est nul de plein droit sans qu'il soit nécessaire de justifier d'un préjudice.
Là encore, l'action en annulation d'un acte irrégulier s'éteint au bout de 5 ans (C. civ., art. 1152 et 2224 – voir *Ne perdez pas de temps !*, p. 61). Pendant ce délai, et tant que la mesure de protection est ouverte, un acte irrégulier peut être confirmé avec l'autorisation du juge des tutelles ou du conseil de famille s'il a été constitué.

› Sous habilitation familiale

La loi permet aussi à la personne sous habilitation familiale de remettre en cause certains actes (C. civ., art. 494-9).

Les actes soumis à l'obligation de représentation

Si la personne vulnérable (sous habilitation) passe seule un acte qui devait être fait par la personne habilitée, celui-ci est nul de plein droit sans qu'il soit nécessaire de justifier d'un préjudice.

La personne habilitée peut, avec l'autorisation du juge des tutelles, engager seule l'action en justice. Celle-ci doit être faite dans le délai de 5 ans (C. civ., art. 1152 et 2224 – voir *Ne perdez pas de temps !*, p. 61). Cependant, tant que la mesure d'habilitation est en cours, l'acte contesté peut être confirmé avec l'autorisation du juge des tutelles. Par exemple, le juge va estimer que même si effectivement l'acte est irrégulier, il profite à la personne vulnérable.

La personne habilitée a outrepassé ses droits

Il est possible de sanctionner l'empiétement par le proche sur les pouvoirs de la personne vulnérable. La loi prévoit en effet que si la personne habilitée accomplit un acte n'entrant pas dans le champ de l'habilitation qui lui a été délivrée (ou qu'elle ne pouvait faire qu'avec l'autorisation du juge), l'acte est nul de plein droit sans qu'il soit nécessaire de justifier d'un préjudice.

Tel est le cas, par exemple, si le proche a obtenu une habilitation pour vendre la maison et qu'il la met en location ; ou encore s'il consent une donation à un tiers sans l'autorisation préalable du juge des tutelles, etc.

La demande en justice doit être faite dans le délai de 5 ans (C. civ., art. 1152 et 2224 – voir *Ne perdez pas de temps !*, p. 61). Cependant, tant que la mesure d'habilitation est en cours, l'acte contesté peut être confirmé (validé) avec l'autorisation du juge des tutelles. Par exemple, le juge va estimer que même si effectivement l'acte est irrégulier, il profite à la personne vulnérable et a été fait dans son intérêt.

À NOTER

Qui peut demander la sanction de l'empiètement ? Les textes ne précisent pas qui peut engager une action en justice dans cette hypothèse. Mais l'habilitation familiale n'entraînant aucune incapacité de principe, la personne vulnérable doit pouvoir s'adresser au tribunal compétent. Elle doit également pouvoir demander au procureur de la République de saisir le juge des tutelles des difficultés survenant dans la mise en œuvre du dispositif (tout comme les proches appartenant au cercle des personnes pouvant être habilitées) (C. civ., art. 494-10).

La mise en place d'une mesure de protection

➤ Vous décidez de demander au juge la protection de votre proche. C'est peut-être la première fois que vous aurez affaire à la justice.

➤ De nombreux points doivent être précisés : Comment s'adresser au juge ? Faut-il un avocat ? Combien de temps va durer la procédure ? Peut-on faire appel ?

➤ Il est important de bien connaître les étapes de la procédure pour mieux y faire face.

Qui peut faire la demande ?

Il existe plusieurs modalités permettant que soit mise en place une tutelle, une curatelle ou une sauvegarde de justice :
- la « requête » au juge, c'est-à-dire la demande qui lui est adressée par un des proches de la personne ou par le procureur de la République ;
- le signalement au procureur de la République.
La sauvegarde de justice peut aussi résulter d'une déclaration médicale.
Pour l'habilitation familiale, seuls certains proches (directement ou par l'intermédiaire du procureur de la République) peuvent saisir le juge.
Pour déposer une demande de protection, il faut s'adresser exclusivement au juge des tutelles du tribunal d'instance du lieu de résidence de la personne à protéger. C'est également lui qu'il faudra saisir dans le cadre d'une demande de modification ou de suppression de la mesure.

Les proches et la personne vulnérable

› Demander une tutelle, une curatelle ou une sauvegarde de justice

Les textes donnent une liste impérative des personnes pouvant demander la mise en place d'une tutelle, curatelle ou sauvegarde de justice. Il s'agit :
- de la personne vulnérable : la requête peut être présentée par l'intéressé lui-même quand il prend conscience que ses forces ne lui permettent pas d'assurer la gestion de sa personne et de son patrimoine ;
- de son conjoint, de son partenaire pacsé ou de son concubin, sauf si la vie commune a cessé entre eux : attention à cette condition de vie commune car les juges la vérifieront ;
- d'un membre de sa famille : même si le plus souvent, ce sont les enfants qui demandent l'instauration d'une protection pour leur père ou mère, la famille au sens large peut intervenir : petits-enfants, cousins, neveux, etc. Il peut également s'agir de la famille par alliance : gendres, belles-filles ;
- d'une personne entretenant avec elle des liens étroits et stables : la loi ne définissant pas ce que sont ces liens, il faut attendre les décisions des tribunaux sur cette question. On pense, cependant, à l'ami d'enfance, au voisin de toujours, etc. Si vous n'êtes pas certain, en tant qu'étranger à la famille, de remplir cette condition, utilisez le signalement au Parquet (au procureur de la République), le cas échéant en passant par les services sociaux de votre mairie (voir *Le procureur de la République*, p. 69) ;
- de la personne qui exerce déjà à son égard une mesure de protection juridique : ainsi, le curateur peut provoquer l'ouverture d'une tutelle s'il estime qu'une curatelle s'avère, dans les faits, insuffisante ; le mandataire spécial désigné dans le

cadre d'une sauvegarde peut demander la mise en place d'une curatelle ou d'une tutelle (C. civ., art. 430).

› Demander une habilitation familiale

La demande pour une mise en place de la nouvelle procédure d'habilitation familiale ne peut être faite que par les ascendants, descendants, frères et sœurs de la personne vulnérable, ou, à moins que la communauté de vie ait cessé entre eux, le conjoint, le partenaire auquel elle est liée par un pacte civil de solidarité et le concubin ou par le procureur de la République mais uniquement à la demande de l'une de ces personnes (C. civ., art. 494-1 et 494-3).

Contrairement aux autres dispositifs de protection, ni la personne elle-même (mais elle est « hors d'état de manifester sa volonté » selon les textes, cela semble donc logique) ni d'autres membres de la famille (les neveux, par exemple), encore moins celui qui entretient avec elle des liens étroits et stables (puisqu'il faut être un membre de la famille) ne peuvent la demander.

À NOTER

Le juge compétent Pour demander l'ouverture d'une procédure permettant de protéger votre proche, il vous faudra saisir le juge des tutelles de son lieu de résidence habituelle (CPC, art. 1211 et 1260-1).

Ce juge est un magistrat du tribunal d'instance qui est spécialisé dans la protection des personnes vulnérables.

Pour connaître les coordonnées du tribunal d'instance dont dépend votre proche, adressez-vous à votre mairie, consultez le site Internet : www.justice.gouv.fr/recherche-juridictions/consult.php ou encore l'annuaire.

Il faut noter que, depuis la réforme du 5 mars 2007, le juge des tutelles ne peut plus se saisir d'office (c'est-à-dire, sans qu'une demande ne lui soit adressée, ce qui était fréquent avant cette réforme) pour mettre une personne sous protection. Il doit être saisi à cette fin par l'entourage ou par le procureur de la République.

Le procureur de la République

› La tutelle, curatelle ou sauvegarde de justice

Si vous n'appartenez pas au cercle des proches pouvant demander la mise en place d'une tutelle, curatelle ou sauvegarde de justice, vous pouvez faire un signalement au procureur de la République. Ce dernier peut en effet être alerté par des particuliers intéressés par le sort de la personne vulnérable, par des services sociaux, des établissements de soins ou médico-sociaux ou encore des médecins de famille.

Ainsi, d'office ou sur signalement, le procureur de la République peut présenter au juge des tutelles une requête demandant la mise sous protection (C. civ., art. 430).

En revanche, vous ne pouvez pas saisir le procureur de la République d'une demande d'habilitation familiale si vous ne faites pas partie des proches habilités (C. civ., art. 494-3).

› L'habilitation familiale

En revanche, le procureur de la République ne peut pas saisir le juge des tutelles d'une demande d'habilitation familiale à la suite d'un signalement de tiers, comme par exemple d'un hôpital ou des services sociaux. La loi prévoit que ce magistrat ne peut saisir le juge qu'à la demande de l'une des personnes appartenant au cercle des proches susceptibles de demander cette mise en place (voir *Demander une habilitation familiale*, p. 69 ; C. civ., art. 494-1 et 494-3).

MON CONSEIL

Vos interlocuteurs pour « monter le dossier » Pour vous aider à monter le dossier, vous pouvez vous adresser en premier lieu au greffe du juge des tutelles. Ce service pourra vous procurer un modèle de « requête » (demande en justice) aux fins d'ouverture d'une mesure de protection (voir aussi *Modèle*, p. 151). Il vous donnera également la liste des médecins agréés susceptibles d'examiner la personne vulnérable et de rédiger le certificat médical.

Ce service peut également vous fournir des informations pratiques, comme les délais d'attente pour que votre affaire vienne devant le juge. En revanche, n'attendez pas de réponses aux questions d'ordre juridique que vous vous posez. Il n'appartient pas au greffier de donner des consultations juridiques.

Pensez aussi à contacter les services spécialisés de votre commune. Par exemple, les Points Émeraude pour les personnes âgées sur Paris et les services Clic pour le reste de la France sont des interlocuteurs de poids.

Présents sur le terrain, formées à ces difficultés, les travailleurs sociaux sont à mêmes de vous aider. Leurs services se sont d'ailleurs peut-être déjà déplacés à la suite d'un signalement d'un voisin ou d'une demande du procureur de la République pour étudier la situation. Leur avis est évidemment très précieux pour vous compte tenu de leur grande expérience. Bien plus, ils connaissent le processus de mise en place d'une mesure de protection et sont à même de vous l'expliquer.

Il existe d'autres personnes pouvant vous assister sur un plan juridique : avez-vous pensé, par exemple, à contacter votre notaire de famille ? Ce professionnel peut vous orienter, tout comme l'avocat. D'ailleurs, savez-vous qu'avec l'aide juridictionnelle pour les petits revenus, vous pouvez bénéficier gratuitement ou à faible coût de l'assistance d'un professionnel ? Renseignez-vous auprès de votre mairie.

Par ailleurs, et on l'oublie trop souvent, ces différents professionnels peuvent être consultés gratuitement dans le cadre de votre Maison de justice et du droit (MJD) : demandez les horaires d'ouverture à votre mairie.

Sur Paris, le Barreau des avocats propose des consultations gratuites concernant les mesures de protection des personnes vulnérables.

Dans tous les cas, pensez à préparer votre rendez-vous à l'avance : dressez une liste de questions afin d'éviter les pertes de temps, pour vous, comme pour votre interlocuteur.

Le médecin

Même si aucun proche ne se mobilise, un placement sous sauvegarde de justice peut être mis en place à la demande d'un médecin. On nomme cette mesure la sauvegarde médicale, par opposition à la sauvegarde que vous pouvez demander au juge en tant que proche (C. civ., art. 434). La sauvegarde médicale permet une protection rapide en cas d'urgence, particulièrement pour les personnes dépourvues de liens familiaux.

Deux types de déclaration peuvent être faites :

- celle, facultative, du médecin traitant qui constate que la personne a besoin d'être protégée : il adresse sa déclaration, accompagnée de l'avis conforme d'un médecin psychiatre, au procureur de la République ;
- celle, obligatoire, du médecin de l'établissement de soins (psychiatrique ou non) qui constate le besoin de protection d'une personne hospitalisée (CSP, art. L. 3211-6).

La loi n° 2015-1776 du 28 décembre 2015 relative à l'adaptation de la société au vieillissement, étend aux personnes hébergées dans un établissement social ou médico-social (EHPAD, par exemple) le bénéfice du placement sous sauvegarde de justice par déclaration médicale.

L'inscription de la déclaration sur un registre spécial, tenu par le procureur de la République, place automatiquement la personne sous sauvegarde de justice pour une durée n'excédant pas 1 an. Le procureur assure ainsi la publicité auprès des proches habilités à demander la mise en place de cette procédure, des autorités judiciaires, des professionnels (notaires, avocats, huissiers de justice, à condition, pour ces derniers, qu'ils démontrent que la connaissance de la mesure est nécessaire à l'établissement de leurs actes).

La mesure peut être renouvelée, à la demande des personnes habilitées à demander la sauvegarde ou directement par le juge, au vu d'un certificat médical et après avoir auditionné la personne sous sauvegarde (C. civ., art. 439 et 442 ; CPC, art. 1251).

La sauvegarde médicale peut prendre fin soit par une nouvelle déclaration du médecin adressée au procureur de la République attestant que la situation qui avait justifié la déclaration de sauvegarde a cessé, soit par la radiation de la déclaration médicale sur décision du procureur. En toute hypothèse, elle cesse au bout d'1 an (de 2 ans, si elle est renouvelée) ou par la mise en place d'une curatelle ou d'une tutelle ou encore si le juge décide d'y mettre fin dans l'hypothèse où il constate le rétablissement de l'état de la personne protégée, par exemple.

Les étapes de la procédure

L'assistance de l'avocat n'est pas obligatoire devant le juge des tutelles. Aussi, si vous demandez la mise en place d'une protection sans passer par ce professionnel, soyez très vigilant en ce qui concerne la rédaction de la requête adressée au juge.
Préparez-vous également à l'audition de la personne vulnérable, point crucial de la mise sous protection. Comment va réagir la personne, dont ce sera peut-être le premier contact avec un tribunal ? Peut-elle être accompagnée ? Par qui ?

La requête

La procédure de mise en place d'une tutelle, d'une curatelle, d'une sauvegarde de justice ou d'une habilitation familiale, débute par une requête qui va saisir le juge des tutelles.
Il n'est pas obligatoire de faire appel à un avocat ; cependant, il est vivement conseillé d'avoir recours à ses services, notamment s'il existe des conflits dans la fratrie ou, plus généralement, dans l'entourage d'un proche vulnérable ou bien en présence d'un important patrimoine.
Sachez que même si vous optez, dans votre requête, pour telle ou telle modalité de protection (par exemple, la tutelle plutôt que la curatelle), c'est le juge qui choisira la mesure la mieux adaptée, en fonction du certificat médical, de l'audition de la personne concernée et de tout autre élément de son dossier. Il convient donc de ne pas s'inquiéter sur ce point. En revanche, vous aurez à justifier votre demande en prouvant l'état de vulnérabilité de la personne par un certificat médical (voir *Les mentions et pièces obligatoires,* p. 73).
La requête en habilitation familiale présente quelques spécificités dans la mesure où le cercle des personnes pouvant la demander (et pouvant être habilitées, mais il s'agit du même) est fortement limité par la loi. Par ailleurs, il ne semble pas que le juge puisse choisir une autre mesure que l'habilitation souhaitée. Ce que précise la notice explicative annexe au modèle Cerfa : « [...] si vous déposez une demande d'habilitation familiale, le juge ne pourra se prononcer que sur cette mesure ; il ne lui est pas possible de prononcer une autre mesure de protection plus appropriée (sauvegarde de justice, curatelle, tutelle) à la place de l'habilitation familiale. En cas de refus de l'habilitation familiale, vous pourrez alors déposer à nouveau une demande d'ouverture d'une mesure de protection pour saisir le juge des tutelles. »
Le site du ministère de la Justice propose :
- un modèle Cerfa n° 15424*03 « Demande d'ouverture d'une mesure de protection judiciaire d'un majeur » avec une notice explicative (voir *Requête au juge des tutelles Demande d'ouverture d'une mesure de protection judiciaire d'un majeur (tutelle, curatelle, sauvegarde de justice)*, p. 143) ;

- un modèle spécifique pour l'habilitation familiale : Cerfa n° 15613*01 « Requête au juge des tutelles aux fins d'ouverture d'une mesure d'habilitation familiale d'un majeur » (voir *Requête au juge des tutelles aux fins d'ouverture d'une mesure d'habilitation familiale d'un majeur*, p. 151).

MON CONSEIL

Ne pas perdre de temps et se renseigner Toutes les personnes œuvrant pour la protection des personnes vulnérables le constatent : la prise de décision est souvent trop lente chez les personnes qui pourraient intervenir pour protéger un proche. Les juges sont alors confrontés à des situations nettement précarisées qui sont d'autant plus dures à gérer pour les familles.

Cela s'explique, bien sûr, par certains paramètres : ignorance des mesures existantes, culpabilité des proches et bien sûr, parfois, opposition de la personne en question. Soyons clairs : le terme « tutelle » fait peur.

Alors, autant mettre en avant les avantages d'un système organisé dans lequel votre proche disposera toujours d'une sphère d'indépendance (actes personnels, choix du logement, etc.) mais où il sera épaulé et protégé au quotidien. N'oubliez pas que la tutelle n'est que le sommet de la pyramide, la mesure la plus contraignante. Il en existe d'autres plus légères et plus souples.

Renseignez-vous auprès d'un avocat dans le cadre des consultations gratuites organisées par votre mairie (Maison de justice et du droit, notamment) ou des services sociaux. Mieux vous serez informé, plus votre décision en tant que proche sera pertinente.

› Les mentions et pièces obligatoires

Sachez qu'une requête, pour être recevable (c'est-à-dire étudiée par le juge), doit répondre à certaines conditions obligatoires.

Les mentions obligatoires

La requête demandant une tutelle, curatelle ou sauvegarde de justice doit impérativement :
- préciser l'identité de la personne à protéger ;
- énoncer les faits qui justifient la demande de protection en prenant en considération les principes de nécessité, de subsidiarité et de proportionnalité.

Vous devez en effet préciser en quoi cette mesure s'impose parce que, par exemple, la personne est veuve et qu'il n'y a pas d'autre type de protection à envisager (aucun mandat de protection future n'a, par exemple, été établi).

La requête demandant une habilitation familiale doit impérativement indiquer les noms, prénoms et adresse :
- de la personne à l'égard de qui l'habilitation est sollicitée ;
- de la personne habilitée.

Elle doit énoncer des faits qui justifient cette protection en prenant en considération les principes de nécessité et de subsidiarité (CPC, art. 1218 et 1260-2).

Les pièces obligatoires

Vous devrez apporter la preuve médicale que la personne vulnérable est atteinte d'une altération de ses facultés qui l'empêche d'exprimer sa volonté (voir *La nécessité du certificat médical circonstancié*, p. 20). Cette obligation s'impose aussi pour la mise en place d'une habilitation familiale au profit de certains proches, la loi précisant ici que la personne doit être hors d'état de manifester sa volonté (C. civ., art. 494-3).

Il faut donc impérativement joindre à votre requête un certificat médical « circonstancié » rédigé par un médecin agréé inscrit sur la liste qui vous sera fournie par le greffe du tribunal. Comme vous le constaterez, la plupart du temps, il s'agit de médecins psychiatres, neurologues ou gériatres. À vous de contacter le médecin sans perdre de temps compte tenu des délais d'attente avant d'obtenir la consultation (CPC, art. 1218).

On vous demandera également de joindre la copie intégrale de moins de 3 mois de l'acte de naissance de la personne à protéger. Si vous n'en possédez pas, pensez à le demander à la mairie de son lieu de naissance.

Enfin, les greffes vous demanderont, selon les cas :
- le contrat de mariage ou de convention de Pacs de la personne à protéger ;
- son justificatif de domicile ;
- une copie de la pièce d'identité du requérant ;
- un justificatif du lien de parenté entre le requérant et la personne à protéger (copie de livrets de famille, etc.) ;
- le mandat de protection future établi par la personne à protéger s'il a été souscrit, etc.

› Le contenu du certificat médical

Le certificat médical doit être rédigé par un médecin agréé figurant sur la liste qui vous sera remise par le greffe du juge des tutelles. Selon les textes, il doit :
- décrire avec précision l'altération des facultés du majeur à protéger ou protégé ;
- donner au juge tout élément d'information sur l'évolution prévisible de cette altération ;
- préciser les conséquences de cette altération sur la nécessité d'une assistance ou d'une représentation de l'intéressé dans les actes de la vie civile (afin que le juge puisse choisir entre une curatelle ou une tutelle), qu'il s'agisse de ses biens ou de sa personne, ainsi que sur l'exercice de son droit de vote (voir *Le droit de vote de la personne protégée*, p. 121).

Le certificat indique, en outre, si l'audition du majeur est de nature à porter atteinte à sa santé ou si celui-ci est hors d'état d'exprimer sa volonté. Dans ces deux cas, en effet, le juge peut ne pas procéder à l'audition (voir ci-après).

Il est remis par le médecin agréé au requérant (celui qui dépose la requête) sous pli cacheté, à l'attention exclusive du procureur de la République ou du juge des tutelles (CPC, art. 1219).

L'établissement de ce certificat vous reviendra à 160 €. À ce montant maximum, le médecin ajoute les frais de déplacement. Si la personne ne se rend pas au rendez-vous et que le médecin ne peut donc l'examiner, il établira un certificat de carence, facturé 30 €.

Ce médecin peut solliciter l'avis du médecin traitant de la personne qu'il y a lieu de protéger.

› Des mentions facultatives

Il peut être utile de faire figurer un certain nombre de précisions supplémentaires, telles que pour une tutelle, une curatelle ou une sauvegarde de justice :
- le nom des proches de la personne à protéger habilités à demander une mise sous protection (voir *Les proches et la personne vulnérable*, p. 68) ;
- le nom de son médecin traitant ;
- la description d'éléments concernant la situation familiale, financière et patrimoniale de la personne à protéger (éléments du patrimoine, revenus et dettes, etc.).

Pour une demande d'habilitation familiale, il faut indiquer tout élément utile concernant la situation familiale de la personne à l'égard de qui l'habilitation est sollicitée et notamment :
- l'identité des proches appartenant au cercle pouvant demander l'habilitation ;
- la situation financière et patrimoniale de l'intéressé ;
- le nom du médecin traitant si celui-ci est connu du requérant.

(CPC, art. 1218-1 et 1260-3).

› Peut-on se désister de sa demande ?

Une question de procédure, qui intéresse de près les personnes vulnérables, est celle de savoir si celui qui demande la mise en place d'une mesure de protection classique, telle une tutelle, par exemple, peut changer d'avis et se désister de sa demande (la question ne s'est pas encore posée pour l'habilitation familiale). La Cour de cassation a, dans un avis du 20 juin 2011 (n° 011 00007P), estimé que ce désistement devait s'imposer au juge, sans autre formalité, sous certaines conditions : « Dans une procédure aux fins d'ouverture d'une mesure de protection en cours d'instruction devant le juge des tutelles et dès lors qu'aucune décision prononçant une telle mesure n'a encore été prise, le désistement d'instance émanant du requérant met fin à l'instance en application de l'article 394 du Code de procédure civile. »

> **Cas pratique**
> Un père demande la mise sous protection de son fils. Ce dernier est placé sous sauvegarde de justice puis sous tutelle. Se ravisant, le père écrit au juge des tutelles qu'il se désiste, la lettre parvenant quelques jours avant l'audience devant statuer sur la tutelle. Selon la Cour de cassation, son désistement ne pouvait avoir pour effet de mettre fin à l'instance puisqu'une sauvegarde de justice avait été décidée (C. cass., civ. 1re, 2.4.2014, n° 13-10758).

L'audition

Point d'orgue de la mise en place de la protection, l'audition de l'intéressé par le juge des tutelles est obligatoire, sauf cas particuliers (voir *Les restrictions*, p. 77). Il paraît en effet indispensable que la principale personne concernée puisse

s'exprimer. L'audition permet en outre au juge de mieux appréhender le degré d'altération des facultés de la personne.
Les dispositions qui suivent, concernant le déroulement et les restrictions à l'audition, s'appliquent aussi à l'habilitation familiale (C. civ., art. 494-4).

› Le déroulement de l'audition

Cette rencontre a lieu, en principe, au tribunal et plus précisément dans le cabinet du juge, loin des oreilles indiscrètes. Mais sachez que le juge des tutelles peut également se déplacer sur le lieu de vie de la personne, auprès de l'établissement de traitement ou d'hébergement ou en tout autre lieu approprié.
Le juge peut, s'il l'estime opportun, procéder à cette audition en présence du médecin traitant ou de toute autre personne. Si la personne a un avocat, elle est entendue en présence de cet avocat (C. civ., art. 432).

MON CONSEIL

Rassurez votre proche Votre proche est convoqué au tribunal pour faire valoir son point de vue dans le cadre d'une audition. C'est probablement la première fois qu'il a affaire à la justice et c'est un moment angoissant pour lui. Rassurez-le en lui disant que cette rencontre ne durera pas plus d'un quart d'heure (en moyenne) et qu'elle se passe dans le cabinet du juge, seulement assisté de son greffier, et non en audience publique.
Précisez-lui qu'il peut, sous réserve de l'accord du juge, se faire accompagner par toute personne de son choix : un parent, un ami ou toute personne de confiance telle l'assistante sociale qui l'a suivi, par exemple, ou son médecin traitant. Il est nécessaire de téléphoner avant l'audition pour obtenir l'accord du juge.
Bien sûr, si votre proche a pris un avocat, ce dernier viendra également avec lui.

L'audition est effectuée, en principe, au moment où le juge instruit son dossier, et donc avant l'audience qui va décider de la mesure à prendre. Ainsi, le jour de l'audience, la présence de la personne, même si elle est convoquée, n'est pas indispensable si elle ne souhaite pas s'exprimer une nouvelle fois (CPC, art. 1220 et suivants).
Cette audition a également lieu à d'autres moments clés de la procédure, une fois la personne mise sous tutelle, curatelle ou sauvegarde de justice, à savoir :
- lors du renouvellement de la mesure ;
- lors de son renforcement (par exemple, le passage de la curatelle à la tutelle) (C. civ., art. 432 et 442) ;
- si une requête relative à sa personne est déposée par son protecteur (CPC, art. 1220-3). Tel est le cas, par exemple, si le curateur doit prendre une décision importante concernant sa santé (opération, changement de traitement, par exemple) considérée comme « ayant pour effet de porter gravement atteinte à l'intégrité corporelle de la personne protégée ». Cette décision requiert une autorisation du juge et l'audition de la personne (voir *L'autorisation en cas de mesure grave*, p. 122 ; C. civ., art. 459).

› Les restrictions

Il peut arriver que l'audition de la personne soit impossible, en particulier si elle est incapable de communiquer. Cela peut concerner une personne dans le coma ou atteinte de la maladie d'Alzheimer à un stade très avancé, ou encore ayant subi des lésions cérébrales importantes. Cependant, même dans ces cas extrêmes, il peut être utile pour le juge de la rencontrer chez elle ou dans l'établissement de résidence, car d'autres éléments que l'audition peuvent participer à sa prise de décision (circulaire 2009).
Le juge peut également ordonner une dispense d'audition si celle-ci est de nature à porter atteinte à la santé de la personne concernée.
Dans ces deux hypothèses, le juge ne peut prendre sa décision de dispense qu'en fonction d'un avis médical qui prend la forme d'un certificat médical circonstancié établi par un médecin agréé (voir *Les pièces obligatoires*, p. 74). Le juge doit motiver la décision de dispense et la notifier au demandeur et à son avocat, s'il en a pris un (C. civ., art. 432 ; CPC, art. 1219 et suivants). De son côté, la personne est informée de la procédure par courrier, « selon les modalités appropriées à son état ».
Enfin, sachez que si le placement envisagé est la sauvegarde de justice et qu'il s'impose de façon urgente, l'audition de la personne peut être différée. Cependant, la loi impose au juge d'entendre la personne dans les meilleurs délais, sauf comme indiqué ci-avant si, sur avis médical, son audition est de nature à porter préjudice à sa santé ou si elle est hors d'état d'exprimer sa volonté (C. civ., art. 433).

Cas pratique

Ma fille veut me mettre sous tutelle mais je m'y refuse dans l'immédiat. Je suis immobilisée. Comment me faire entendre du juge ? Je n'ai pas d'avocat, ayant de faibles moyens financiers.

Tranquillisez-vous. Une demande de mise sous tutelle ne peut, suivant la dernière jurisprudence de la Cour de cassation (C. cass., civ. 1re, 29 juin 2011, n° 10-21879), pas être déposée par votre fille sans que vous ayez été examinée par un médecin agréé qui établit un « certificat médical circonstancié ».

Donc, sauf si la jurisprudence évolue sur ce point, vous pouvez refuser de vous faire examiner pour stopper la procédure (voir *La nécessité du certificat médical circonstancié*, p. 20).

Si vous changez d'avis et qu'une procédure est enclenchée, vous serez de toute façon entendue par le juge qui se déplacera puisque vous êtes immobilisée (CPC, art. 1220-1).

Par ailleurs, si vous avez peu de moyens, vous pouvez prendre un avocat dans le cadre de l'aide juridictionnelle. Renseignez-vous auprès de votre mairie pour en connaître les conditions.

› L'audition d'autres personnes

● Demande de mise sous tutelle, curatelle ou sauvegarde de justice

Suite au dépôt d'une demande de mise sous tutelle, curatelle ou sauvegarde de justice, le juge des tutelles procède à l'audition, s'il l'estime opportun, des proches de la personne susceptibles de demander sa mise sous protection : son conjoint, concubin ou partenaire de Pacs, les membres de sa famille, toute personne « entretenant avec elle des liens étroits et stables », ou encore son protecteur (si elle bénéficie déjà d'une mesure de protection).
Il est obligé de procéder à cette audition si elle lui est demandée par la personne qui désire être tuteur, curateur ou mandataire (CPC, art. 1220-4).

● Demande de mise sous habilitation familiale

Suite au dépôt d'une demande de mise sous habilitation familiale, le juge des tutelles doit obligatoirement procéder à l'audition de la personne demandant à être habilitée. C'est une grande différence avec les autres régimes où l'audition de celui demandant à être désigné comme protecteur n'est que facultative. Ultérieurement, le juge devra également l'entendre en cas de renouvellement d'une habilitation générale mais aussi de difficulté d'application.
Le juge saisi d'une demande d'habilitation familiale peut aussi, s'il l'estime opportun, procéder à l'audition :
- de la personne habilitée dans les hypothèses non visées ci-avant ;
- des personnes appartenant au cercle des proches pouvant demander l'habilitation. Le juge constate l'adhésion ou l'absence d'opposition légitime de ces personnes après les avoir entendus (ou, à défaut, par écrit – CPC, art. 1260-6 et 1260-7 ; C. civ., art. 494-1).

■ L'accès au dossier (tutelle, curatelle et sauvegarde)

Les textes relatifs à l'habilitation familiale ne renvoient curieusement pas aux articles 1222 à 1224 du Code de procédure civile prévoyant la consultation du dossier et la délivrance de copie. Les tribunaux auront certainement à régler cette question. Les dispositions qui suivent concernent les trois autres régimes de protection judiciaire.

› À tout moment de la procédure

Que ce soit avant ou après le jugement, la consultation du dossier peut être obtenue par demande écrite au juge « et sans aucune autre condition que celles liées au fonctionnement du service du greffe » :
- par la personne à protéger ou déjà protégée (par exemple, dans le cas où une curatelle a été ordonnée mais une procédure est introduite en vue de sa modification) et son éventuel avocat ;
- par la ou les personnes en charge de la mesure de protection (son curateur, par exemple).

› Avant le jugement

Avant le jugement, peuvent aussi avoir accès au dossier en en faisant la demande écrite au juge des tutelles :
- la personne qui demande la mesure – ou sa modification – et son éventuel avocat, sans condition ;
- les personnes de l'entourage de la personne habilitées à demander sa mise sous protection et, le cas échéant, l'avocat de ces personnes, sur autorisation expresse du juge des tutelles, en raison d'un intérêt légitime justifié (CPC, art. 1222).

À NOTER

Un accès au dossier sur mesure Lorsque la personne concernée demande à consulter son dossier, le juge peut exclure tout ou partie des pièces si leur lecture est susceptible de lui causer un « préjudice psychique grave » (CPC, art. 1222-1). Comme le précise la circulaire de 2009 : « Les juges savent depuis longtemps les conséquences graves que peut entraîner sur une personne vulnérable, qui connaît une fragilité psychique ou des troubles psychiatriques importants, la lecture d'un certificat médical qui contient des indications précises sur son état de santé et sur sa personnalité. Les perturbations préjudiciables, que la prise de connaissance directe et brutale de ces éléments est susceptible d'entraîner sur les personnes concernées par la protection, justifient ce devoir de vigilance du juge et son droit de "trier" les éléments consultables par la personne vulnérable. »
Cette décision d'exclure certaines pièces de la consultation est notifiée à la personne qui peut faire appel.

Cet accès au dossier est rigoureusement contrôlé par les juges au titre du principe contradictoire impliquant que la personne soit avisée de la possibilité de consulter son dossier afin de discuter des pièces présentées au juge.

Cas pratique

C'est ce que rappelle une décision rendue suite au recours d'une personne, placée sous curatelle renforcée, « [...] il ne résulte ni des énonciations de l'arrêt, ni des pièces de la procédure, que M. X., qui n'était pas assisté lors de l'audience, ait été avisé de la faculté qui lui était ouverte de consulter le dossier au greffe, de sorte qu'il n'est pas établi qu'il ait été mis en mesure de prendre connaissance, avant l'audience, des pièces présentées à la juridiction, partant de les discuter utilement » (C. cass., civ. 1re, 12.2.2014, n° 13-13581).

› La copie des pièces

L'avocat de la personne vulnérable peut obtenir copie des pièces du dossier, sans aucune restriction. En revanche, il ne peut pas les communiquer – en original ou en copie – à son client ou à un tiers.
S'il est de l'intérêt de son client que les pièces de son dossier de protection puissent être communiquées dans une autre procédure, son avocat doit demander à cette juridiction que les pièces soient transmises par le juge des tutelles (CPC, art. 1223).

D'autres personnes peuvent obtenir une copie des pièces, après le jugement de mise sous protection, sur autorisation du juge des tutelles et sur justification d'un intérêt légitime. Il s'agit :
- du majeur protégé ;
- de la personne chargée de la mesure de protection.
La décision du juge autorisant ou refusant cette délivrance de copies ne peut pas être contestée (CPC, art. 1223-1 et 1224).

Le jugement

› La prise de décision

Le juge des tutelles dispose d'un délai d'1 an à compter de la requête pour rendre son jugement. À défaut de jugement rendu au terme de ce délai, la requête est « caduque » (elle n'est plus valable).
Par la suite, pendant le cours de la mesure de protection, le juge doit, en principe, statuer sur les requêtes qui lui sont adressées dans les 3 mois qui suivent leur réception. Cependant, cette mesure n'étant pas assortie de sanction, elle a essentiellement un caractère incitatif. Par ailleurs, il faut excepter le cas où le juge ordonne une mesure d'instruction, telle une enquête sociale, par exemple, ou encore demande la production de pièces complémentaires, ce qui reporte ce délai (CPC, art. 1227 et 1229).
À l'audience, le juge interroge celui qui demande l'ouverture de la mesure de protection (qu'on appelle le requérant), ainsi que, dans le cadre d'une demande d'habilitation familiale, la personne demandant à être habilitée, le majeur à protéger (sauf restrictions vues ci-avant et sauf s'il l'a déjà entendu), le ou les éventuels avocats et, le cas échéant, le procureur de la République. L'audience se déroule en « chambre du conseil », c'est-à-dire hors de la présence du public.
Puis le juge va mettre l'affaire « en délibéré ». Il indique à l'audience cette date de délibéré. Cela signifie que le jugement ne sera rendu qu'à cette date. Il faudra alors téléphoner au greffe pour en avoir rapidement le contenu ou attendre de recevoir la notification.

› La notification du jugement

Le jugement est rendu quelques semaines après cette audience.
S'il s'agit d'une protection classique, il est notifié :
- à la personne protégée ;
- au requérant ;
- à la personne chargée de la protection (à savoir à l'ensemble des tuteurs ou curateurs : co-curateurs ou co-tuteurs, curateurs ou tuteurs aux biens et curateurs ou tuteurs à la personne, subrogés, etc.) ;
- à tous ceux « dont [cette décision] modifie les droits ou les obligations » (CPC, art. 1230) (un co-indivisaire, par exemple).
Le juge peut cependant décider de ne pas notifier sa décision à la personne protégée s'il estime que cela peut porter préjudice à sa santé. Dans ce cas, la notification en est faite à son avocat, si elle en a un, ainsi qu'à la personne que le juge

estime la plus qualifiée pour recevoir cette notification. Le jugement peut aussi être notifié, si le juge l'estime utile, aux personnes qu'il désigne parmi celles que la loi habilite à exercer un recours (CPC, art. 1230-1 ; voir *L'appel*, p. 81).

S'il s'agit d'une habilitation familiale, le jugement est notifié :

- à la personne à l'égard de qui l'habilitation est sollicitée ;
- aux personnes appartenant au cercle des proches pouvant demander l'habilitation ;
- à la personne demandant à être habilitée (CPC, art. 1260-11).

Les dispositions restrictives concernant la possibilité de ne pas notifier à la personne protégée compte tenu de son état de santé ne sont pas reprises pour l'habilitation familiale.

Concrètement, vous recevrez le jugement par lettre recommandée avec accusé de réception, sauf si le juge préfère avoir recours à l'huissier de justice. Lisez-le attentivement car il contient vos droits et vos obligations si vous êtes la personne en charge du proche. Lisez-le également sans tarder car les délais de contestation sont très courts (voir *Les délais*, p. 82).

MON CONSEIL

Savoir lire son jugement Schématiquement, le jugement se compose de plusieurs parties :

- la première concerne les coordonnées du tribunal, son adresse, téléphone et fax et le numéro RG. Il s'agit de son numéro d'enregistrement (qu'on appelle le numéro de rôle) qu'il vous faudra rappeler si vous devez contacter le juge ultérieurement. Figurent également la date du jugement et le nom de la personne à protéger ;
- la deuxième concerne l'audience, précise sa date, les personnes présentes, la date d'ouverture de la mesure, les coordonnées de la personne concernée par la mesure et les éléments de la procédure : date du certificat médical, de l'audition, etc., outre le rappel des textes ;
- la troisième concerne le « Par ces motifs », c'est-à-dire la décision du tribunal : motivation du juge, nature de la mesure ordonnée, nom de la personne en charge de la protection, étendue de ses pouvoirs. Cette partie doit être lue attentivement par les personnes concernées ;
- enfin, le jugement énonce ensuite l'identité des personnes à qui le jugement est notifié, précise les voies de recours (contestations) et le mode de publicité (voir *La publicité de la mesure de protection*, p. 83).

Le jugement est signé par le juge et son greffier.

L'appel

Vous n'êtes pas satisfait de la décision rendue. Il vous est peut-être possible d'en faire appel dans les conditions ci-après. Faire appel signifie qu'une autre juridiction (la cour d'appel) va réexaminer la décision.

› Faire appel d'une décision de mise sous tutelle ou curatelle

Si le jugement refuse de mettre votre proche sous tutelle ou sous curatelle, seule la personne qui demandait cette mise en place peut en faire appel.
Si le jugement place votre proche sous tutelle ou sous curatelle, les personnes suivantes peuvent en faire appel :
- la personne qui a fait la demande ;
- la personne vulnérable concernée par la mesure ;
- le procureur de la République ;
- les personnes de l'entourage habilitées à demander une mise sous protection (voir *Les proches et la personne vulnérable,* p. 68), et ce, même si elles ne sont pas intervenues dans la procédure (CPC, art. 1239 et suivants).

› Faire appel d'une décision de mise sous sauvegarde de justice

Ce placement ne peut faire l'objet d'aucun recours. Cependant, la décision par laquelle le juge des tutelles désigne un mandataire spécial, ou modifie ultérieurement les pouvoirs de ce mandataire, peut faire l'objet d'un appel par le requérant, la personne en charge de la protection, le majeur protégé, le procureur de la République, les personnes à qui le jugement est notifié (CPC, art. 1249 et 1250 et art. 1230 et 1230-1).

› Les délais

Le délai pour faire appel d'un placement sous tutelle, curatelle ou sauvegarde de justice est de 15 jours et court :
- à l'égard du majeur protégé : à compter de la notification de la décision ;
- à l'égard des personnes à qui le jugement doit être notifié : à compter de cette notification ;
- à l'égard des autres personnes : à compter du jugement (CPC, art. 1241) ;
- à l'égard du procureur de la République, à compter de la remise de l'avis qui lui a été donné de la délibération prise ou de la décision rendue.

En pratique, vous devrez faire une déclaration par lettre recommandée avec demande d'avis de réception adressée au greffe du tribunal. Le greffier enregistre l'appel à sa date ; il vous adresse par lettre simple le récépissé de la déclaration et transmet ensuite une copie du dossier à la cour d'appel. Pour cette procédure, l'avocat n'est pas obligatoire mais fortement conseillé dans la mesure où vous n'avez pas eu satisfaction en première instance.

Le délai pour faire appel d'une habilitation familiale est de 15 jours. Il court à compter de la notification de la décision pour les personnes auxquelles la décision a été notifiée et à compter de la remise de l'avis pour le procureur de la République (CPC, art. 1260-12).

La publicité de la mesure de protection

Un extrait de la décision ordonnant la mise en place d'une curatelle, d'une tutelle ou d'une habilitation familiale générale, sa modification ou sa mainlevée est adressé par les services du juge des tutelles au greffe du tribunal de grande instance du lieu de naissance de la personne protégée, pour qu'il soit conservé au répertoire civil (RC) et mentionné en marge de l'acte de naissance de l'intéressé (C. civ., art. 444 et 494-6). Notons qu'une habilitation familiale non générale ne fait pas l'objet d'une publication.
Signalons l'existence d'une mesure spécifique concernant le retour à la capacité de la personne : un avis est donné par le greffe du tribunal d'instance, à la demande de tout intéressé, au greffe du tribunal de grande instance du lieu de naissance de la personne protégée quand le délai de protection fixée est écoulé et que la mesure a pris fin sans renouvellement (CPC, art. 1233 et 1260-12).
La mise en place de la sauvegarde de justice fait l'objet de dispositions particulières : ici, il n'y a pas de publicité au répertoire civil et sur les pièces d'identité mais sur un registre spécial tenu par les services du procureur de la République.

La durée de la mesure, ses modifications et son issue

› La curatelle et la tutelle

Durée de la mesure initiale

Lorsqu'une curatelle est mise en place pour la première fois, sa durée ne peut pas dépasser 5 ans. Il en est de même pour la tutelle. Cependant, et uniquement pour cette dernière, le juge peut fixer la durée initiale pour une durée supérieure à 5 ans mais inférieure à 10 ans dans le cas où l'altération des facultés personnelles de l'intéressé « n'apparaît manifestement pas susceptible de connaître une amélioration selon les données acquises de la science ». La décision doit alors être spécialement motivée et prise sur avis conforme d'un médecin inscrit sur la liste (C. civ., art. 442). Cette possibilité de fixer une durée plus longue pour les tutelles a été introduite par la loi de modernisation et de simplification du droit n° 2015-177 du 16 février 2015.
Comme pour le renouvellement pour longue durée (voir ci-dessous), cette durée plus longue peut s'imposer pour certaines pathologies lourdes.

Durée de la mesure renouvelée

Le juge peut renouveler la tutelle ou la curatelle pour une même durée. Cependant, il peut renouveler la mesure pour une durée plus longue qui ne doit pas dépasser 20 ans et ce, uniquement si l'altération des facultés personnelles de l'intéressé « n'apparaît manifestement pas susceptible de connaître une amélioration selon les données acquises de la science ». Il doit prendre une décision spécialement motivée et sur avis conforme d'un médecin inscrit sur la liste (C. civ., art. 442). Ce seuil de 20 ans a été introduit par la loi de modernisation et de simplification du droit n° 2015-177 du 16 février 2015.

• Comment s'effectue le renouvellement ?

Le renouvellement peut être effectué d'office par le juge des tutelles (sauf s'il s'agit d'une aggravation – voir ci-après), ou être demandé par les personnes pouvant demander une mesure de protection (voir *Qui peut faire la demande ?*, p. 68). Attention aux conditions strictes encadrant le renouvellement pour une longue durée en cas de pathologie irréversible (avis conforme du médecin inscrit...). Ainsi, par exemple, et comme cela a été jugé, le juge des tutelles doit motiver sa décision non pas seulement en raison d'un retard mental moyen justifiant une mesure de représentation dans les actes de la vie civile (tutelle), mais en raison d'une impossibilité manifeste, selon les données acquises de la science, de connaître une amélioration de l'altération de ses facultés personnelles. (C. cass., civ. 1re, 13.5.2015, n° 14-14904). Il faut également savoir qu'une mesure non renouvelée à temps devient caduque (voir l'encadré *Anticipez le renouvellement*, p. 85).

• Modification de la mesure (allégement, aggravation ou mainlevée)

Le juge peut, par ailleurs, à tout moment et après avoir recueilli l'avis du tuteur ou du curateur, mettre fin à la mesure de protection, la modifier ou lui substituer une autre mesure. Il peut le faire de lui-même, sauf s'il s'agit d'une aggravation (par exemple, tutelle ou curatelle renforcée par rapport à curatelle) : dans cette hypothèse, il ne peut pas agir directement mais doit être saisi par requête par l'une des personnes pouvant demander la mise en place de la mesure (voir *Qui peut faire la demande ?*, p. 68).

En résumé, au cours de la tutelle ou de la curatelle, vous pouvez proposer au juge des tutelles différentes modifications du dispositif :

- si vous désirez demander un allégement de la mesure, la désignation d'un autre tuteur ou curateur ou qu'elle soit levée, etc., vous devez adresser au juge des tutelles votre requête en expliquant les raisons de votre demande. La requête doit être accompagnée d'un certificat médical émanant de tout médecin (le médecin traitant de la personne, par exemple). La personne sera auditionnée par le juge (C. civ., art. 442 et 432). Cependant, en ce qui concerne la demande de mainlevée, la Cour de cassation vient d'affirmer que la production d'un certificat médical n'est pas une condition de recevabilité de la demande. Elle s'appuie sur les articles 442 (alinéas 3 et 4) et 431 du Code civil. Elle casse l'arrêt d'appel qui, pour déclarer irrecevable la requête en mainlevée présentée par la mère de l'intéressé, énonçait que cette dernière ne produisait aucun certificat médical à l'appui de sa demande (C. cass., 1re civ., 9.11.2016, n° 14-17735). Il est cependant préférable d'obtenir ce document en amont, même si selon cette jurisprudence, il semble que l'état médical de la personne vulnérable puisse être établi lors de la

procédure (dans le cadre d'une expertise médicale, par exemple) (voir *Modèles de lettres et de documents*, p. 141) ;
- si vous désirez demander une aggravation de la mesure, vous devez saisir le juge des tutelles de votre requête en expliquant les raisons de votre demande. Tel est le cas, par exemple, si votre mère est sous curatelle et que la curatelle renforcée s'impose compte tenu de la dégradation de son état vous imposant de la remplacer dans la gestion de ses revenus et le règlement de ses factures. Les conditions de mise en place de l'aggravation sont celles prévues pour la mise en place de la mesure (établissement d'un certificat circonstancié établi par le médecin inscrit sur la liste, audition de la personne, etc.).

MON CONSEIL

Anticipez le renouvellement ! Une mesure non renouvelée dans les délais prend automatiquement fin. Autrement dit, la personne retrouve automatiquement toute sa capacité.

Si, par exemple en tant que tuteur ou curateur, vous souhaitez un renouvellement de la mesure, indispensable selon vous compte tenu de l'état de l'intéressé, vous devez anticiper l'expiration de ces délais et adresser au juge, plusieurs semaines à l'avance, une demande de renouvellement.

Si vous désirez obtenir un renouvellement pour la même durée, vous joindrez, par exemple, à votre requête un certificat médical émanant du médecin traitant. Renseignez-vous cependant auprès du greffe, certains juges exigent un certificat médical circonstancié émanant d'un médecin agréé inscrit sur la liste du procureur de la République.

Si vous estimez que l'état de santé de la personne protégée justifie un renouvellement de la mesure pour une durée plus longue que la durée initiale, vous devrez accompagner la requête d'un certificat médical circonstancié émanant d'un médecin inscrit sur la liste du procureur de la République (C. civ., art. 442, al. 2).

Bien plus, la Cour de cassation exige que ce certificat contienne un avis conforme du médecin préconisant spécifiquement ce renouvellement pour une durée supérieure à la durée d'origine (C. cass., civ. 1re, 10.10.2012, n° de pourvoi : 11-14441).

Fin de la mesure

La mesure prend fin en cas de mainlevée de la protection et de non-renouvellement, mais aussi en cas de décès de la personne protégée ou lorsqu'elle réside hors du territoire national si cet éloignement empêche le suivi et le contrôle de la mesure (C. civ., art. 443).

› La sauvegarde de justice

La mesure de sauvegarde de justice ne peut excéder 1 an, renouvelable une fois. Il faut excepter le cas où elle a été décidée pendant la procédure de tutelle ou curatelle : dans cette hypothèse, bien que le texte ne le précise pas, elle devrait adopter le délai d'1 an non renouvelable prévu pour ces procédures.
Lorsqu'elle a été prononcée par le juge, celui-ci peut, à tout moment, en ordonner la suppression si le besoin de protection temporaire cesse.

Lorsqu'elle a été ouverte par déclaration d'un médecin au procureur de la République, elle peut prendre fin par déclaration faite au procureur de la République par le médecin, si le besoin de protection temporaire cesse, ou par radiation de la déclaration médicale sur décision du procureur de la République.
Dans tous les cas, à défaut de suppression, de déclaration de cessation ou de radiation de la déclaration médicale, la sauvegarde de justice prend fin à l'expiration du délai prévu ou après l'accomplissement des actes pour lesquels elle a été ordonnée (cela est précisé dans le jugement).
Elle prend également fin par l'ouverture d'une mesure de curatelle ou de tutelle à partir du jour où la nouvelle mesure prend effet (C. civ., art. 439).

› L'habilitation familiale

Le juge des tutelles doit fixer la durée de la mesure s'il s'agit d'une habilitation générale. Celle-ci ne peut pas dépasser 10 ans. Il peut la renouveler sur requête de l'une des personnes pouvant être habilitées ou du procureur de la République saisi à la demande de l'une d'elles. Il le fait alors pour la même durée ou pour une durée plus longue qu'il détermine, n'excédant pas 20 ans, lorsque l'altération des facultés personnelles de la personne visée par l'habilitation n'apparaît manifestement pas susceptible de connaître une amélioration selon les données acquises de la science. Le juge doit rendre un jugement spécialement motivé et sur avis conforme du médecin inscrit (C. civ., art. 494-6). Outre le décès de la personne bénéficiaire de la mesure, l'habilitation familiale prend fin :
- par son placement sous sauvegarde de justice, sous curatelle ou sous tutelle ;
- en cas de jugement de mainlevée à la demande de l'une des personnes éligibles ou du procureur de la République si les conditions prévues à sa mise en place ne sont plus réunies ou si l'exécution de la mesure est de nature à porter atteinte aux intérêts de la personne protégée ;
- de plein droit en l'absence de renouvellement à l'expiration du délai fixé ;
- après l'accomplissement des actes pour lesquels l'habilitation avait été délivrée (C. civ., art. 494-11).

Le protecteur

➢ Une fois connues les règles présidant au fonctionnement des différents régimes de protection (tutelle, curatelle et sauvegarde de justice), encore faut-il connaître les critères de choix du « protecteur » de la personne vulnérable.

➢ Faut-il privilégier la famille ou un professionnel ?

➢ Quelles sont les obligations et responsabilités des personnes en charge de la protection ?

➢ Que se passe-t-il si le protecteur ne peut plus ou ne souhaite plus assurer sa mission ?

Le choix du protecteur

Le choix d'un tuteur, curateur ou mandataire spécial en sauvegarde de justice se porte, le plus souvent, sur un membre de la famille.
Cela peut cependant s'avérer impossible en présence de conflits familiaux, par exemple, ou quand la personne est isolée.
Dans ce cas, un mandataire judiciaire à la protection des majeurs (MJPM) peut être désigné.
Les critères de choix du protecteur, expliqués ici, ne sont pas applicables au mandataire désigné non par le juge, mais par la personne dans le cadre d'un mandat de protection future (voir* Le choix du mandataire, *p. 7). Ils ne sont également pas applicables à la nouvelle procédure de l'habilitation familiale.

La prise en charge par les proches

Les textes en matière de protection donnent la priorité aux liens familiaux, d'affection ou de confiance dans le choix de la personne chargée de la mesure de protection.

› La désignation anticipée prime

La personne vulnérable peut avoir désigné à l'avance une ou plusieurs personnes, comme curateur ou tuteur.
Cette désignation anticipée doit être faite, soit par un acte notarié, soit par une déclaration écrite, datée et signée émanant de la personne (CPC, art. 1255).
Dans ce cas, le choix de la personne désignée s'impose au juge sauf :
- si cette personne refuse ou se trouve dans l'impossibilité d'exercer sa mission ;
- ou si l'intérêt de la personne protégée commande d'écarter cette personne. En cas de difficulté, le juge tranche (C. civ., art. 448).

› L'ordre de priorité

En l'absence d'une désignation anticipée ou si celle-ci est écartée, le juge des tutelles va devoir désigner la personne en charge de la protection, qu'il s'agisse d'un tuteur, d'un curateur ou du mandataire spécial dans le cadre d'une sauvegarde de justice. Le juge n'est pas libre de son choix, il doit suivre l'ordre de priorité suivant :
1. le conjoint de la personne vulnérable, le partenaire avec lequel la personne a conclu un Pacs, ou son concubin, sauf si la vie commune a cessé entre eux ou si une autre cause empêche de lui confier la mesure ;
2. un parent, un allié (parent par alliance, comme, par exemple, un gendre), une personne résidant avec la personne vulnérable ou encore une personne entretenant avec elle des liens étroits et stables (C. civ., art. 449).
Le choix du juge doit être fait en prenant en compte :
- les sentiments exprimés par la personne concernée par la protection ;

- ses relations habituelles ;
- l'intérêt porté à son égard ;
- les recommandations éventuelles de ses parents et alliés ainsi que de son entourage (C. civ., art. 449).

Cas pratiques

- Une femme est placée sous curatelle renforcée (ce qu'elle conteste). Le curateur désigné par le juge n'a pas été son mari (ce qu'elle conteste aussi), dans la mesure où elle était justement sous son emprise et qu'il n'avait pas les qualités requises pour gérer ses biens. C'est donc l'UDAF (Union départementale des associations familiales) qui a été choisie car on a considéré qu'elle était plus à même de l'aider (C. cass., 1re, civ., 6.3.2007, n° 06-13982).
- À l'inverse, une personne est placée sous curatelle renforcée avec désignation d'un mandataire judiciaire malgré son souhait que sa nièce soit nommée curatrice. Or, la cour d'appel estime que la désignation de la nièce n'était pas opportune pour différentes raisons : la trop grande vulnérabilité de l'intéressée, la gestion des fonds à effectuer après la vente de sa maison, son futur placement en maison de retraite. Aucun de ces éléments ne permettait cependant d'établir ce qui interdisait, malgré les sentiments exprimés par la personne à protéger, de confier la mesure de curatelle à la personne choisie par celle-ci. Cette décision a donc été cassée (C. cass., civ. 1re, 5.12.2012, n° 11-26611).
- La prise en considération des sentiments exprimés par la personne sur la désignation de son protecteur s'applique également au choix d'un protecteur professionnel. C'est ce qui a été décidé dans une affaire où la personne ne contestait pas la mesure dans son principe mais souhaitait que soit nommé un autre mandataire judiciaire que l'UDAF, sa tutrice depuis plusieurs années. Elle a été entendue par la cour (CA Nancy, 18.11. 2013, n° 13/01336 et n° 13/02243).

On voit ici l'intérêt pour le juge de rencontrer la personne et de l'entendre, le cas échéant en se déplaçant sur son lieu d'hébergement ou d'hospitalisation, mais également d'interroger le demandeur (voir *L'audition d'autres personnes*, p. 78). Il est essentiel pour lui de se faire une opinion sur tous les aspects de la situation. Et la prise en compte de l'avis de la personne vaut autant pour le choix initial que pour un changement de protecteur.

› Choisir une ou plusieurs personnes ?

Plusieurs personnes peuvent être désignées par le juge pour assurer la protection de la personne vulnérable (C. civ., art. 447). Les critères du juge seront la situation de la personne protégée, la composition de son patrimoine ainsi que les aptitudes des candidats à l'exercice de leur mission de protection.

Par exemple, le juge peut diviser la mesure de protection entre un curateur (ou un tuteur) chargé de la protection de la personne et un curateur (ou un tuteur) chargé de la gestion de ses biens (notamment si cette personne a des connaissances en gestion ou comptabilité). Il peut confier la gestion de certains biens à un curateur ou à un tuteur adjoint. En ce qui concerne la nouvelle procédure d'habilitation familiale, l'article 494-1 du Code civil prévoit la possibilité, sans plus de précision, de désigner une ou plusieurs personnes pour exercer l'habilitation. Par exemple, deux enfants seront chargés de cogérer les biens de la personne vulnérable ou encore l'un des enfants sera en charge de la gestion des biens, l'autre des décisions personnelles

Rappelons également qu'un subrogé curateur ou subrogé tuteur, ou, en son absence, un tuteur ou curateur *ad hoc*, peut être désigné notamment pour contrôler la gestion du curateur ou tuteur ou pour intervenir en cas de conflit d'intérêt (voir *Le subrogé tuteur*, p. 50 et *Le tuteur ad hoc*, p. 51). En revanche, il n'y a pas de subrogé ou d'*ad hoc* dans le cadre d'une habilitation familiale, même si le texte aborde la notion d'opposition d'intérêt entre la personne bénéficiaire de l'habilitation et son représentant.

Ces différentes possibilités ont pour but de faciliter la prise en charge familiale :

- soit en associant plusieurs personnes afin de rendre la tâche de chacun moins lourde ;
- soit en répartissant les tâches entre les membres d'une même famille en fonction des affinités ou de la disponibilité de chacun ;
- soit en divisant la mesure, par exemple, entre un proche plus à même d'assurer la protection de la personne et un professionnel, à savoir un mandataire judiciaire à la protection des majeurs, plus qualifié pour gérer le patrimoine (voir *Les mandataires judiciaires à la protection des majeurs (MJPM)*, p. 94).

> **Cas pratique**
>
> **Désignation de plusieurs tuteurs**
>
> Une décision illustre bien cette possibilité. Elle invite les juges des tutelles à user plus largement de la possibilité prévue par les textes de diviser la mesure entre plusieurs intervenants.
>
> Un juge des tutelles ouvre une mesure de tutelle et désigne une association tutélaire en qualité de tuteur tant aux biens qu'à la personne. Le père du majeur protégé demande à être désigné tuteur, ce qui lui est refusé. En effet, selon les juges du fond, il se trouvait lui-même confronté à la précarité et à d'importants problèmes de santé ayant nécessité son hospitalisation ainsi qu'à la mise en place d'un accueil temporaire de son fils, de sorte qu'il n'était pas en mesure de lui apporter son aide. Cette décision a fait l'objet d'une censure de la part de la Cour de cassation. Les juges ne s'étaient en effet pas expliqués sur les raisons pour lesquelles le père du tutélaire n'avait pas été désigné en qualité de tuteur à la personne. En effet, il avait toujours vécu avec le majeur protégé avec lequel il était uni par une affection sincère et réciproque, et il était disposé à collaborer avec l'association tutélaire (C. cass., civ. 1re, 28.5.2014, n° 13-24324).

› Pour quelle durée ?

Vous désirez, en tant qu'ami proche ou ancien collègue, être désigné comme tuteur ou curateur. Sachez d'emblée que vous vous engagez pour une durée de 5 ans (C. civ., art. 453). En revanche, vous n'êtes pas tenu de conserver cette charge au-delà de cette durée (même si la mesure est renouvelée).

Cependant, cette limite de 5 ans ne s'applique pas :
- au conjoint ;
- au partenaire du pacte civil de solidarité (mais elle s'applique au concubin) ;
- aux enfants de l'intéressé ;
- aux mandataires judiciaires à la protection des majeurs (C. civ., art. 453).

Dans tous ces cas, la charge n'est pas limitée dans le temps : vos obligations ne cessent que si la personne recouvre toutes ses capacités (cas d'un jugement de mainlevée de la mesure, par exemple) ou en cas de décès. Notez également qu'il est toujours possible d'être déchargé en faisant une demande au juge (voir *Cas pratiques* ci-après).

Cas pratiques

Dans quels cas peut-on demander à être déchargé ?

Il existe des cas où c'est la personne elle-même qui demande à être déchargée et remplacée. Elle doit alors faire une demande écrite en ce sens au juge des tutelles en invoquant un « changement important dans sa situation ». Par exemple, elle justifie d'un éloignement géographique, de problèmes de santé, d'un changement d'activité professionnelle ou encore de l'accroissement d'obligations familiales, tout élément l'empêchant de se rendre disponible (C. civ., art. 396).

Ces règles s'appliquent également aux différents organes d'une protection, du mandataire spécial désigné dans le cadre d'une sauvegarde de justice, aux membres du conseil de famille, au subrogé tuteur, etc.

Dans quels cas une charge peut-elle être retirée par le juge ?

Une personne peut être déchargée de sa mission par le juge des tutelles (qu'il s'agisse du « protecteur », à savoir, par exemple, le tuteur, mais aussi d'un membre du conseil de famille, d'un subrogé tuteur ou curateur, ou de tout autre organe chargé de la protection) pour un certain nombre de raisons : l'inaptitude, la négligence, la mauvaise conduite ou encore la fraude. Il en est de même lorsqu'un litige ou une contradiction d'intérêts empêche le titulaire de la charge de l'exercer dans l'intérêt de son protégé.

À titre d'exemple, le père d'une personne sous tutelle a été déchargé de ses fonctions car, malgré les demandes qui lui avaient été adressées, il n'avait déposé aucun compte annuel de gestion depuis sa désignation, et il n'avait pas justifié de l'affectation de la rente mensuelle due à sa fille ainsi que des sommes qu'il avait perçues pour le compte de celle-ci au titre de la réparation de son préjudice. Un professionnel a été désigné en remplacement (C. cass., civ. 1re, 28.5.2015, n° 14-18283).

Existe-t-il des cas où l'on ne peut pas être désigné protecteur ?

Certaines personnes sont exclues de plein droit de cette charge. Il s'agit :
– des mineurs non émancipés ;
– des majeurs bénéficiant eux-mêmes d'une mesure de protection juridique ;
– des personnes à qui l'exercice des charges tutélaires a été interdit par une disposition expresse d'un jugement pénal (C. pén., art. 131-26 ; C. civ., art. 395).

Par ailleurs, les membres des professions médicales et de la pharmacie, ainsi que les auxiliaires médicaux ne peuvent pas exercer de charge à l'égard de leurs patients.

> De même, en présence d'un contrat de fiducie, le fiduciaire désigné dans ce contrat ne peut exercer une charge curatélaire ou tutélaire à l'égard du constituant (C. civ., art. 445, alinéas 2 et 3).

Ces limitations de durée concernent les tutelles et curatelles. Elles ne sont pas applicables au mandataire désigné dans le cadre d'un mandat de protection future (sur la réforme envisagée, voir l'encadré *Des évolutions et améliorations possibles*, p. 10). Elles ne sont également pas applicables à la personne habilitée, étant précisé que les textes sur l'habilitation familiale n'abordent pas cette question. La seule précision concernant la personne habilitée est qu'elle doit remplir les conditions pour exercer les charges tutélaires et qu'elle exerce sa mission à titre gratuit (C. civ., art. 494-1).

› Une mission en principe gratuite

L'exercice des mesures de protection par la famille ou les proches relève de la solidarité. La loi exclut donc, en principe, toute rémunération du proche (C. civ., art. 419 et 494-1). Cependant, le juge des tutelles (ou en tutelle, le conseil de famille s'il a été constitué) peut autoriser, selon la composition des biens gérés ou la difficulté d'exercer la mesure, le versement d'une indemnité à la personne chargée de la protection. Il lui revient d'en fixer le montant. Cette indemnité est à la charge de la personne protégée. Le bénéficiaire de cette indemnité peut être tout organe chargé de la protection (par exemple, un membre du conseil de famille, un subrogé tuteur, etc.).
Remarque : la question se pose sur la possibilité d'une indemnisation en habilitation familiale en l'absence de renvoi des textes l'encadrant à l'article 419 du Code civil pour les autres mesures de protection. Cependant s'agissant d'une disposition commune, cette possibilité devrait pouvoir s'appliquer au bénéfice de la personne habilitée.

› Des formations possibles

La question de la formation des tuteurs et, de façon générale, des protecteurs familiaux est essentielle.
Signalons ici que l'article L. 215-4 du Code de l'action sociale et des familles prévoit que les personnes appelées à exercer ou exerçant une mesure de protection juridique en application de l'article 449 du Code civil bénéficient, à leur demande, d'une information qui leur est dispensée dans des conditions fixées par décret en Conseil d'État : il s'agit du décret n° 2008-1507 du 30 décembre 2008 relatif à l'information et au soutien des personnes appelées à exercer ou exerçant une mesure de protection juridique des majeurs. Il prévoit que le procureur de la République dresse une liste des personnes et des structures habilitées et précise le contenu de l'information qui peut être dispensée. Toutefois, ces listes ne sont pas toutes élaborées…
Le gouvernement a également prévu une information sur le portail des majeurs protégés (www.justice.gouv.fr/justice-civile-11861/tutelles-12182/). Ce portail permettra, à terme, notamment au tuteur familial, de remplir en ligne les requêtes les plus courantes (un modèle étant disponible, précisant les pièces justificatives)

et d'adresser sous forme dématérialisée les comptes de gestion, ce qui facilitera le dialogue et les transmissions avec la juridiction.
Il faut également rappeler que toute personne désignée en qualité de protecteur familial a préalablement été entendue par le juge des tutelles. À l'occasion de cette audition, le juge lui expose, en principe, le fonctionnement de la mesure et explique ses engagements. De nombreux tribunaux ont établi des notices, adressées au protecteur en même temps que la décision le désignant. Elles précisent ses obligations à l'ouverture de la mesure et au cours de celle-ci. Tout au long de la mesure, le tuteur a notamment la possibilité d'écrire au juge des tutelles pour l'interroger sur un acte de gestion précis. Il ne faut cependant pas oublier que le rôle des juges ou des personnels de greffe n'est pas de conseiller au quotidien le protecteur sur les modalités d'exercice de la mesure.
Une question ministérielle souligne le fait qu'une formation de base pourrait être nécessaire pour l'exercice d'une tutelle (documents à fournir en cas de contrôle), doublée d'un accompagnement tout au long de la tutelle par le biais d'un numéro d'appel mis à leur disposition ou d'un référent en cas de difficultés rencontrées ponctuellement. Cette question attire l'attention du ministre sur les tuteurs familiaux qui se trouvent parfois dans des situations délicates, aucune formation ne les préparant à assumer ce rôle. Dans sa réponse, le ministre reprend les informations à la disposition du tuteur familial, vues ci-avant qu'il estime manifestement suffisantes (Rép. min., 24.2.2011, n° 17341, Sénat).
Pour accéder à une formation, il est également possible de s'adresser à son département ou à l'Union départementale des associations familiales (UDAF).
L'une des propositions du Livre blanc (voir *Des modifications envisageables ?*, p. 12) est de financer de manière spécifique et pérenne le dispositif d'information et de soutien aux tuteurs familiaux (ISTF) sur l'ensemble du territoire français.
Selon un rapport plus récent, il convient (dans le but de maîtriser l'impact de la réforme de 2007 sur les finances publiques, 54 % des protecteurs étant des professionnels – voir ci-après) d'encourager la gestion par les familles en créant un service national d'information aux familles et de soutien aux tuteurs familiaux, décliné dans chaque région et animé par la Direction générale de la cohésion sociale (DGCS) (rapport IGAS, Financement par les organismes de sécurité sociale des mandataires judiciaires à la protection des majeurs, juillet 2014).

À NOTER

Le choix du protecteur en habilitation familiale Les règles vues ci-avant ne s'appliquent pas si la demande de placement concerne une habilitation familiale.
En revanche, la loi prévoit que le juge des tutelles doit s'assurer de l'adhésion ou, à défaut, de l'absence d'opposition légitime à la mesure « et au choix de la personne habilitée » de ceux appartenant au cercle des proches pouvant demander l'habilitation :
- qui entretiennent des liens étroits et stables avec la personne ;
- ou qui manifestent de l'intérêt à son égard ;
- et dont le juge connaît l'existence au moment où il statue (C. civ., art. 494-4).

Il reste à savoir comment cet article sera interprété par les tribunaux.

Les mandataires judiciaires à la protection des majeurs (MJPM)

› Le principe

Lorsque le juge ne peut pas, compte tenu de la configuration familiale, désigner un proche de la personne (par exemple, parce que celle-ci est isolée ou encore en cas de conflit familial), il porte son choix sur un professionnel (C. civ., art. 450). Les dispositions qui suivent ne s'appliquent pas, bien entendu, dans le cadre d'une demande d'habilitation familiale où l'intervention d'un professionnel est exclue.

Cas pratiques

Comme on le voit, ce n'est que lorsqu'il est impossible de désigner un proche que le juge des tutelles porte son choix sur un professionnel. Le juge tient compte notamment de la configuration familiale, des antagonismes existant au sein de la famille, d'éventuels conflits d'intérêt ou de toute autre raison.

• Par exemple, dans une affaire, une femme mariée est mise sous tutelle. Sa fille est désignée comme tutrice. L'époux de la personne sous tutelle conteste cette décision. C'est finalement un professionnel extérieur à la famille qui est désigné. En effet, le conflit entre la fille et son père était tel que l'établissement de soins où séjournait la personne protégée avait dû fixer des jours de visite pour éviter les rencontres entre eux. Il était donc nécessaire, dans l'intérêt de la personne, de désigner un tuteur extérieur à la famille afin d'apaiser la situation (C. cass., civ. 1re, 23.2.2011, n° 10-12923).

• En revanche, dans une décision plus récente, les juges ne s'expliquaient pas sur l'éviction de l'épouse en sa qualité de tutrice au profit d'un MJPM. Ici, les premiers juges avaient désigné un mandataire judiciaire en qualité de tuteur aux biens d'une personne. Leur motivation était la suivante : si rien ne peut être reproché à son épouse sur la tenue du budget, il convenait de tenir compte des dissensions familiales très vives au sein de cette famille recomposée et donc de désigner un tiers pour que la situation apparaisse comme claire à tous (enfants, fratrie et conjointe). Selon la Cour de cassation, cette motivation, insuffisante, ne pouvait justifier à elle seule la nomination d'un tiers (C. cass., civ. 1re, 9.7.2014, n° 13-20077).

Tous les intervenants professionnels en charge des personnes vulnérables sont actuellement regroupés sous le sigle de « mandataires judiciaires à la protection des majeurs » (les MJPM) (CASF, art. L. 471-1).
Ces mandataires sont inscrits sur une liste, dressée et tenue à jour par le préfet du département après avis conforme du procureur de la République. Ils rassemblent donc l'ensemble des intervenants tutélaires d'avant la réforme de 2007 (gérants de tutelle bénévoles, hospitaliers, privés, associations type UDAF, etc.).
L'inscription de ces mandataires sur cette liste est soumise à des conditions sévères de formation ou d'expérience, de compétence, de moralité, d'agrément ou d'autorisation selon qu'ils exercent à titre individuel ou dans un cadre associa-

tif ou institutionnel mais aussi d'assurance ou de garantie de responsabilité. Ces professionnels obéissent en outre, dans le cadre de l'exercice de leur mission, à des règles communes de contrôle et de sanctions administratives et pénales en cas de défaillance ou de faute.

À NOTER

Quelques chiffres Si une tutelle, une curatelle et une sauvegarde de justice peuvent être exercées par un membre de la famille, dans 54 % des cas (en 2014), elles sont confiées à un professionnel.
Celui-ci peut exercer soit à titre individuel (ce qui concerne 12 % des majeurs protégés), soit dans le cadre de services mandataires (structures associatives relevant de la catégorie des établissements médico-sociaux, 80 % des majeurs protégés) ou au sein d'un établissement de santé (par le biais de préposés d'établissement, 8 % des majeurs protégés).
Ce coût pèse (pour 20 %) sur les personnes protégées elles-mêmes, sur les financeurs publics qui peuvent être mobilisés en complément (pour 80 %) (rapport IGAS, Financement par les organismes de Sécurité sociale des mandataires judiciaires à la protection des majeurs, juillet 2014).

› La rémunération

La personne protégée doit financer sa protection, totalement ou partiellement, et ce, bien entendu, dans la mesure de ses moyens. Si elle ne dispose pas de ressources suffisantes, l'État et les départements prennent le relais, le financement public n'étant pas le même suivant que le mandataire est une personne physique ou non (C. civ., art. 419 ; CASF, art. L. 471-5).

Le principe

Les dispositions relatives au financement des mesures résultent, à l'origine, du décret n° 2008-1556 du 31 décembre 2008 relatif aux droits des usagers des mandataires judiciaires à la protection des majeurs et des délégués aux prestations familiales. Ce décret a été modifié ultérieurement (notamment, décret n° 2011-936 du 1.8.2011 et décret n° 2011-710 du 21.6.2011).
Le barème de rémunération des MJPM individuels est fixé par un arrêté du 6 janvier 2012.
Le principe retenu est celui d'un prélèvement mensuel par tranche sur la base des ressources de l'avant-dernière année civile (CASF, art. R. 471-5 et R. 471-5-1).

RESSOURCES MENSUELLES DU MAJEUR	TAUX DE PRÉLÈVEMENT
Tranche inférieure à l'allocation aux adultes handicapés (AAH)(1)	Exonéré
Tranche entre l'allocation aux adultes handicapés et le SMIC brut(2)	7 %

.../...

RESSOURCES MENSUELLES DU MAJEUR	TAUX DE PRÉLÈVEMENT
Tranche entre 1 et 2,5 SMIC brut(2)	15 %
Tranche entre 2,5 SMIC et 6 fois le SMIC brut(2)	2 %

(1) AAH en vigueur au 1er janvier de l'avant-dernière année civile. Pour mémoire, il est de 808,46 € depuis le 1er avril 2016.
(2) SMIC en vigueur au 1er janvier de l'avant-dernière année civile. Pour mémoire, il est de 1 466,62 € pour 2016.

L'exception

À ces règlements peut venir s'ajouter une indemnité complémentaire. En effet, à titre exceptionnel, le juge des tutelles (le conseil de famille en cas de tutelle et s'il en a été prévu un) peut allouer au mandataire judiciaire à la protection des majeurs une indemnité en complément des sommes déjà perçues pour l'accomplissement d'un acte ou d'une série d'actes requis par la mesure de protection. Encore faut-il que :
- l'avis du procureur de la République ait été préalablement recueilli ;
- ces actes impliquent des diligences particulièrement longues ou complexes et que les sommes auquel le MJPM a droit s'avèrent manifestement insuffisantes.

L'article D. 471-6 du Code de l'action sociale et des familles, créé par le décret n° 2010-1404 du 12 novembre 2010, précise, à cet égard, que cette indemnité complémentaire peut être accordée, par exemple, pour le règlement d'une succession nécessitant le suivi de procédures judiciaires ou administratives, la vente d'un bien ou la gestion de conflits familiaux. Le mandataire présente sa demande d'indemnité accompagnée des justificatifs nécessaires. Le MJPM doit justifier du caractère exceptionnel de la charge de travail et de l'insuffisance des sommes perçues. Son montant est fixé par ordonnance du juge des tutelles ou délibération du conseil de famille selon un taux horaire de 12 fois le montant brut horaire du SMIC en vigueur au 1er janvier de l'année au titre de laquelle la rémunération est attribuée. À partir de la quinzième heure consacrée à ces diligences exceptionnelles, le taux horaire est de 15 fois ce montant. Le juge apprécie le caractère nécessaire des diligences accomplies et peut inviter le MJPM à fournir des explications complémentaires.

Cette indemnité est à la charge de la personne protégée.

Le 17 juin 2011, le Conseil constitutionnel a estimé que cette indemnité ne méconnaissait pas le principe d'égalité. Il a donc rejeté le recours formé par des associations tutélaires (Cons. const., déc. 17 juin 2011, n° 2011-136 QPC).

L'absence d'autres rémunérations ou avantages

Les mandataires judiciaires à la protection des majeurs ne peuvent, à quelque titre et sous quelque forme que ce soit, percevoir aucune autre somme ou bénéficier d'aucun avantage financier en relation directe ou indirecte avec les missions dont ils ont la charge. C'est ce que prévoit l'article 420 du Code civil.

Rappelons également que les MJPM ne peuvent pas profiter de dispositions les avantageant (donation, legs, etc.) (C. civ., art. 909 et 911).

Quelles sont les obligations du protecteur ?

Que vous soyez tuteur, curateur ou mandataire, un certain nombre d'obligations sont à votre charge. Certaines ne concernent que le tuteur (comme, par exemple, établir le budget du majeur), d'autres peuvent vous concerner en tant que tuteur ou curateur dans le cadre d'une curatelle renforcée (inventaire, par exemple). Il vous faut impérativement connaître ces obligations. En revanche, si vous êtes le proche habilité dans le cadre de la nouvelle mesure d'habilitation familiale, vous êtes dispensé de toute obligation comptable. Cette rubrique ne concerne que les trois autres mesures de protection.

Les obligations générales

Dès qu'il est désigné, et comme cela lui est, la plupart du temps précisé dans le jugement, le tuteur, le curateur dans le cadre d'une curatelle renforcée, le mandataire dans le cadre d'une sauvegarde de justice ou d'un mandat de protection future (dans ces deux derniers cas, dans les limites de leur mission) doit prendre un certain nombre de mesures :

- il faut avant tout informer de la nouvelle situation les banques, organismes divers, tels EDF-GDF, les organismes sociaux ou de retraite, les assureurs (et de façon générale, toute personne ou organisme concerné par la nouvelle mesure), par lettre recommandée avec accusé de réception ;
- si la personne n'a pas de compte bancaire, vous devrez lui ouvrir un compte à son nom ;
- enfin, vous devez tenir ses comptes et contacter ses interlocuteurs, qu'ils soient créanciers ou débiteurs.

L'inventaire

L'une de vos obligations, en tant que tuteur, curateur dans le cadre d'une curatelle renforcée (C. civ., art. 472) ou mandataire dans le cadre du mandat de protection future (C. civ., art. 486) est de dresser un inventaire des biens de la personne dont vous vous occupez.

Vous disposez pour cela d'un délai de 3 mois à partir de l'instauration de la mesure. Précisons cependant que ce délai n'est pas applicable en cas de mandat de protection future puisque les textes précisent que l'inventaire doit être fait « immédiatement » après que celui-ci est effectif (voir *Le rôle du mandataire*, p. 8).

Une fois cet inventaire établi, vous devez le transmettre au greffier en chef du juge des tutelles accompagné de tous les justificatifs utiles (acte d'achat, attestations, suivant les cas, d'un commissaire-priseur, d'un agent immobilier, factures, relevés bancaires, certificats, etc.).

La loi vous impose d'en assurer l'actualisation – par exemple, en cas d'achat immobilier ou de vente d'un bien (C. civ., art. 503). Cette obligation vise à faciliter le contrôle de la gestion pendant la durée de la mesure, et à la fin de celle-ci, à mettre à disposition du tutélaire ou de ses héritiers un état actualisé des biens.
Le but de l'inventaire est de permettre au juge d'apprécier la composition du patrimoine de la personne vulnérable et de pouvoir vérifier, au regard de cet inventaire, les comptes annuels. Il est également un élément de contrôle pour la personne sortie de la mesure de protection ou ses héritiers.
L'inventaire contient :
- une description des meubles du logement ;
- une estimation des biens immobiliers ainsi que des biens mobiliers ayant une valeur supérieure à 1 500 € ;
- la désignation des espèces en numéraire (argent liquide) et un état des comptes bancaires, des placements et des autres valeurs mobilières (CPC, art. 1253).
Vous disposez d'importants moyens pour l'établir. Vous pouvez notamment demander au juge l'autorisation d'accéder, auprès de toute personne publique ou privée, aux informations nécessaires. Le secret professionnel et le secret bancaire ne peuvent pas vous être opposés. Ces dispositions permettront notamment d'obtenir des établissements bancaires les relevés des comptes du protégé.
Sachez enfin que les opérations d'inventaire doivent être réalisées en présence du subrogé tuteur (ou subrogé curateur dans le cas d'une curatelle renforcée), s'il en existe un, de la personne protégée si son état de santé ou son âge le permet, de son avocat le cas échéant. De plus, si l'inventaire n'est pas réalisé par un officier public ou ministériel (notaire, huissier de justice, etc.), il doit être fait en présence de deux témoins majeurs « qui ne sont pas au service de la personne protégée ni de la personne exerçant la mesure de protection » (C. civ., art. 503 ; CPC, art. 1253). L'inventaire est daté et signé par les personnes présentes.

À NOTER

L'absence d'inventaire L'absence d'inventaire ou son caractère incomplet ou inexact engage la responsabilité de la personne qui doit l'établir : le juge des tutelles peut prononcer une injonction contre le tuteur, le subrogé tuteur ou l'administrateur défaillant, puis fixer une amende civile.
En outre, l'absence d'inventaire, ou un inventaire inexact ou incomplet autorise la personne protégée (ou, après son décès, ses héritiers) à faire la preuve de la valeur et de la composition de ses biens par tous moyens (C. civ., art. 503).

L'exemple d'inventaire ci-après peut vous aider dans votre rédaction. Pensez également à demander au greffe du tribunal s'il dispose d'un formulaire préimprimé que vous n'aurez qu'à remplir.
Reportez-vous également au modèle plus complet *Inventaire de patrimoine*, p. 165.

Nom, prénom et adresse de la personne protégée :..

Précisez si la personne est mariée ou non. Dans le premier cas, précisez la nature des biens (communs, propres ou en indivision).

Immeubles : adresse et estimation :.. €

Cette rubrique doit comporter les immeubles bâtis et non bâtis (terrains, par exemple).

Mobiliers :

- meubles de valeur (d'une valeur supérieure à 1 500 €) :.......................... €
- véhicules :.. €
- contenu d'un coffre : .... €

Espèces en numéraire : .... €

Comptes bancaires : .... €

Livrets d'épargne :.. €

Valeurs et titres :... €

Divers :.. €

Dettes :.. €

Date et signature des personnes présentes

Le budget de la tutelle

Vous devez, en tant que tuteur, établir dès le début de la tutelle, un budget déterminant les sommes nécessaires aux besoins de la personne. Cette proposition doit être soumise au juge des tutelles (ou au conseil de famille s'il en existe un).

L'article 500 du Code civil précise en effet : « Le tuteur arrête le budget de la tutelle en déterminant, en fonction de l'importance des biens de la personne protégée et des opérations qu'implique leur gestion, les sommes annuellement nécessaires à l'entretien de celle-ci et au remboursement des frais d'administration de ses biens. Le tuteur en informe le conseil de famille ou, à défaut, le juge. En cas de difficultés, le budget est arrêté par le conseil de famille ou, à défaut, par le juge. »

À NOTER

Modification concernant le budget Avant l'intervention de la loi de modernisation et de simplification du droit n° 2015-177 du 16 février 2015, il revenait au juge des tutelles (ou au conseil de famille s'il existait) d'arrêter le budget de la personne sur proposition du tuteur. Cette mesure a été modifiée : une information par le tuteur du juge (ou du conseil de famille) étant suffisante dans la plupart des cas.

En tant que tuteur, l'une de vos premières tâches consiste donc à faire le décompte des dettes du majeur (impôts, assurances, loyers, etc.), et de ses créances auprès des organismes sociaux, de sa famille (pension alimentaire de la

part de ses enfants le cas échéant, etc.) ou de tiers (loyers s'il loue un bien), afin de fixer une somme mise à sa disposition pour les dépenses de vie courante et, le cas échéant, celles pouvant être placées.
Le conseil de famille ou, à défaut, le juge peut vous autoriser à :
- inclure dans les frais de gestion la rémunération d'administrateurs particuliers dont vous demandez le concours ;
- conclure un contrat pour la gestion des valeurs mobilières et instruments financiers de la personne protégée que vous choisirez en considération de son expérience professionnelle et de sa solvabilité. Le contrat peut, à tout moment et nonobstant toute stipulation contraire, être résilié au nom de la personne protégée.
Rappelons que les opérations bancaires d'encaissement, de paiement et de gestion patrimoniale, effectuées au nom et pour le compte de la personne protégée, sont réalisées exclusivement au moyen des comptes ouverts en son nom ; les capitaux, revenus, fruits, produits et plus-values générés par les fonds et les valeurs qui lui appartiennent sont versés directement sur ces comptes (C. civ., art. 427, 472 et 498 ; voir *Le fonctionnement du compte bancaire*, p. 130).

L'établissement des comptes de gestion

Vous devez respecter les règles qui suivent si vous êtes tuteur, mais aussi curateur dans le cadre d'une curatelle renforcée et que vous êtes chargé des revenus de la personne (C. civ., art. 472), ou encore mandataire spécial désigné dans le cadre d'une sauvegarde de justice (C. civ., art. 437). Un contrôle des comptes est également obligatoire dans le cadre d'un mandat de protection future (voir *Le rôle du mandataire*, p. 8).

› L'établissement du compte annuel (ou compte rendu de gestion)

• Le principe

Vous devez établir, chaque année, un compte de votre gestion du patrimoine de la personne protégée. À ce compte, doivent être annexées toutes les pièces justificatives utiles à sa lecture (factures de travaux, relevés bancaires, relevés fiscaux, etc.).
Ce compte vient en complément de l'inventaire. Il peut se présenter en deux parties :
- patrimoine immobilier : recettes (loyers perçus, par exemple) et dépenses (travaux, etc.) ;
- patrimoine mobilier (comptes bancaires, actions, etc.) ; recettes et dépenses (frais de nourriture, d'habillement, de soins, maison de retraite, etc.).
Les greffes proposent des modèles qu'il convient de remplir de la façon la plus complète possible. Il se présente comme un compte rendu de la gestion en début

et en fin de période pour permettre un contrôle, notamment au regard de l'inventaire.
Ce compte est transmis (en principe, s'il a été nommé, par le subrogé qui peut faire des observations) au directeur des services de greffe judiciaire du tribunal d'instance qui, en cas de difficulté, en réfère au juge. Celui-ci peut alors convoquer, en tutelle, le conseil de famille, s'il existe. En outre, le juge des tutelles peut toujours obtenir communication du compte pour le contrôler lui-même.
Ce compte annuel est à rendre, logiquement, à la date anniversaire de votre désignation en tant que représentant. La date est d'ailleurs, en principe, fixée dans le jugement qui vous a été notifié.
La loi prévoit que vous pouvez interroger les établissements bancaires auprès desquels un ou plusieurs comptes sont ouverts au nom de votre « protégé » sans que le secret professionnel ou bancaire puisse vous être opposé.

La dispense en présence d'une mesure familiale

Le juge peut vous dispenser d'établir le compte de gestion et de le faire approuver lorsque vous êtes le conjoint, le partenaire, un parent, un allié (gendre, par exemple) ou un proche de la personne vulnérable (C. civ., art. 512).
Le but de cette disposition est de favoriser les mesures familiales en évitant de décourager la prise en charge par l'entourage de la personne à protéger par des obligations comptables lourdes. En revanche, cette dispense n'est pas possible lorsque la charge est exercée par un mandataire judiciaire à la protection des majeurs (MJPM).

› Le contrôle des comptes

Le principe

C'est le directeur des services de greffe judiciaire qui approuve ce compte que vous lui aurez adressé ou qui le transmet au juge des tutelles en cas de difficulté. Il appartient alors au juge de statuer sur sa conformité (C. civ., art. 511).
Le directeur des services de greffe judiciaire peut solliciter des établissements bancaires un relevé annuel des comptes ouverts au nom de la personne protégée, sans que le secret professionnel ou bancaire puisse lui être opposé. En outre, et cela sera utile en présence d'un important patrimoine, il peut se faire assister par un technicien (expert-comptable, par exemple).
Après la vérification et l'approbation du compte de gestion, un exemplaire est versé au dossier du tribunal (CPC, art. 1254).

À NOTER

Se faire assister par l'huissier L'huissier de justice peut apporter sa contribution dans la mission de vérification des comptes de gestion réalisée dans le cadre d'une mesure de protection juridique. Cette délégation est possible lorsque les ressources de la personne protégée le permettent car elle est faite aux frais de la personne protégée (CPC, art. 1254-1 ; Décret n° 96-1080 du 12 décembre 1996, art. 15-3 sur la rémunération de l'huissier).

D'autres modalités de contrôle

Le juge peut décider que le compte sera vérifié par le subrogé à la place du directeur des services de greffe judiciaire (C. civ., art. 511). Rappelons que lorsqu'un subrogé tuteur ou curateur est nommé, celui-ci atteste auprès du juge du bon déroulement des opérations que le tuteur ou curateur a l'obligation d'accomplir (C. civ., art. 497). Il reçoit notification chaque année des comptes de gestion établis par le protecteur, comptes qu'il peut transmettre au directeur des services de greffe judiciaire avec ses observations.
Le juge peut également confier la vérification et l'approbation du compte au conseil de famille (en tutelle) lorsque celui-ci a été autorisé à délibérer en l'absence du juge des tutelles (C. civ., art., 457).
Enfin, le juge peut confier à un technicien (expert-comptable, commissaire aux comptes...) le soin de vérifier le compte de gestion à la place du greffier en chef, et fixer les modalités de cette intervention. Deux conditions seront requises : les ressources de la personne devront être suffisantes pour supporter sa rémunération et le recours à ce technicien devra être justifié par l'importance et la composition du patrimoine (C. civ., art. 513).

Le juge des tutelles comme recours

Le juge demeure le recours pour toute contestation relative au compte. Il peut donc être saisi par toute personne chargée d'une mission de vérification et d'approbation qui refuserait d'approuver le compte de gestion. Elle lui transmet alors un rapport répertoriant les difficultés rencontrées.

À NOTER

Contester les comptes en justice Les comptes peuvent faire l'objet d'une contestation qui peut porter sur :
- une absence de compte ou d'approbation de celui-ci ou encore en cas d'omission des recettes ou exagération des dépenses, par exemple ;
- la revendication d'un bien conservé par la personne en charge (tuteur...) ;
- le remboursement de sommes perçues par la personne en charge (tuteur...).

Dans tous ces cas, l'action doit être engagée dans les 5 ans à compter de la fin de la mesure de protection (C. civ., art. 515).

› L'accès aux comptes

La réforme des tutelles de 2007 s'est inquiétée de ce que les comptes étaient parfois consultés, voire exploités, par des proches plus ou moins scrupuleux, pour connaître le train de vie du protégé, pour mener un procès, etc. Le texte pose donc le principe qu'en tant que personne en charge, vous êtes le garant de la confidentialité des comptes (C. civ., art. 510).
Cependant, ce principe de confidentialité n'interdit pas l'accès au compte pour les personnes vulnérables concernées. Vous devez remettre chaque année une copie du compte de gestion et de ses pièces justificatives :
- à la personne protégée lorsqu'elle est âgée d'au moins 16 ans ;
- au subrogé s'il a été nommé ;

- aux autres personnes chargées de la protection de l'intéressé (cotuteur, par exemple), si vous l'estimez utile.

En outre, le juge peut, après avoir entendu la personne protégée et recueilli son accord, si elle a atteint 16 ans et si son état le permet, autoriser son conjoint, son partenaire pacsé, un parent ou un de ses proches s'ils justifient d'un intérêt légitime, à obtenir la communication à leurs frais d'une copie du compte et des pièces justificatives ou d'une partie de ces documents (C. civ., art. 510).

› Les comptes de fin de gestion

Lorsque votre mission prend fin, vous devrez établir le compte de gestion depuis l'établissement du dernier compte annuel. Ce compte de fin de gestion indique donc les opérations intervenues entre le dernier compte annuel et la fin de la tutelle. Il est soumis à la vérification du greffier en chef.

Comme pour le compte annuel, une dispense de ce compte est possible en cas de mesure de protection organisée par la famille à patrimoine modeste (C. civ., art. 514 et 512 ; voir ci-avant).

› La remise des cinq derniers comptes annuels

En plus du compte retraçant les opérations intervenues depuis le dernier compte annuel, le tuteur qui cesse sa mission (ou ses héritiers s'il est décédé) doit, dans les 3 mois suivant la fin de sa mission, remettre une copie des cinq derniers comptes annuels et du compte de fin de gestion ainsi qu'une copie des pièces justificatives aux personnes suivantes :

- la personne redevenue capable si elle n'en a pas déjà été destinataire ;
- la personne nouvellement chargée de sa protection lorsqu'elle a reçu une mission de gestion ;
- les héritiers de la personne protégée, en cas de décès de celle-ci (C. civ., art. 514).

Là encore, une dispense de remise est possible en cas de tutelle familiale à patrimoine modeste (C. civ., art. 512). Dans cette hypothèse, seuls l'inventaire, ses actualisations et les pièces nécessaires à la continuation de la gestion devront être transmis.

Quelles sont les responsabilités du protecteur ?

Votre protégé attend de vous, dans la gestion de ses biens, « des soins prudents, diligents et avisés », et une gestion dans son seul intérêt (C. civ., art. 496).
Autrement dit, vous devez administrer avec rigueur les biens de la personne dont vous avez la charge.
Votre responsabilité peut être engagée sous certaines conditions.

Les principes

Vous devez bien connaître les textes s'appliquant à la mesure dont vous êtes en charge, car votre responsabilité peut être engagée dès lors que vous ne respectez pas une procédure imposée par la loi (par exemple : sous tutelle, faire désigner un tuteur *ad hoc* en cas d'opposition d'intérêts, demander une autorisation judiciaire en amont d'un acte de disposition, etc.) ou que vous commettez une erreur d'appréciation dans la réalisation de certains actes (mauvaise opération financière, par exemple).
Cette responsabilité pourra être engagée vis-à-vis de votre protégé mais également vis-à-vis des tiers s'ils ont eu à subir un préjudice de votre fait.
Votre responsabilité n'exclut pas, d'ailleurs, la mise en cause de la responsabilité d'autres personnes (selon les cas : notaire, médecin, banque, etc.).

Cas pratique

Par exemple, un directeur de centre pour handicapés a été condamné pour avoir autorisé la reproduction d'images représentant des adultes handicapés mentaux dans l'intimité de leur existence quotidienne à l'intérieur des établissements où ils vivent, sans l'autorisation de leurs représentants légaux.
Le film a été interdit de diffusion comme constituant une atteinte illicite à l'intimité de leur vie privée (C. cass., civ. 1re, 24 février 1993, n° 91-13587).

La loi précise que toutes les personnes intervenant dans une mesure de protection judiciaire (sur le MPF, ou en cas d'habilitation familiale, voir ci-après) sont responsables du dommage résultant d'une faute quelconque qu'ils commettent dans l'exercice de leur fonction. Peuvent ainsi être tenus pour responsables du dommage résultant de leurs fautes :
- le tuteur ou le curateur ;
- le tuteur ou curateur *ad hoc* ou le mandataire spécial désigné en cas de sauvegarde de justice, dans l'exercice de la mission précise qui lui est confiée ;
- le subrogé tuteur ou subrogé curateur dans l'exercice de sa mission de surveillance ou de remplacement du tuteur ou du curateur ;
- les membres du conseil de famille (C. civ., art. 412 et 421).

MON CONSEIL

Prenez une assurance Si vous exercez une mission de protection à l'égard d'un proche, il est fortement conseillé de souscrire une assurance responsabilité civile spécifique. Cette assurance est d'ailleurs obligatoire pour les mandataires judiciaires à la protection des majeurs (MJPM) (CASF, art. L. 472-2).

Le tuteur

Quand on pense responsabilité du tuteur, on pense faute de gestion. En effet, le tuteur peut être tenu d'indemniser la personne protégée, en cas de faute prouvée, dans un certain nombre d'hypothèses :
- le fait d'effectuer un acte qui lui est interdit, comme exercer une activité commerciale ou libérale au nom de la personne (sur les actes interdits ou contrôlés, voir *Les actes surveillés et les actes interdits*, p. 136) ;
- le fait de ne pas requérir une autorisation pour un acte de disposition ;
- le fait de ne pas avoir respecté le jugement ordonnant l'emploi de capitaux ;
- une intervention contraire aux intérêts du majeur protégé ;
- le non-paiement des loyers et charges diverses, des impôts, etc. ;
- la production d'un inventaire inexact ou faux ;
- une gestion des biens dans son propre intérêt ou encore sans prudence (voir *Les principes qui régissent la gestion des biens*, p. 123) ;
- l'absence de compte rendu annuel de gestion, etc.

Toute faute du tuteur, même légère, engage sa responsabilité civile et il doit alors indemniser la personne protégée pour le préjudice subi.

Concrètement, voici quelques exemples de fautes :
- le tuteur a omis d'accomplir une démarche indispensable (renouvellement d'une assurance, paiement d'un impôt, etc.) ;
- il n'a pas demandé l'autorisation du juge des tutelles (ou du conseil de famille s'il en existe un) alors que cette autorisation était indispensable ;
- il n'a pas délivré suffisamment d'informations au majeur ou encore il a empiété sur son domaine réservé en effectuant un acte strictement personnel ;
- il a négligé de recouvrer une créance avant qu'il ne soit trop tard ou n'a pas effectué les travaux nécessaires à l'entretien d'un bien…

Le tuteur peut également commettre une faute pénale du ressort du tribunal correctionnel : par exemple, un détournement de fonds (délit d'abus de confiance) ou un abus de faiblesse. Il encourt alors des peines d'amende, voire de prison : en cas de détournement de fonds, il risque jusqu'à 7 ans de prison et 750 000 € d'amende ; en cas d'abus de faiblesse, il risque 5 ans de prison et 750 000 € d'amende.

Le curateur

Le curateur, investi d'une simple mission d'assistance, et le subrogé curateur n'engagent leur responsabilité qu'en cas de dols (manœuvres frauduleuses) ou de faute lourde (C. civ., art. 421). Selon le rapport Blessig, lorsqu'elle se réduit à une simple mesure d'assistance, la curatelle n'a pas pour effet de transférer la responsabilité du fait des actes de la personne protégée de celle-ci vers son curateur, même si l'acte a été accompli avec son assistance. La personne sous curatelle reste donc responsable de ses actes.
La situation est différente en cas de curatelle renforcée où le curateur a une mission de représentation de la personne. Dans la mesure de sa mission, il endosse la même responsabilité que celle du tuteur (C. civ., art. 421) (cet article ne fait cependant pas la différence entre la protection de la personne et celle des biens).

Le mandataire dans la sauvegarde de justice

Comme pour la curatelle renforcée, la responsabilité du mandataire dans le cadre de la sauvegarde de justice est assimilée à celle du tuteur dans la limite de la mission qui lui est impartie par le juge des tutelles.

Cas pratique

Il a été jugé que le mandataire spécial, qui a pour mission de s'acquitter des dettes courantes de la personne sous sauvegarde de justice, doit s'enquérir des obligations que celle-ci a contractées.
Ainsi, dans une affaire où la cotisation due à une société de prévoyance n'avait pas été payée et alors que cet incident de paiement, en rapport avec la clôture du compte bancaire de la personne protégée par le mandataire spécial, avait entraîné la résiliation du contrat et la suppression de la garantie de soins dont elle bénéficiait, les juges ont constaté la faute commise par le mandataire (C. cass., civ. 1re, 16.4.2008, n° 06-16662).

Le mandataire d'un mandat de protection future ou la personne habilitée

› La personne habilitée

Chargé d'une mesure conventionnelle de protection, le mandataire de protection future engage sa responsabilité dans les conditions du droit commun des mandats, prévues à l'article 1992 du Code civil. Ainsi, il répond du dol (manœuvre frauduleuse), mais aussi des fautes qu'il a commises dans sa gestion.

L'étendue de la faute sera néanmoins appréciée de manière moins sévère dans le cas d'un mandat gratuit que dans celui d'un mandat qui reçoit salaire (C. civ., art. 424 ; rapport Blessig).
La même règle est prévue en cas d'habilitation familiale.

L'action en justice en cas de dysfonctionnement

Les dispositions qui suivent concernent la tutelle, la curatelle et la sauvegarde de justice. Elles n'ont pas été étendues à l'habilitation familiale.

› Contre l'État

Lorsque la faute à l'origine du dommage a été commise dans l'organisation et le fonctionnement de la mesure de protection par le juge des tutelles, le greffier en chef du tribunal d'instance ou le greffier, l'action en responsabilité diligentée par la personne protégée ou par ses héritiers est dirigée contre l'État.
L'existence d'un dysfonctionnement de la tutelle peut ainsi donner lieu à une action en responsabilité engagée par le tuteur ou la personne protégée. Une décision de justice a précisé qu'en revanche, elle ne peut pas être engagée par la famille de la personne protégée désavantagée par une autorisation donnée par le juge (en l'occurrence, autorisation de changement de bénéficiaire d'un contrat d'assurance-vie : C. cass., civ. 1re, 17.3.2010, n° 09-11271).

À NOTER

En cas de faute commise par un mandataire judiciaire à la protection des majeurs (MJPM) Lorsque la faute à l'origine du dommage a été commise par le mandataire judiciaire à la protection des majeurs, l'action en responsabilité peut être dirigée contre celui-ci ou contre l'État (C. civ., art. 422).

› Contre le protecteur

Une première précaution peut être de signaler la situation au juge des tutelles qui peut convoquer les tuteurs et curateurs ou mandataires pour leur demander des précisions sur leur gestion des intérêts de la personne protégée, recueillir leurs explications ou leur adresser des injonctions. Des mesures de radiation et de destitution peuvent être prises.
Le juge des tutelles et le procureur de la République exercent en effet leur contrôle sur les mesures de protection dans leur ressort géographique. Ils peuvent visiter la personne protégée, convoquer les personnes bénéficiaires de charges…
L'action en responsabilité doit être engagée par le majeur protégé lui-même (ou, s'il est décédé, par ses héritiers) avant un délai de 5 ans à compter de la fin de la mesure de protection. Peu importe à cet égard que la gestion ait continué au-delà (de façon illégale). Toutefois, lorsque la curatelle a cessé par l'ouverture d'une tutelle, le point de départ du délai de 5 ans ne court qu'à compter de l'expiration de cette dernière (C. civ., art. 423).

Qui fait quoi ?

➤ Vous venez d'être désigné par le juge des tutelles pour vous occuper de votre proche.

➤ Vous devez connaître votre marge de manœuvre : en tant que tuteur, ai-je besoin, d'une autorisation ? Mon intervention est-elle nécessaire en tant que curateur ou bien mon proche peut-il agir seul ?

➤ Si je suis désigné dans le cadre d'une habilitation familiale, quelles sont les limites de ma mission ?

Protéger la personne

Cette protection est instaurée et assurée « dans le respect des libertés individuelles, des droits fondamentaux et de la dignité de la personne ». Elle a pour finalité l'intérêt de la personne protégée et doit favoriser, dans la mesure du possible, son autonomie (C. civ., art. 415).
Au regard de ces grands principes fixés par la loi et qui doivent vous guider quelle que soit la mesure prise, quels sont vos droits et obligations en ce qui concerne le choix du lieu de vie de la personne protégée, de sa santé et de sa personne en général ?
Comment devrez-vous intervenir si elle décide de se marier, de se pacser, de reconnaître un enfant ou encore de faire un testament ?

Un devoir d'information pour plus d'autonomie

Lorsque vous êtes chargé d'une mesure de protection, que vous agissiez en tant que tuteur, curateur, personne habilitée dans le cadre d'une habilitation familiale ou encore mandataire (dans le cadre de la sauvegarde de justice ou du mandat de protection future), vous devez délivrer à votre « protégé » toutes les informations nécessaires à sa situation personnelle, les actes concernés, leur utilité, leur degré d'urgence, leurs effets et les conséquences d'un refus de sa part. Cette information doit, bien sûr, être adaptée à sa personnalité et à sa capacité de discernement (C. civ., art. 457-1).

À NOTER
Précisions apportées dans le jugement À défaut de précisions du juge des tutelles dans son jugement d'ouverture, la protection couvre à la fois la personne et ses biens (C. civ., art. 425).

En effet, l'un des principes phares de la réforme du 5 mars 2007 en matière de protection de la personne est celui de son autonomie, une mesure de protection étant, par essence, temporaire. D'où l'importance donnée à la nécessité d'informer la personne, au recueil de son consentement, et au contrôle des actes personnels par le juge des tutelles.
Être informé peut permettre de parvenir à une prévention de nombreuses dérives constatées au sujet des personnes vulnérables. L'information doit être aussi complète que possible sur le rôle du protecteur, l'objet des mesures de protection juridique et les droits qu'elle possède, dès lors que son état, notamment mental, lui permet d'en comprendre la portée.

À NOTER

Documents à remettre En ce qui concerne les professionnels, l'article 471-6 du Code de l'action sociale et des familles impose au protecteur à la protection des majeurs (MJPM) de remettre à la personne protégée une notice d'information à laquelle est annexée une charte des droits de la personne protégée. Si l'état de la personne ne lui permet pas d'en mesurer la portée, la notice d'information et la charte sont remises à un membre du conseil de famille s'il a été constitué ou, à défaut, à un parent ou allié ou une personne de son entourage dont il connaît l'existence, le cas échéant à la personne de confiance.
Si le MJPM est un service préposé, il doit, en outre, remettre, dans les mêmes conditions, un document individuel de protection des majeurs (DIPM) qui définit les objectifs et la nature de la mesure de protection dans le respect des principes déontologiques et éthiques, des recommandations de bonnes pratiques professionnelles et du projet de service (CASF, art. L. 471-6 à L. 471-8, D. 471-7 et suivants).
La loi n° 2015-1776 du 28 décembre 2015 relative à l'adaptation de la société au vieillissement, rend obligatoire l'élaboration de ce document et sa transmission pour l'ensemble des mandataires, personnes physiques comme personnes morales.

Les actes concernant la vie privée

› Les actes strictement personnels

Le fait qu'une personne soit sous tutelle, sous curatelle, sous sauvegarde de justice ou sous habilitation familiale ne l'empêche pas d'accomplir certains actes qui restent de son domaine exclusif (C. civ., art. 458). Tel est le cas, notamment :
- de la déclaration de naissance d'un enfant ;
- de sa reconnaissance, des actes de l'autorité parentale relatifs à l'enfant ;
- de la déclaration du choix ou du changement du nom d'un enfant ;
- du consentement donné à sa propre adoption ou à celle de son enfant.

Le consentement de la personne protégée étant un élément constitutif de l'acte, la circulaire d'application de la réforme de 2007 précise que si son état ne lui permet pas de consentir, ces actes ne peuvent pas être accomplis.
Ainsi, les actes strictement personnels, en raison de leur nature même, ne peuvent pas être accomplis par représentation ni même avec assistance, par le protecteur, et ce, même si la personne protégée est totalement incapable d'y consentir.
La liste de l'article 458 n'est semble-t-il pas limitative (voir les travaux parlementaires). Il a, par exemple, été jugé que l'appel d'une décision du juge des enfants qui restreint l'exercice des droits de l'autorité parentale d'une personne protégée fait partie des actes strictement personnels (C. cass., civ. 1re, 6.11.2013, n° 12-23766).

› L'union et la désunion de la personne protégée (mariage, Pacs, etc.)

La personne souhaite se marier, se pacser ou divorcer : ce tableau répertorie les conditions requises selon son régime de protection, étant précisé que le cas de la personne sous habilitation n'est pas prévu par les textes.

	SAUVEGARDE DE JUSTICE	CURATELLE	TUTELLE
Mariage	La personne peut agir seule.	Condition : autorisation du curateur ou, à défaut, celle du juge des tutelles (C. civ., art. 460).	Conditions obligatoires : – autorisation du juge des tutelles ou du conseil de famille s'il a été constitué ; – audition des futurs conjoints. Condition facultative : recueil, le cas échéant, de l'avis des parents et de l'entourage (C. civ., art. 460).
Contrat de mariage	La personne peut agir seule.	Condition : être assisté par son curateur. À défaut, possibilité de faire annuler la convention dans l'année du mariage, notamment par le curateur (C. civ., art. 1399).	Condition : être assisté par son tuteur. À défaut, possibilité de faire annuler la convention dans l'année du mariage, notamment par le curateur (C. civ., art. 1399).
Changement de régime matrimonial	Condition : autorisation du juge des tutelles (C. civ., art. 1397).	Condition : autorisation du juge des tutelles (C. civ., art. 1397).	Condition : autorisation du juge des tutelles ou du conseil de famille s'il a été constitué (C. civ., art. 1397). .../...

	SAUVEGARDE DE JUSTICE	CURATELLE	TUTELLE
Pacs * (conclusion ou modification)	La personne peut agir seule.	Condition : assistance du curateur (C. civ., art. 461).	Conditions obligatoires : – autorisation du juge des tutelles ou du conseil de famille s'il a été constitué ; – audition des futurs partenaires ; – assistance du tuteur qui vérifie le contenu de la convention de Pacs lors de sa signature ou de sa modification. Condition facultative : recueil, le cas échéant, de l'avis des parents et de l'entourage (C. civ., art. 462).
Le dépôt au greffe du Pacs* de la déclaration conjointe	La personne peut agir seule.	La personne peut agir seule.	La personne peut agir seule.
Rupture de Pacs*	La personne peut agir seule.	La personne en curatelle peut rompre le Pacs elle-même : par déclaration conjointe ou par décision unilatérale (C. civ., art. 461). L'assistance de son curateur n'est requise que pour procéder à la signification (C. civ., art. 461).	La personne en tutelle peut rompre le Pacs elle-même : – par déclaration conjointe : aucune assistance ni représentation ne sont requises pour l'accomplissement des formalités relatives à la rupture ; .../...

** La loi n° 2016-1547 du 18 novembre 2016 précise qu'à partir du 1er novembre 2017, l'enregistrement et la dissolution du Pacs relève de la mairie et non plus du tribunal.*

	SAUVEGARDE DE JUSTICE	CURATELLE	TUTELLE
			– par décision unilatérale (C. civ., art. 462). C'est le tuteur qui signifie la rupture au partenaire. • Rupture à l'initiative de la personne protégée ou de son partenaire : lorsque l'initiative de la rupture émane de l'autre partenaire, le tuteur doit en être informé (par signification) ; • rupture à l'initiative du tuteur : le tuteur peut aussi avoir l'initiative de la rupture. Il doit alors obtenir l'autorisation du juge des tutelles (du conseil de famille s'il en existe un), procéder à l'audition de l'intéressé et, le cas échéant, de ses parents et entourage.
Opérations de liquidation des droits et obligations du Pacs*	La personne peut agir seule.	Condition : la personne en curatelle est assistée de son curateur (C. civ., art. 461).	Condition : la personne en tutelle est représentée par son tuteur (C. civ., art. 462).
Divorce par consentement mutuel et divorce accepté	Interdiction du divorce.	Interdiction du divorce.	Interdiction du divorce. .../...

** La loi n° 2016-1547 du 18 novembre 2016 précise qu'à partir du 1er novembre 2017, l'enregistrement et la dissolution du Pacs relève de la mairie et non plus du tribunal.*

	SAUVEGARDE DE JUSTICE	CURATELLE	TUTELLE
Divorce pour faute et altération			
– La personne protégée demande le divorce	La demande en divorce ne peut être examinée qu'après organisation de la tutelle ou de la curatelle. Ce qui n'empêche pas le juge de prendre les mesures provisoires et les mesures urgentes (C. civ., art. 249-3).	Condition : assistance du curateur (C. civ., art. 249).	Conditions : demande présentée par le tuteur, avec l'autorisation du conseil de famille s'il a été institué ou du juge des tutelles. Elle est formée après avis médical et, dans la mesure du possible, après audition de l'intéressé, selon le cas, par le conseil de famille ou le juge (C. civ., art. 249).
– La personne protégée répond à un divorce	Même condition que ci-avant.	Condition : assistance du curateur (C. civ., art. 249-1).	Condition : demande du conjoint adressée au tuteur (C. civ., art. 249-1).
Acquiescement au divorce ou désistement d'appel	Condition : autorisation du juge des tutelles (CPC, art. 1122).	Condition : autorisation du juge des tutelles (CPC, art. 1122).	Condition : autorisation du juge des tutelles (CPC, art. 1122).

› La vie privée et les relations de la personne protégée

Principe

La personne protégée, quel que soit le régime de protection (y compris de l'habilitation familiale), prend seule les décisions personnelles dans la mesure où son état le permet (C. civ., art. 459). Il s'agit, par exemple, de son lieu de vie (voir ci-après), de ses relations avec les tiers, de ses soins (voir *Les soins médicaux*, p. 119), etc.
Ainsi, elle peut librement entretenir des relations personnelles avec les personnes de son choix, étrangères ou non à la famille. Elle a le droit de recevoir des visites de toutes personnes et, le cas échéant, d'être hébergée par celles-ci. Comme pour le lieu de vie (les deux dispositions sont proches et figurent dans le même article), le juge des tutelles – ou le conseil de famille s'il s'agit d'une tutelle et qu'il y a été constitué – peut être amené à intervenir en cas de conflit sur ce point (C. civ., art. 459-2). On le voit dans ce cas pratique où le juge a suspendu des visites.

> **Cas pratique**
> On constate que, même avant la réforme, et comme pour le choix du logement (voir ci-après), les tribunaux n'hésitaient pas à intervenir.
> Dans une affaire, les juges ont suspendu les visites de l'ancien tuteur familial, s'inspirant de l'intérêt de la personne sous tutelle. En effet, le tuteur faisait preuve d'agressivité et les risques étaient grands de soustraction de la personne sous tutelle à la mesure d'hospitalisation dont elle bénéficiait et qui était justifiée par son état. Il a été remplacé par un tuteur professionnel (C. cass., civ. 1re, 28.1.2003, n° 00-19583).

Signalons cependant que les textes posent des restrictions à ce principe d'autonomie concernant les décisions personnelles. Ces restrictions sont justifiées par l'état de l'intéressé ou la gravité de la décision (voir *Quand la personne est incapable de prendre une décision la concernant*, p. 121).

> **À NOTER**
> **Cas particulier de la personne sous sauvegarde de justice** Celui-ci ne perd pas sa capacité et peut donc accomplir notamment les actes relatifs à sa personne : donner son autorisation pour un acte médical, par exemple. Mais le juge – en pratique, c'est fréquent – peut lui désigner un mandataire. Or ce mandataire peut être missionné par le juge pour accomplir en son nom des actes touchant à sa personne (C. civ., art. 437). Dans ce cas, les règles énoncées ci-après peuvent le concerner.

› Le logement, les meubles et objets personnels de la personne sous protection

Point d'ancrage du majeur protégé dans la société, son logement fait l'objet de dispositions protectrices qu'on pourrait décliner en trois points :

● Le choix de la résidence

La personne protégée choisit le lieu de sa résidence. En cas de difficulté sur ce choix (opposition familiale, par exemple), le juge des tutelles (en tutelle, le conseil de famille s'il a été constitué) peut intervenir à sa demande ou à celle de la personne en charge de sa protection. Ces dispositions sont étendues à l'habilitation familiale.

Pour y voir plus clair, le juge dispose de la possibilité de provoquer un débat contradictoire. Il peut l'organiser à la demande de tout intéressé ayant un « intérêt à agir » (par exemple : un membre de la famille exclu par d'autres de toutes relations avec le majeur, ou un des enfants du majeur qui s'oppose à ce que celui-ci vive au domicile d'un autre de ses enfants, une assistante sociale qui suit la personne et présente un point de vue objectif…), voire de lui-même (c'est-à-dire sans être saisi au préalable de ce litige). Il s'agit d'une audience (non publique) à laquelle vont être convoquées les personnes concernées par le litige, afin qu'elles puissent exprimer leurs demandes et arguments (C. civ., art. 459-2 ; CPC, art. 1223 et 1229).

Précisons également que l'audition de la personne concernée est obligatoire pour le juge, sauf restriction due à son état. Le juge peut entendre d'autres personnes de son entourage (voir *L'audition*, p. 75).

Cas pratiques

- Ces dispositions protectrices du logement sont nouvelles mais les tribunaux ont toujours eu à cœur de protéger le choix de la personne sur ce point.

Par exemple, dans une affaire déjà ancienne, la Cour de cassation a approuvé les juges d'avoir respecté le choix d'une majeure protégée qui, « capable d'évoluer et de faire des progrès sur le plan intellectuel, affectif et social, et non dépourvue de volonté propre », avait émis le souhait de rester près de son père contrairement aux souhaits de sa mère, son ancienne administratrice (C. cass., civ. 1re, 25.3.1997, n° 96-12028).

- De même, des juges d'appel ont suivi une personne sous tutelle qui souhaitait continuer à résider en foyer, contrairement aux vœux de sa fille désirant la voir réintégrer son ancien logement. Les juges relèvent que la demande de la fille ne correspondait pas aux souhaits de la personne vulnérable, souhaits qui devaient prévaloir sur toute autre considération. De plus, l'état de santé de la personne nécessitait la présence permanente de personnel (CA Grenoble, 28.8.2012, n° RG 12/01855, Jurisclasseur, Dt de la famille, n° 177).

Signalons cependant deux décisions de justice dont il résulte que la mise en œuvre du choix de son lieu de vie par la personne protégée doit être étudiée de façon concrète par le juge :

– la première concerne un tuteur qui avait été autorisé par le juge des tutelles à accomplir les démarches en vue de l'admission de son protégé au sein de l'internat d'un foyer d'accueil médicalisé. Pour confirmer cette décision, la cour d'appel avait retenu que cet accueil en internat devait garantir son accès à l'autonomie et une stabilité de sa vie affective et matérielle, à l'abri des tensions familiales. Or, cette décision est cassée par la Cour de cassation. Elle relève que les juges auraient dû rechercher, comme il le leur était demandé, si la structure d'accueil envisagée comportait bien un internat (C. cass., civ. 1re, 12.2.2014, n° 12-28458) ;

– la seconde, rendue sous l'ancienne législation, rejette l'action en responsabilité contre l'État, concernant le placement en maison de retraite d'une personne sous tutelle malgré son opposition. Cet hébergement avait en effet été rendu nécessaire pour réhabiliter son appartement devenu insalubre, mais aussi en raison de son état de santé déficient. Selon la Cour de cassation, les premiers juges ont à juste titre pu en déduire qu'il ne pouvait être considéré comme contraire à ses intérêts (C. cass., civ. 1re, 14.5.2014, n° 13-11414).

Les souvenirs, objets à caractère personnel (outre ceux indispensables aux personnes handicapées ou destinées aux soins des personnes malades) doivent être gardés à la disposition de la personne protégée même si elle se trouve, par exemple, en établissement de soins. Cette disposition empêche que disparaissent, à l'insu de la famille, des biens essentiels à la vie quotidienne de la personne protégée ou rattachés à un patrimoine familial et affectif.

Une des conséquences de cette règle est que le logement et les objets qui le meublent, qu'il s'agisse d'une résidence principale ou secondaire, doivent être

conservés à la disposition de l'intéressé aussi longtemps que possible. Si la personne est hospitalisée, par exemple, son logement ne peut faire l'objet, au titre de l'administration de ses biens, que de « conventions de jouissance précaire » (contrats temporaires) devant cesser dès le retour de la personne chez elle (C. civ., art. 426).
L'interdiction de disposer du logement de la personne protégée recouvre non seulement la vente, mais aussi les actes qui risqueraient de la priver de son logement, comme la constitution d'une hypothèque.
En revanche, le logement et les meubles peuvent faire l'objet d'une saisie, d'une liquidation dans le cadre d'une procédure collective, d'une demande en partage par un co-indivisaire ou d'une attribution à l'époux lors d'un divorce (rapport Richemont, n° 3557).

• Les interventions concernant le logement

Si malgré tout, il devient nécessaire ou s'il est de l'intérêt de la personne vulnérable d'intervenir au sujet de son logement ou de son mobilier (vente, donation, résiliation ou conclusion d'un bail, échange, prêt, etc.), l'acte doit être autorisé par le juge des tutelles (ou, en tutelle, par le conseil de famille s'il y en a un). Cette règle est valable pour tous les régimes de protection : non seulement en tutelle mais aussi en curatelle ou sauvegarde de justice. S'agissant d'une mesure commune aux différentes mesures de protection, elle doit aussi être étendue à l'habilitation familiale. De plus, l'avis préalable d'un médecin n'exerçant pas une fonction ou n'occupant pas un emploi dans cet établissement, s'impose si l'acte a pour finalité l'accueil de la personne en établissement (vente du logement pour entrer en maison de retraite, par exemple) (C. civ., art. 426). Avant la loi n° 2015-177 du 16 février 2015, cet avis devait émaner d'un médecin inscrit sur la liste. Ce n'est plus le cas ; l'avis peut donc, par exemple, être donné par le médecin traitant. Une seule réserve subsiste : que le médecin choisi n'ait pas de lien avec l'établissement d'accueil.

• La personne est sous la curatelle renforcée

Si la personne est sous curatelle et fait des difficultés pour se loger, rappelons qu'une mesure de curatelle renforcée peut être décidée par le juge, donnant au curateur la possibilité de conclure, à sa place, un bail ou une convention d'hébergement (C. civ., art. 472).

> **À NOTER**
> **Cas particuliers : dispositions concernant l'entrée en maison de retraite et les directives anticipées** Des textes sont intervenus récemment, susceptibles d'intéresser la personne vulnérable, notamment lorsqu'elle est âgée :
> - soit parce qu'elle est en maison de retraite (EHPAD) : la loi n° 2015-1776 du 28 décembre 2015 a plus généralement pour but d'aborder les enjeux liés à la protection des personnes âgées ;
> - soit parce qu'elle a besoin d'être accompagnée à l'occasion de soins ou d'une entrée en maison de retraite par une personne de confiance ou qu'elle envisage un dispositif concernant sa fin de vie (directive anticipée) (loi n° 2016-87 du 2 février 2016). …/…

À NOTER (suite)

La personne hébergée en EHPAD : la loi de 2015 encadre les contrats de séjour signés lors de l'entrée de la personne en établissement. Celle-ci peut être accompagnée de la personne de confiance qu'elle aura désignée (CASF, art. L. 311-5-1). Si elle est sous un régime de protection et que la personne en charge a reçu une mission de protection de sa personne, son protecteur pourra l'accompagner. La personne peut résilier le contrat de séjour dans les 15 jours de sa signature. Si elle est sous protection juridique, ses droits s'exercent conformément aux articles 459-2 et 426 du Code civil. Le juge des tutelles peut être saisi en cas de difficulté. Passé ce délai, les conditions de remise en cause du contrat de séjour sont encadrés par les textes (CASF, art. L. 311-4-1). Par exemple, le contrat peut être résilié en cas de manquement grave du pensionnaire aux règles de fonctionnement, sauf si un avis médical constate que ce manquement résulte d'une altération de ses facultés. Au-delà de ces règles, la question de la protection de l'intégrité physique et de la sécurité de la personne est abordée. Notamment, une obligation de signalement à la charge de l'établissement est mise en place en cas de dysfonctionnement constaté (CASF, art. L. 331-8).

La désignation de la personne de confiance : la loi de 2016 encadre la désignation de la personne de confiance lorsque la personne est sous tutelle. Rappelons que le rôle de la personne de confiance est de recevoir, avec le patient, les informations relatives à sa santé afin de le soutenir et l'aider à exprimer son consentement. Lorsque la personne n'a plus ses esprits, son rôle est plus large puisqu'elle est obligatoirement consultée avant tout acte médical important (entre autres, lorsqu'un arrêt de soin est envisagé. Elle est généralement désignée dans le cadre d'une hospitalisation de l'entrée en EHPAD).

Si la personne vulnérable est sous sauvegarde de justice ou curatelle, elle peut désigner librement, sans autorisation, la personne de confiance. Si elle est sous tutelle, la loi distingue deux situations :

- la personne avait désigné une personne de confiance avant son placement : le juge des tutelles peut alors soit confirmer, soit révoquer cette personne de confiance ;
- à défaut, la personne peut désigner la personne de confiance après y avoir été autorisée par le juge des tutelles et cela peut être son tuteur (CSP, art. L. 1111-2 et 1111-6).

Les directives anticipées : il s'agit d'indiquer ses souhaits par écrit sur les décisions médicales à prendre lorsque l'on est en fin de vie. Cela peut permettre d'anticiper le jour où l'on sera hors d'état d'exprimer sa volonté en obligeant, sauf exception, les médecins à tenir compte de ces directives. La loi de 2016 en modifie les contours. Lorsqu'une personne fait l'objet d'une tutelle, elle peut rédiger des directives anticipées avec l'autorisation du juge des tutelles ou du conseil de famille s'il a été constitué. Le tuteur ne peut ni l'assister ni la représenter à cette occasion (CSP, art. L. 1111-11). Un modèle type est annexé à l'arrêté du 3 août 2016 (relatif au modèle de directives anticipées prévu à l'article L. 1111-11 du Code de la santé publique). Ce document peut être remis à la personne de confiance.

› Les soins médicaux

Le principe est que la personne protégée, y compris dans le cadre d'une habilitation familiale, prend seule les décisions relatives à sa santé. Elle reste libre de décider, par exemple, quel traitement elle souhaite suivre. À cette fin, elle doit recevoir de la part de son protecteur, et selon des modalités adaptées à son état, les informations sur sa situation personnelle, les actes concernés, leur utilité, leur degré d'urgence, leurs effets et les conséquences d'un refus de sa part. Parallèlement, elle reçoit, de l'équipe médicale, les renseignements pertinents lui permettant de prendre ensuite les décisions nécessaires.

Il faut en revanche excepter le cas où son état ne lui permet pas de prendre une décision « éclairée » (voir *Quand la personne est incapable de prendre une décision la concernant*, p. 121).

Par ailleurs, il convient de prendre en compte les dispositions spécifiques prévues dans le Code de la santé publique à propos d'interventions médicales particulières. Ainsi, par exemple, les prélèvements d'organes sont interdits à la personne sous tutelle ou sous curatelle. Le tuteur ne peut autoriser de recherches biomédicales que sous des conditions strictes et, dans certains cas, avec l'autorisation du juge des tutelles. Les personnes sous curatelle ne peuvent donner leur accord à ces recherches qu'avec l'assistance de leur curateur et, dans certains cas, avec l'autorisation du juge des tutelles, etc.

À noter que le Code de la santé publique prévoit, sans préciser dans quel contexte cette disposition doit s'appliquer, que si le refus d'un traitement par le tuteur risque d'entraîner des conséquences graves pour la santé de la personne sous tutelle, le médecin peut délivrer les soins indispensables.

À NOTER

Le consentement du tuteur aux soins Un courant d'opinion estime (contrairement aux termes de l'article 459, voir plus loin) que le tuteur, quand la personne malade ne peut pas s'exprimer (voir page suivante), peut décider seul, à savoir sans autorisation judiciaire et à la place de la personne, des actes médicaux usuels ou courants, comme, par exemple, un simple examen médical, mais qu'il doit pour les actes graves demander l'autorisation du juge. Il faut attendre les décisions des tribunaux sur ce point. Signalons que l'une des propositions du Livre de 2012 concernant les mesures de protection (voir *Les mesures d'aide à la personne en difficulté sociale*, p. 10), la Proposition n° 18, est d'harmoniser le Code de la santé publique avec le Code civil. Cet objectif est repris par l'article 211 de la loi n° 2016-41 du 26 janvier 2016 de modernisation de notre système de santé dans les termes suivants : « Dans les conditions prévues à l'article 38 de la Constitution, le Gouvernement est autorisé à prendre par ordonnances, dans un délai de dix-huit mois à compter de la promulgation de la présente loi, les mesures relevant du domaine de la loi permettant de mieux articuler les dispositions du Code civil et du Code de la santé publique relatives aux conditions dans lesquelles peut s'exprimer la volonté des personnes faisant l'objet d'une mesure de protection juridique, au sens du chapitre II du titre XI du livre Ier du Code civil, pour toute décision relative à un acte médical.

Un projet de loi de ratification est déposé devant le Parlement dans un délai de six mois à compter de la publication de l'ordonnance. »

Des règles spécifiques sont prévues quand l'hôpital est désigné comme étant en charge de la personne (C. civ., art. 459-1).

Sur la désignation d'une personne de confiance et la rédaction des directives anticipées, voir ci-avant.

› Le droit de vote de la personne protégée

La personne placée sous le régime de la curatelle ou de la sauvegarde de justice conserve son droit de vote. Elle peut en effet continuer à vouloir jouer son rôle de citoyenne si elle a conscience du monde qui l'entoure.
En ce qui concerne la personne sous tutelle, la loi prévoit que le juge des tutelles doit, en même temps qu'il ouvre ou renouvelle cette mesure, statuer sur le maintien ou la suppression du droit de vote. Si cela n'est pas précisé, la personne conserve son droit de vote (C. élect., art. L. 5).
L'article 1219 du Code de procédure civile précise que le certificat médical circonstancié, nécessaire à l'ouverture ou au renforcement de la mesure, doit contenir l'avis du médecin sur « les conséquences de l'altération sur l'exercice du droit de vote par la personne protégée » (à propos du certificat, voir *Le contenu du certificat médical*, p. 74).

Quand la personne est incapable de prendre une décision la concernant

La loi ne peut pas ignorer le cas où l'état de l'intéressé ne lui permet pas de prendre, à bon escient, une décision, qu'il s'agisse de son logement, de sa santé ou de toute autre mesure personnelle. Dans ces hypothèses, les textes prévoient que vous pouvez, en tant que personne chargée de sa protection, avec l'autorisation du juge des tutelles (ou du conseil de famille s'il s'agit d'une tutelle et qu'il en existe un), assister, voire représenter la personne protégée (C. civ., art. 459). Ces dispositions sont étendues à l'habilitation familiale.

› L'assistance de la personne protégée

Vous pouvez en effet demander l'autorisation, à l'ouverture de la mesure ou ultérieurement, d'assister la personne dont vous avez la charge pour l'ensemble des actes relatifs à sa personne ou pour certains d'entre eux que le juge devra alors énumérer.
Assister la personne signifie que c'est elle qui prend la décision, votre rôle restant de la conseiller et, s'il s'agit d'un acte écrit, de cosigner l'acte.

› La représentation de la personne protégée

Si cette assistance vous paraît insuffisante (notamment, par exemple, parce que vous savez que la personne s'opposera à toutes vos décisions ou parce qu'elle n'a plus ses esprits), vous pouvez demander l'autorisation, le cas échéant après l'ouverture d'une tutelle si la personne est sous un autre régime, de la représenter. Au vu des éléments médicaux du dossier – figurant dans le certificat médical circonstancié ou recueillis ultérieurement – le juge prend sa décision. Il doit avoir entendu l'intéressé, et ce sauf si son audition est de nature à porter atteinte à sa santé ou s'il est hors d'état d'exprimer sa volonté (CPC, art. 1220-3).

› L'autorisation en cas de mesure grave

Cependant, vous devez demander une autorisation spéciale au juge des tutelles (ou au conseil de famille, si vous êtes tuteur et qu'il y en a un) lorsque la décision à prendre est susceptible de mettre gravement en cause le respect de la vie privée de la personne (droit à l'image de la personne protégée…) ou « l'intégrité du corps humain » (interventions chirurgicales…).

> **Cas pratique**
> Un journaliste désire faire un reportage sur les conditions de vie de différents pensionnaires de l'établissement pour majeur handicapé dans lequel vit votre protégé. Au regard des règles concernant la vie privée (C. civ., art. 9), vous devez demander l'autorisation du juge des tutelles.

La seule réserve posée par le texte est l'urgence de la décision à prendre.
Sur tous ces points, il faut attendre les décisions des tribunaux qui éclaireront les droits et obligations de chacun.

› La personne se met en danger

La loi prévoit le cas où la personne se met elle-même en danger : cela autorise le protecteur à intervenir, sans autorisation. Mais il doit en référer rapidement au juge des tutelles ensuite : « La personne chargée de la protection du majeur peut prendre, à l'égard de celui-ci, les mesures de protection strictement nécessaires pour mettre fin au danger que son propre comportement ferait courir à l'intéressé. Elle en informe sans délai le juge ou le conseil de famille s'il a été constitué. » (C. civ., art. 459)

Protéger ses biens

La gestion des biens d'une personne n'est pas chose aisée. Le juge vous l'a probablement rappelé à l'audience : il s'agit pour vous d'une suite d'obligations sans rémunération véritable, la protection d'un proche étant considérée, selon la loi, et il s'agit d'une mesure familiale, comme un « devoir des familles ».
Bien sûr, vous avez à cœur son intérêt : mais quelle est exactement votre marge de manœuvre ? Pour quelles opérations devez-vous demander une autorisation au juge ?
Votre accord est-il requis pour la donation qu'il désire effectuer ou pour la vente de son appartement ? Pouvez-vous le faire changer de banque ? Autant de questions qu'il convient de se poser.

Les principes qui régissent la gestion des biens

Sachez que des règles générales s'appliquent à vous en tant que protecteur, quel que soit le régime de protection.

› Gérer de façon prudente les biens d'autrui

Il faut tout d'abord que vous apportiez dans la gestion des affaires de votre proche, et dans les limites de votre mission, des soins prudents, diligents et avisés et dans son seul intérêt (C. civ., art. 496). Cette gestion prudente (on l'appelait autrefois « de bon père de famille ») sera examinée à la loupe par les tribunaux (voir *Le tuteur,* p. 105).

› Quelle est votre marge de manœuvre pour intervenir ?

Pour savoir quelle est votre capacité d'intervention dans les différentes situations liées à la gestion des biens, vous devez prendre en compte deux facteurs essentiels :

Le régime de protection

Il vous faut identifier précisément le régime de protection sous lequel est placé votre proche. Soyez vigilant car, par exemple, s'il s'agit d'une curatelle renforcée, vos pouvoirs en tant que curateur ne sont pas les mêmes que s'il est sous curatelle simple. Ces points ont fait l'objet d'explications dans la partie *Les différentes formes de protection,* p. 26. Concrètement, il faut vous reporter au dernier jugement intervenu, car il délimite l'étendue de votre mission.

MON CONSEIL

Reportez-vous au jugement Les trois régimes de protection que sont la tutelle, la curatelle ou la sauvegarde de justice peuvent être aménagés : cela module en conséquence les pouvoirs de la personne en charge de la protection. En ce qui concerne l'habilitation familiale, elle peut porter sur un ou plusieurs actes. Elle peut aussi être générale. Il vous faut, en conséquence, toujours vous reporter au jugement rendu.

La nature des actes à effectuer

Une fois en main les informations concernant le régime de protection et les termes du jugement, vous ne serez souvent guère plus avancé, compte tenu des termes souvent très généraux dudit jugement, quand il s'agira pour vous d'agir au quotidien. Il vous faut alors impérativement connaître la distinction essentielle relative aux actes de gestion de patrimoine. Les informations qui suivent concernent la tutelle et la curatelle. En effet, contrairement au tuteur, la personne habilitée dans le cadre d'une habilitation familiale n'a pas à se préoccuper de la distinction entre les actes d'administration et les actes de disposition (l'autorisation du juge ne s'impose que pour l'acte de disposition à titre gratuit, telle une donation).

L'acte d'administration

Il correspond à celui relevant de la gestion courante du patrimoine (C. civ., art. 496), à savoir un acte d'exploitation ou de mise en valeur du patrimoine de la personne protégée dénué de risque anormal, comme le précise le décret n° 2008-1484 en date du 22 décembre 2008. Acte moins grave que l'acte de disposition, il peut être accompli par le tuteur seul (il n'a pas besoin de demander l'autorisation du juge). Si la personne est sous curatelle, il peut être accompli par la personne seule, sans que son curateur n'intervienne.

L'acte de disposition

Il engage le patrimoine de la personne concernée « de manière durable et substantielle » (C. civ., art. 496), pour le présent et pour l'avenir par une modification importante de son contenu, une dépréciation significative de sa valeur en capital ou une altération durable des prérogatives de son titulaire (décret n° 2008-1484 en date du 22 décembre 2008). Acte le plus grave, il ne peut être accompli par le tuteur qu'avec l'autorisation du juge des tutelles – ou du conseil de famille s'il y en a un. La personne en curatelle ne peut accomplir un acte de disposition qu'avec l'assistance de son curateur.

RÉGIME DE PROTECTION	ACTES	QUI AGIT ?
En curatelle	Actes d'administration	Personne protégée
	Actes de disposition	Personne protégée + curateur

RÉGIME DE PROTECTION	ACTES	QUI AGIT ?
En tutelle	Actes d'administration	Tuteur
	Actes de disposition	Tuteur + juge des tutelles ou conseil de famille

Ces explications ne suffisent cependant pas. Il s'agit seulement de définitions cadres auxquelles vous pouvez vous référer. Pour savoir dans quelle catégorie se situe tel ou tel acte, vous devez impérativement vous reporter aux listes établies par le décret n° 2008-1484 en date du 22 décembre 2008.

Ce texte, très important, reproduit intégralement page 220, établit deux listes :

- une première liste où figurent les actes qui sont impérativement classés soit dans la catégorie des actes d'administration, soit dans celle des actes de disposition. Cette liste est donc à connaître et il convient d'en appliquer les règles sans se poser de question (annexe 1 du décret) ;
- une seconde liste où figurent des actes classés dans l'une ou l'autre des deux catégories, mais que le protecteur peut, en raison des circonstances de l'espèce, classer dans l'autre catégorie (annexe 2 du décret).

Cela signifie que :

- certains actes visés dans cette seconde liste sont considérés comme des actes d'administration, à moins que les circonstances ne permettent au tuteur (ou curateur) de considérer qu'ils répondent aux critères posés pour les actes de disposition « en raison de leurs conséquences importantes sur le contenu ou la valeur du patrimoine de la personne protégée, sur les prérogatives de celle-ci ou sur son mode de vie » (annexe 2, 1re colonne, page 227) ;
- certains actes sont considérés comme des actes de disposition, à moins que certaines circonstances ne permettent au tuteur (ou curateur) de considérer qu'ils répondent aux critères posés pour les actes d'administration en raison de leurs faibles conséquences sur le contenu ou la valeur du patrimoine de la personne protégée, sur les prérogatives de celle-ci ou sur son mode de vie (annexe 2, 2e colonne, page 227).

La question qui vient à l'esprit est la raison d'être de cette seconde liste qui peut vous rendre les choses plus compliquées. En effet, suivre une liste d'actes fixant ses obligations n'est déjà pas une chose facile quand on n'a pas de formation juridique, mais apprécier les conséquences de ces actes constitue un degré supplémentaire de complexité, et engage la responsabilité des intéressés.

En réalité, la finalité de ce texte est de s'appuyer sur la réalité des situations pouvant se présenter en évitant l'application de règles trop rigides.

Cas pratiques

- Un emprunt ne revêt pas la même gravité pour une personne sans problème financier que pour une personne sous RSA. Ainsi, l'emprunt de sommes d'argent, voire la signature d'un contrat de crédit sont considérés comme des actes de disposition puisqu'ils figurent dans l'annexe 2 du décret. Cependant, le tuteur (le curateur) peut, au regard de la fortune de l'intéressé et du montant des sommes en jeu, estimer qu'il s'agit d'un acte d'administration et qu'il n'a pas besoin de solliciter l'autorisation du juge des tutelles.

• En tant que tuteur, payer une dette de votre « protégé » fait logiquement partie des actes d'administration puisqu'il s'agit d'une obligation légale que vous devez exécuter au nom de la personne protégée et ce, sans autorisation. Cependant, si ce paiement nécessite une amputation importante de son patrimoine, il devient un acte de disposition. Dans ce cas, vous devez demander une autorisation du juge (ou du conseil de famille).

› L'acte d'administration

Qu'il s'agisse de réparations d'entretien concernant un appartement, de la perception de revenus ou de capitaux, de la demande à la banque d'une carte bancaire de retrait pour votre protégé ou encore de la conclusion, à son profit, d'un contrat d'assurance de biens ou de responsabilité civile, ces différents actes figurent dans la colonne 1 du décret comme étant toujours des actes d'administration. En clair, il s'agit d'actes qu'un tuteur ou qu'une personne sous curatelle peut faire seul(e). Il convient de se reporter à la colonne 1 de ce décret.

Un certain nombre d'autres actes sont regardés, comme indiqué ci-avant, tels des actes d'administration « à moins que les circonstances d'espèce ne permettent pas au tuteur ou au curateur de considérer » qu'ils répondent aux critères de l'acte d'administration « en raison de leurs conséquences importantes sur le contenu ou la valeur du patrimoine de la personne protégée, sur les prérogatives de celle-ci ou sur son mode de vie ». Il convient de se reporter à la colonne 2 de ce décret.

À NOTER

Quelques actes d'administration qui peuvent être considérés comme des actes de disposition Les actes qui sont, en principe, des actes d'administration, mais peuvent, au regard de leurs enjeux, être considérés comme des actes plus graves de disposition sont notamment la gestion d'un portefeuille de titres, le paiement de dettes, la conclusion ou la rupture d'un contrat de travail, etc.

› L'acte de disposition

Il s'agit des actes les plus graves qui, rappelons-le, nécessitent (C. civ., art. 505 pour la tutelle et art. 467 pour la curatelle) :

- pour le tuteur, l'autorisation du juge ou du conseil de famille ;
- pour le majeur en curatelle, l'assistance de son curateur.

Ces actes engagent le patrimoine du protégé « de manière durable et substantielle, pour le présent ou l'avenir, par une modification importante de son contenu, une dépréciation significative de sa valeur en capital ou une altération durable des prérogatives de son titulaire ».

Tel est le cas, par exemple, des opérations suivantes concernant le patrimoine de la personne protégée :

- la vente, la résiliation ou la conclusion d'un bail concernant son logement (C. civ., art. 426, al. 3 – voir ci-avant) ;
- la vente ou l'apport en société d'un de ses immeubles (C. civ., art. 505, al. 3) ;

- la conclusion ou le renouvellement d'un bail rural, commercial, industriel, artisanal, professionnel et mixte ;
- une donation (C. civ., art. 470, al. 2 et 476, al. 1er) ;
- l'acceptation pure et simple d'une succession (C. civ., art. 507-1, al. 1er) ;
- une transaction en son nom – par exemple avec son assureur en cas d'accident (C. civ., art. 506) ;
- ou encore la souscription ou le rachat d'un contrat d'assurance-vie et de désignation ou substitution du bénéficiaire (C. assur., art. L. 132-4-1 ; C. mut., art. L. 223-7-1).

À NOTER

Quelques actes de disposition qui peuvent être considérés comme des actes d'administration Les actes qui sont en principe des actes de disposition mais peuvent, au regard de leur enjeu, être considérés comme de simples actes d'administration sont notamment le contrat de crédit mais aussi le prélèvement sur le capital à l'exclusion du paiement des dettes, de l'emprunt de sommes d'argent, du prêt consenti par la personne protégée, du versement de nouvelles primes sur un contrat d'assurance-vie.

Il vous appartient, en tant que proche, d'apprécier la valeur de ces enjeux afin de connaître votre marge d'intervention. N'hésitez pas à interroger le juge le cas échéant.

Cas pratiques

Je sais que sous curatelle, les actes les plus graves doivent être signés par la personne sous curatelle elle-même, avec l'assistance de son curateur. Je suis le conjoint d'une personne sous curatelle mais non son curateur. Ce dernier a signé seul un protocole transactionnel dans le cadre d'une succession revenant à mon conjoint. Puis-je le faire annuler en justice ?

Effectivement, en présence d'un acte de disposition comme une transaction, la double signature du curateur et de la personne protégée est requise (C. civ., art. 467).

Pour autant, vous ne figurez pas, en tant que conjoint, dans le cercle des personnes pouvant soulever cette irrégularité devant un tribunal (C. civ., art. 465).

C'est ce qui a été décidé dans une affaire proche de la vôtre par la Cour de cassation (C. cass., civ. 1re, 5.3.2014, n° 12-29974).

Je vis avec une personne qui a été placée sous tutelle. Je précise que je ne suis pas son tuteur. Puis-je demander au juge des tutelles qu'il autorise le tuteur à modifier, à mon bénéfice, une clause bénéficiaire d'assurance-vie ?

Non, vous n'avez pas qualité pour demander cette autorisation. Seul le tuteur, qui représente votre compagne, peut, s'agissant d'un acte de disposition, demander au juge des tutelles une modification d'une clause bénéficiaire d'assurance-vie.

C'est ce qui a été décidé dans une affaire proche de la vôtre par la Cour de cassation (C. cass., civ. 1re, 19.3.2014, n° 13-12016 : « [...] le tuteur a seul qualité pour représenter la personne protégée dans la gestion de son patrimoine et, à cette fin, pour solliciter les autorisations du juge des tutelles pour les actes qu'il ne peut accomplir seul. »).

› Les actes de la vie courante

La personne, même sous tutelle, peut valablement accomplir des actes de la vie courante « autorisés par l'usage ». C'est ce que prévoit l'article 473 du Code civil, à propos de la tutelle : « Sous réserve des cas où la loi ou l'usage autorise la personne en tutelle à agir elle-même, le tuteur la représente dans tous les actes de la vie civile… »
Cette exception au principe d'incapacité (tutelle) ou de capacité réduite (curatelle) lui permet de conserver une certaine autonomie (achat de denrées alimentaires, par exemple) mais ne doit cependant pas nuire à sa protection et aggraver son état de vulnérabilité.
Il a, par exemple, été jugé que la perception de loyers et l'établissement de quittances pouvaient être considérés, au regard des circonstances, comme relevant des actes de la vie courante qu'une personne peut faire seule alors qu'elle aurait dû être représentée par son tuteur (C. cass., civ. 1re, 4.7.2012, n° 11-18637).

MON CONSEIL

Que faire en cas de doute ? Être désigné par un juge en charge d'une personne entraîne un certain nombre de droits, d'obligations, mais aussi de responsabilités.
Vous êtes soucieux de faire au mieux pour la personne dont vous avez la charge. Pourtant, il peut vous arriver de ne pas savoir comment gérer un acte donné : par exemple, en tant que tuteur, pouvez-vous accomplir cet acte ou devez-vous au préalable obtenir une autorisation ?
La première chose à faire est d'éviter la précipitation et de se renseigner. Prenez connaissance des textes existants. En cas de doute, n'hésitez surtout pas à interroger un juriste (consultations gratuites en mairie, notamment) ou directement le juge en charge de votre dossier, par courrier et éléments à l'appui pour éviter de perdre du temps. En revanche, évitez de déranger son secrétariat (le greffier), son rôle n'étant pas de donner des consultations juridiques.
Le juge ne vous en voudra pas, bien au contraire. Il se méfie des personnes mal intentionnées. Il répondra donc volontiers à votre courrier s'il exprime de légitimes inquiétudes.
Cependant, anticipez ses délais de réponse. Sachez que, s'il s'agit d'une requête en autorisation, le juge dispose d'un délai de 3 mois pour y répondre.

Les pratiques bancaires et la gestion des comptes

› Le maintien des comptes bancaires

La loi prévoit un droit au maintien des comptes bancaires de la personne sous tutelle, curatelle ou sauvegarde de justice dans leur établissement d'origine

(C. civ., art. 427). Vous ne pouvez donc pas, en principe, en tant que personne chargée de la protection, ouvrir d'autres comptes ou livrets.
Il s'agit en effet, selon la réforme, de l'un des repères de la personne vulnérable qu'il convient de ne pas modifier. « Les habitudes prises par les personnes vulnérables constituent des repères importants qu'il ne faut envisager de modifier qu'avec précaution et pour de justes motifs » précise la circulaire 2009 d'application de la réforme.

› Les exceptions

Ce principe peut faire l'objet de dérogations en fonction de l'intérêt de la personne sous protection si le juge des tutelles (ou le conseil de famille s'il existe) l'estime nécessaire.
L'intérêt de la personne protégée doit être apprécié par le juge des tutelles ou le conseil de famille suivant deux critères :
- la personnalité de la personne protégée : l'idée est de ne pas la perturber outre mesure (notamment si elle est âgée ou handicapée) en l'obligeant, à la suite du prononcé de la mesure, à changer d'interlocuteur ou de guichet bancaire ;
- les aspects économiques : la multiplication de comptes peut entraîner des frais financiers, une perte de temps ou d'efficacité qui peuvent nuire aux intérêts de la personne que vous protégez.

> **Cas pratique**
> Le 20 novembre 2006, un juge des tutelles a ouvert une mesure de curatelle renforcée au profit d'une personne. Le 31 janvier 2012, il a renouvelé cette mesure pour une durée de 5 ans, maintenant la curatrice dans l'exercice de ses fonctions. Ultérieurement, le 29 août 2012, il a autorisé cette dernière à clôturer les comptes courants ouverts au nom de la majeure protégée auprès de La Banque postale et de la Caisse d'épargne et à ouvrir un compte auprès d'une autre banque avec transfert des fonds du compte de la Caisse d'épargne. La personne sous curatelle fait appel de ces deux décisions. La mesure de curatelle renforcée est confirmée. En revanche, la décision autorisant le changement de compte est censurée. Les premiers juges n'avaient pas précisé en quoi ce transfert était de l'intérêt de la personne. Ils se contentaient de dire que cette décision n'était que la conséquence logique du renouvellement de la curatelle renforcée… (C. cass., 28.1.2015, n° 13-26363).

Il peut être décidé que le compte de la personne vulnérable sera ouvert auprès de la Caisse des dépôts et consignations (C. civ., art. 501).
Par ailleurs, pour sécuriser la gestion des fonds de la personne sous protection, sachez que le juge des tutelles (le conseil de famille s'il en existe un) peut ordonner le dépôt de certains fonds sur un compte indisponible auquel vous ne pouvez pas accéder (même article).
Enfin, il faut envisager le cas où la personne protégée n'est titulaire d'aucun compte bancaire. Dans cette hypothèse, vous devez lui en ouvrir un à son nom.

ATTENTION
La personne habilitée (dans le cadre de la mesure d'habilitation familiale) peut se dispenser de l'autorisation du juge des tutelles pour ouvrir un autre compte bancaire au nom de son protégé ou le modifier. La seule restriction est une décision expresse contraire du juge des tutelles (C. civ., art. 494-7). Sous cette réserve de taille, les autres dispositions relatives au compte bancaire lui sont applicables.

› L'individualisation des comptes bancaires

Tous les encaissements et les décaissements des opérations de gestion de son patrimoine doivent être domiciliés sur un compte bancaire à son nom (des règles particulières sont prévues lorsque le protecteur est un hôpital, du fait de l'existence d'une comptabilité publique).
Ainsi, les revenus, produits et plus-values générés par les fonds et les valeurs appartenant à la personne protégée lui reviennent exclusivement. Les différentes opérations bancaires d'encaissement, de paiement et de gestion patrimoniale doivent lui être virées sur son compte (C. civ., art. 427).
Autrement dit, vous ne pouvez pas, en tant que personne désignée par le juge des tutelles en charge d'une personne vulnérable, ouvrir un compte en votre nom et choisi en fonction de vos propres commodités pour gérer les flux liés à la gestion des affaires de la personne dont vous vous occupez.

› Le fonctionnement du compte bancaire

La personne sous sauvegarde de justice ou sous curatelle continue à faire fonctionner son compte bancaire, fait des chèques, etc. Il en est de même de la personne sous habilitation familiale, sauf précision apportée dans le jugement (soit parce qu'il prévoit une habilitation générale soit parce qu'il vise le fonctionnement du compte bancaire). L'étendue de ses pouvoirs va dépendre de la mesure ordonnée par le juge.
Quand elle fait l'objet d'une curatelle renforcée avec mission, pour le curateur, de gérer ses comptes ou encore d'une tutelle, c'est vous, en tant que curateur ou tuteur, qui avez la gestion des comptes (établissement des chèques, etc.).
Le tableau ci-après donne quelques exemples d'opérations bancaires courantes. Seuls sont envisagés les cas de la tutelle et de la curatelle. En effet, la personne sous sauvegarde de justice est capable de gérer ses comptes bancaires. Si vous êtes son mandataire spécial désigné par jugement, vous interviendrez seulement dans le cadre des missions qui sont précisées dans ce jugement.
Si la personne est sous curatelle renforcée, il faut également se reporter aux termes exacts du jugement. Si vous avez été désigné pour gérer ses comptes, rappelons que vous percevrez seul ses revenus et devrez assurer le règlement des dépenses auprès des tiers, sur un compte ouvert en son nom. Vous devez donc demander l'autorisation d'ouvrir ce compte au juge des tutelles (voir *Les pouvoirs et devoirs du curateur, dans le cadre d'une curatelle renforcée*, p. 41). Une fois les dépenses réglées, il vous appartient ensuite de déposer les sommes excédentaires sur son compte ou de les lui verser (C. civ., art. 472).

Les opérations bancaires, figurant dans ce tableau, sont prévues dans le décret n° 2008-1484 du 22 décembre 2008 qui énumère les actes de gestion de patrimoine et les attributions de chacun (voir le décret page 220 pour plus d'explications).

OPÉRATIONS	QUI INTERVIENT ?	
	EN CURATELLE	EN TUTELLE
Ouverture d'un nouveau compte ou modification d'un compte	Personne protégée + Curateur	Tuteur + Autorisation du juge des tutelles (ou du conseil de famille s'il en existe un)
Ouverture d'un premier compte quand la personne n'en a pas	Personne protégée	Tuteur
Demande de délivrance d'une carte de retrait	Personne protégée	Tuteur
Demande de délivrance d'une carte de crédit	Personne protégée + Curateur	Tuteur + Autorisation du juge des tutelles (ou du conseil de famille s'il en existe un)
Location d'un coffre-fort	Personne protégée	Tuteur
Clôture d'un compte	Personne protégée + Curateur	Tuteur + Autorisation du juge des tutelles (ou du conseil de famille s'il en existe un)

La réception et l'utilisation de capitaux ou d'excédents de revenus

La personne dont vous vous occupez vient d'hériter d'un important capital (indemnisation, héritage ou autre). Sachez qu'il y a des règles strictes en tutelle et curatelle (rien n'est prévu pour l'habilitation familiale) concernant l'utilisation ultérieure de ces sommes.

› En curatelle

En curatelle, les capitaux revenant à la personne sont versés directement sur son compte bancaire ouvert à son seul nom et mentionnant son régime de protection (C. civ., art. 468). Les sommes venant d'une compagnie d'assurance ou d'un notaire transiteront donc directement par ce compte. En revanche, la personne sous curatelle ne peut pas utiliser de capitaux, par exemple pour les placer, sans l'assistance de son curateur. Il en est d'ailleurs de même si elle doit agir en justice pour défendre son patrimoine.

› En tutelle

En tutelle, l'obligation est la même mais, en outre, il faut savoir qu'il revient au juge (au conseil de famille s'il en existe un) de déterminer une somme à partir de laquelle vous avez, en tant que tuteur, l'obligation d'employer les capitaux liquides et l'excédent des revenus (c'est-à-dire les sommes restant après que toutes les dépenses nécessaires aux besoins du majeur ont été provisionnées dans le cadre du budget de la tutelle ; voir *Le budget de la tutelle*, p. 99), de même que les délais et modalité de cette utilisation (C. civ., art. 501).
Si vous désirez placer l'argent de votre protégé dans cette limite, vous devez requérir l'autorisation du juge des tutelles (du conseil de familles s'il en existe un).
Face à un important patrimoine financier, par exemple, il peut être opportun de vous faire autoriser par le juge (le conseil de famille s'il en existe un) à en confier la gestion à des professionnels. En effet, être en charge d'une personne vulnérable, que l'on soit d'ailleurs un proche ou un mandataire professionnel, ne suffit pas à faire de vous un spécialiste de la gestion d'un portefeuille.

› En curatelle renforcée

Si la personne est sous curatelle renforcée, il faut se reporter aux termes exacts du jugement. Si vous avez été désigné pour gérer ses comptes, rappelons que vous percevrez seul ses revenus sur un compte ouvert à son nom. Vous devez donc demander l'autorisation d'ouvrir ce compte au juge des tutelles (voir *Les pouvoirs et devoirs du curateur, dans le cadre d'une curatelle renforcée*, p. 41). Par ailleurs, c'est vous qui assurez le règlement des dépenses auprès des tiers. Vous devez ensuite déposer l'excédent sur un compte laissé à sa disposition ou le lui verser (C. civ., art. 472).

■ L'assurance-vie

Il s'agit de l'un des placements à long terme les plus répandus permettant :
- de faire fructifier des capitaux ;
- de transmettre le capital aux héritiers grâce à la désignation d'un bénéficiaire qui, au décès du souscripteur, sera destinataire des fonds, pour une grande partie hors droits de succession.

› Les règles

Les règles sont les suivantes :
- la souscription ou le rachat d'un contrat d'assurance sur la vie ne sont possibles, pour un majeur en tutelle, par le tuteur qu'avec l'autorisation du juge des tutelles (ou du conseil de famille), et pour un majeur en curatelle qu'avec l'assistance du curateur ;
- la désignation ou le changement de bénéficiaire ne peuvent être accomplis pour une personne en tutelle par le tuteur qu'avec l'autorisation du juge des tutelles (ou du conseil de famille) et, pour une personne en curatelle, qu'avec l'assistance du curateur (C. assur., art. L. 132-4-1 et Décret de 2015, Annexe 1, IX)

Cas pratique

La fille d'une personne sous tutelle attaque la décision du juge des tutelles ayant autorisé la tutrice professionnelle à modifier la clause bénéficiaire d'une assurance-vie. La fille, auparavant seule bénéficiaire, ne l'était plus suite à cette modification. Elle plaidait qu'il s'agissait d'un acte strictement personnel que seul pouvait faire sa mère sous tutelle (C. civ., art. 458 ; voir *Les actes strictement personnels*, p. 111). Cet argument n'a pas convaincu les juges qui s'en sont tenus à une stricte application des textes. Ces actes sont en effet des actes de disposition pour lequel le tuteur, qui représente la personne vulnérable, doit demander une autorisation au conseil de famille ou, à défaut, au juge des tutelles. C'est ce qu'il ressort de cette décision qui valide le changement de bénéficiaire… tout en affirmant le caractère strictement personnel de ce changement (CA Nancy, civ. 3e, 22 juin 2014, Dt de la famille, Lexisnexis Jurisclasseur, 10.2015, n° 190) (voir aussi C. cass., civ. 1re, 20.10.2014, n° 13-12016).

Le tableau ci-après donne quelques exemples d'opérations courantes. Seuls sont envisagés les cas de la tutelle et de la curatelle. La question fait difficulté en habilitation familiale. En effet, la souscription, le rachat, la désignation, la révocation et la substitution de bénéficiaire constituent toujours des actes de dispositions. Mais s'agit-il d'actes de disposition à titre gratuit (à savoir ceux pour lesquels le proche habilité doit obtenir l'autorisation du juge) ? En l'absence de précision des textes, là encore, il faut attendre de connaître l'interprétation des tribunaux. Quant à la personne sous sauvegarde, elle peut réaliser seule ce type d'opérations. Si un mandataire spécial lui est désigné par jugement, il intervient seulement dans le cadre des missions qui lui sont précisées dans ce jugement.
Les opérations figurant dans ce tableau sont prévues dans le décret n° 2008-1484 du 22 décembre 2008 qui énumère les actes de gestion de patrimoine et les attributions de chacun (voir p. 220).

OPÉRATIONS	QUI INTERVIENT ?	
	EN CURATELLE	EN TUTELLE
Conclusion, rachat, désignation, révocation et substitution de bénéficiaire d'une assurance-vie	Personne protégée + Curateur	Tuteur + Autorisation du juge des tutelles (ou du conseil de famille s'il en existe un)
Versement de nouvelles primes[1] sur une assurance-vie	Personne protégée + Curateur	Tuteur + Autorisation du juge des tutelles (ou du conseil de famille s'il en existe un)

(1) Acte de disposition sauf cas d'espèce, voir *Annexe 2*, p. 227

› L'opposition d'intérêts et l'annulation

Lorsque le bénéficiaire du contrat d'assurance sur la vie est le curateur ou le tuteur, il est réputé être en opposition d'intérêts avec la personne protégée ; dès lors, vous devez demander au juge la désignation d'un subrogé tuteur (ou curateur) ou d'un tuteur (ou curateur) *ad hoc* pour représenter ou assister la personne protégée à votre place (sur cette question de l'opposition d'intérêts, voir *À noter*, p. 51). Ces dispositions n'existent pas en habilitation familiale, les textes prévoyant cependant l'intervention du juge des tutelles lorsqu'elle est générale (voir *L'habilitation familiale, un dispositif conçu pour les familles qui s'entendent*, p. 52).
En outre, l'acceptation du bénéfice d'un contrat d'assurance sur la vie conclue moins de 2 ans avant la publicité du jugement d'ouverture de la curatelle ou de la tutelle (ou avant le jugement mettant en place l'habilitation familiale) du stipulant peut être annulée sur la seule preuve que l'incapacité était notoire ou connue du cocontractant à l'époque où les actes ont été passés (sur l'annulation d'un acte, voir *La « période suspecte » avant une tutelle, curatelle ou habilitation familiale*, p. 61).

Le testament et la donation

Seules sont ici données les règles pour la personne sous tutelle, sous curatelle et sous habilitation familiale, la personne sous sauvegarde de justice étant capable d'effectuer ces actes. Si un mandataire spécial lui est désigné par jugement, il intervient dans le cadre des missions qui sont précisées dans ce jugement.

› En tutelle

La personne sous tutelle peut faire seule son testament. Son tuteur ne peut, à cette occasion, ni l'assister ni la représenter. En revanche, elle doit obtenir l'autorisation du juge des tutelles (ou du conseil de famille s'il y en a un).
La personne sous tutelle peut faire seule une donation à toute personne de son choix, sur autorisation du juge ou du conseil de famille. Le juge (ou le conseil de famille) apprécie, après avoir ordonné un examen médical ou une expertise s'il l'estime nécessaire (selon, notamment, l'importance de la donation), dans quelle mesure le discernement de la personne justifie qu'elle soit seulement assistée ou bien qu'elle soit représentée pour effectuer la donation (C. civ., art. 476).

› En curatelle

La personne sous curatelle peut faire seule son testament sans l'assistance de son curateur. Elle ne peut faire de donation qu'avec l'assistance du curateur (C. civ., art. 470).

Cas pratique

Je suis curateur de mon père dans le cadre d'une curatelle renforcée. Dans quelle mesure peut-il, sans mon autorisation, donner une somme d'argent à ses neveux ?

S'agissant d'une donation, le fait qu'il s'agisse d'une curatelle renforcée ou non ne change rien. La donation est un acte de disposition qui ne peut être effectué par la personne sous curatelle qu'avec l'assistance de son curateur.

› L'habilitation familiale

Les textes imposent à la personne habilitée dans le cadre d'une habilitation familiale de saisir le juge des tutelles d'une demande d'autorisation pour tout acte de disposition à titre gratuit (ce qui vise notamment les donations) (C. civ., art. 494-6).

› Le protecteur peut-il être le bénéficiaire d'un testament ou d'une donation ?

Les mandataires judiciaires à la protection des majeurs (MJPM) ne peuvent pas profiter de dispositions les avantageant (donation, leg, assurance-vie, etc.) de la part d'une personne dont ils ont assuré la protection. Il en est de même d'autres personnes qui sont exclues de ces bénéfices de par leur profession (médecins notamment) (C. civ., art. 909, voir ci-après).
Le curateur non MJPM est réputé être en opposition d'intérêts avec la personne protégée lorsqu'il est le bénéficiaire d'une donation (C. civ., art. 470). Ce qui implique la désignation d'un subrogé curateur ou d'un curateur *ad hoc* qui remplacera le bénéficiaire (voir *Le subrogé curateur,* p. 37).
Il devrait *a fortiori* en être de même du MJPM tuteur, bien que les textes soient muets sur cette question.
En ce qui concerne l'habilitation familiale générale, les textes prévoient que la personne habilitée ne peut accomplir un acte pour lequel elle serait en opposition d'intérêts avec la personne protégée. Toutefois, à titre exceptionnel et lorsque l'intérêt de celle-ci l'impose, le juge peut autoriser la personne habilitée à accomplir cet acte (C. civ., art. 494-6). Les possibilités offertes en curatelle et en tutelle de désigner dans cette hypothèse un protecteur subrogé ou un *ad hoc* n'ont pas été retenues par les textes.

Les opérations immobilières

Dans la gestion du patrimoine d'une personne protégée, il peut y avoir des immeubles à gérer. Le tableau ci-après donne quelques exemples d'opérations courantes et précise vos droits et obligations.
Seuls sont envisagés les cas de la tutelle et de la curatelle, car la personne sous sauvegarde de justice est capable d'effectuer ces actes seule. Si un mandataire spécial lui est désigné par jugement, il intervient seulement dans le cadre des missions qui sont précisées dans ce jugement. Le fait que la personne soit sous curatelle renforcée ne change pas ces règles. Quant à la personne habilitée dans le cadre de l'habilitation familiale, elle n'a à demander d'autorisation judiciaire que pour les actes de disposition à titre gratuit, comme une donation.
Les opérations figurant dans ce tableau sont prévues dans le décret n° 2008-1484 du 22 décembre 2008 qui énumère les actes de gestion de patrimoine et les attributions de chacun (voir p. 220).

OPÉRATIONS	QUI INTERVIENT ?	
	EN CURATELLE	EN TUTELLE
Assurance : conclusion ou renouvellement d'un contrat d'assurance de biens ou de responsabilité civile	Personne protégée	Tuteur
Bail : conclusion et renouvellement d'un bail de 9 ans ou plus en tant que bailleur	Personne protégée	Tuteur
Bail : résiliation du bail d'habitation en tant que bailleur	Personne protégée	Tuteur
Travaux d'amélioration utiles, aménagements, réparations d'entretien	Personne protégée	Tuteur
Vente du logement ou d'une résidence secondaire (C. civ., art. 426)	Personne protégée + Curateur + Autorisation du juge	Tuteur + Autorisation du juge des tutelles (ou du conseil de famille s'il en existe un)
Vente d'un bien immobilier qui n'est ni le logement ni une résidence secondaire	Personne protégée + Curateur	Tuteur

Les actes surveillés et les actes interdits

Un certain nombre d'actes apparaissent d'emblée comme suspects, car ils avantagent une personne qui ne doit pas l'être. La personne sous protection doit parfois être protégée, malgré elle.
Ce qui suit concerne autant la tutelle que la curatelle, même si les textes sont édictés dans un chapitre propre à la tutelle.
Attention : la question se pose en habilitation familiale en l'absence de précision des textes.

› Les actes sous contrôle : vente ou location

Ces opérations ne sont possibles, entre un tuteur/curateur et une personne sous protection, que dans les conditions suivantes :
- à titre exceptionnel et dans l'intérêt de la personne protégée ;
- si le tuteur n'est pas un professionnel, c'est-à-dire, dorénavant, un mandataire judiciaire à la protection des majeurs (MJPM) ;
- sur autorisation du juge des tutelles (ou du conseil de famille s'il en existe un).

Comme le précise l'article 508 du Code civil : « À titre exceptionnel et dans l'intérêt de la personne protégée, le tuteur qui n'est pas mandataire judiciaire à la protection des majeurs peut, sur autorisation du conseil de famille ou, à défaut, du juge, acheter les biens de celle-ci ou les prendre à bail ou à ferme.
Pour la conclusion de l'acte, le tuteur est réputé être en opposition d'intérêts avec la personne protégée. »
Ces actes sont en effet très contrôlés en raison de l'opposition d'intérêts qu'ils sont susceptibles de susciter (sur la notion d'opposition d'intérêts et les rôles des subrogés et *ad hoc*, voir *À noter*, page 51).

› Les interdictions fermes

Certains actes sont rigoureusement interdits au tuteur (et, à notre avis, au curateur). Il s'agit des actes qui emportent une « aliénation gratuite » d'un bien ou d'un droit de la personne protégée. Par exemple, une remise de dette, une renonciation gratuite à un droit acquis (C. civ., art. 2440), la mainlevée d'une hypothèque sans paiement ou encore la constitution gratuite d'une servitude ou d'une sûreté pour garantir la dette d'un tiers, etc. (voir la liste exhaustive dans l'article 509 du Code civil, page 216).
Par ailleurs, le tuteur ne peut pas acquérir un droit ou une créance qu'une autre personne détient contre la personne protégée. Cette interdiction a pour but d'éviter les spéculations aux dépens de la personne protégée.
Le tuteur ne peut pas non plus :
- exercer le commerce ou une profession libérale au nom de la personne protégée ;
- transférer dans un patrimoine fiduciaire les biens ou droits de cette personne ;
- s'il s'agit d'un MJPM, acheter les biens de la personne protégée ainsi que les prendre en location (voir *Les actes sous contrôle : vente ou location*, p. 136).

À NOTER

L'interdiction concernant l'assurance-décès L'article L. 132-3 du Code des assurances précise qu'« il est défendu à toute personne de contracter une assurance en cas de décès sur la tête d'un mineur âgé de moins de douze ans, d'un majeur en tutelle, d'une personne placée dans un établissement psychiatrique d'hospitalisation ». La sanction est la nullité de l'opération.

› Les incapacités de recevoir pour les soignants et les MJPM

Indépendamment de ces règles et, de façon générale, de l'existence d'un régime de protection (voir cependant, le cas des MJPM ci-après), la loi prévoit que certaines catégories de personnes, de par leur position particulière, ne peuvent recevoir d'avantages à titre gratuit de la part de personnes vulnérables. Il est nécessaire pour les intéressés et leurs proches de connaître cette législation afin de pouvoir, le cas échéant, demander la nullité de l'acte passé.

Les soignants

L'article 909 du Code civil prévoit que les personnes chargées de soigner sont présumées exercer une influence sur le malade. Par conséquent, il leur interdit de profiter de « dispositions entre vifs ou testamentaires » (un don, un legs, le bénéfice d'une assurance-vie, etc.) consenties par le malade à leur profit.
Sont concernés par cette interdiction les membres des professions médicales, de la pharmacie et les auxiliaires médicaux (médecins, infirmières, etc.) ayant prodigué des soins à une personne pendant la maladie dont elle meurt.

> **Cas pratique**
> Une personne souscrit un contrat d'assurance-vie au nom d'un proche qu'elle désigne par testament comme étant son légataire universel.
> Dans le cadre de ses soins (cancer du poumon), elle consulte, une psychiatre-psychanalyste.
> La malade décide de le substituer à son proche, comme bénéficiaire de son assurance-vie. Puis, elle décède en 2000 des suites de son cancer.
> Son légataire universel demande l'annulation de cet avenant sur le fondement de l'article 909 du Code civil, soutenant qu'il constituait une libéralité consentie à un médecin ayant traité la défunte au cours de sa dernière maladie.
> Elle obtient gain de cause « car si, en sa qualité de psychiatre-psychanalyste, Mme Z n'avait pu traiter Nicole X pour le cancer dont elle était atteinte, elle avait apporté à sa patiente un soutien accessoire au traitement purement médical mais associé à celui-ci, lui prodiguant, parallèlement au traitement d'oncologie, des soins réguliers et durables afférents à la pathologie secondaire dont elle était affectée en raison même de la première maladie dont elle devait décéder et dont la seconde était la conséquence. » Mme Z avait donc bien soigné la malade pendant sa dernière maladie, au sens de l'article 909 du Code civil, de sorte qu'elle était frappée d'une incapacité de recevoir à titre gratuit (C. cass., civ. 1re, 4.11.2010, n° 07-21303).

La loi prévoit cependant des dérogations à ces interdictions, interprétées de façon stricte en cas de contentieux : par exemple, il est possible pour un malade de rémunérer un soignant pour un service rendu, ou encore de lui faire un don s'il n'a pas d'héritier en ligne directe et s'il est lui-même un proche parent du médecin (C. civ., art. 909).

Les ministres du culte et les MJPM

Les mêmes règles s'appliquent à l'égard des ministres du culte. En outre, les professionnels en charge d'une mesure de protection, à savoir les mandataires judiciaires à la protection des majeurs (MJPM) ne peuvent pas profiter de telles dispositions de la part de personnes dont ils assurent la protection (C. civ., art. 909 et 911).
Pour les MJPM, l'interdiction joue pour toute mesure de protection (sauvegarde de justice, curatelle, tutelle, mandat de protection future, mesure d'assistance judiciaire), quel que soit leur statut (personne physique ou morale) et quelle que soit la date de l'avantage (qu'il soit consenti avant ou pendant la durée de la

mesure de protection). Par exemple, si une personne a reçu une donation et devient ensuite mandataire de la personne, cela entraîne la nullité de la donation, sous les réserves ci-avant pour les soignants.

Les autres intervenants

D'autres dispositions sont à connaître si vous avez la charge d'une personne vulnérable.

Certains actes sont interdits, sauf autorisation de justice, à celui qui travaille dans un établissement hébergeant des personnes âgées ou dispensant des soins psychiatriques. Cette interdiction s'applique également à son conjoint, à ses ascendants et descendants. Tel est notamment le cas de l'achat d'un bien appartenant au malade ou d'une location du logement occupé par cette personne avant son admission dans l'établissement. La sanction est la nullité de l'opération (CSP, art. L. 3211-5-1).

Par ailleurs, plusieurs catégories de personnes intervenant auprès de personnes vulnérables font l'objet d'une incapacité de recevoir des dispositions à titre gratuit entre vifs ou testamentaires (dons, legs, etc.), d'être acquéreur d'un bien ou d'un droit ou de prendre en location un local de la personne, le temps de la prise en charge, dans le cadre du Code de l'action sociale et des familles. Il s'agit :

- des personnes physiques liées à un établissement social ou médico-social autorisé ou déclaré (propriétaires, gestionnaires, administrateurs, employés, bénévoles, volontaires, services à la personne concernant les personnes âgées…) ;
- des accueillants familiaux et de leur proches (conjoint, concubin, etc.) ;
- des intervenants à domicile depuis la loi n° 2015-1776 du 28 décembre 2015 (CASF, art. L. 116-4 et L. 441-1) (employés de maison dans le cadre des services à la personne vus ci-avant).

Modèles de lettres et de documents

- Requête au juge des tutelles
Demande d'ouverture d'une mesure de protection judiciaire d'un majeur (tutelle, curatelle, sauvegarde de justice) 143
- Requête au juge des tutelles aux fins d'ouverture d'une mesure d'habilitation familiale d'un majeur 151
- Requête au juge des tutelles
Nouvel examen d'une mesure de protection judiciaire d'un majeur...... 160
- Inventaire de patrimoine 165
- Compte rendu de gestion 167
- Mandat de protection future 171

Requête au juge des tutelles Demande d'ouverture d'une mesure de protection judiciaire d'un majeur (tutelle, curatelle, sauvegarde de justice)

https://www.formulaires.modernisation.gouv.fr/gf/cerfa_15424.do

Avant de remplir le formulaire pour votre requête au juge des tutelles, nous vous recommandons la lecture de la notice explicative que vous trouverez sur internet en cherchant :
- le Cerfa n° 52025 #03 ;
- ou « Notice explicative - Requête au juge des tutelles – Demande d'ouverture d'une mesure de protection judiciaire d'un majeur ».

Nous sommes là pour vous aider

cerfa
N°15424*03

Liberté • Égalité • Fraternité
RÉPUBLIQUE FRANÇAISE

MINISTÈRE DE LA JUSTICE

Requête au juge des tutelles
Demande d'ouverture d'une mesure de protection judiciaire d'un majeur

(Articles 425 et suivants du code civil, articles 1217 et suivants du code de procédure civile)

Vous souhaitez obtenir la mise en place d'une mesure de protection judiciaire pour vous-même, votre conjoint, votre partenaire de PACS, votre concubin, un parent, un allié ou une personne avec laquelle vous entretenez des liens étroits et stables.

Nous vous invitons à lire attentivement **la notice** avant de remplir ce **formulaire.**

Vous voudrez bien cocher les cases correspondant à votre situation, renseigner les rubriques qui s'y rapportent, joindre les pièces justificatives nécessaires, dater et signer ce formulaire.

Votre qualité, vous êtes :

☐ le majeur à protéger

☐ son conjoint

☐ son concubin

☐ son partenaire de PACS

☐ un parent ou allié

Précisez (exemples : fils, sœur, etc.) : ______________________

☐ une personne entretenant des liens étroits et stables avec la personne à protéger

Précisez (exemples : ami, voisin, etc.) : ______________________

Votre identité :

☐ Madame ☐ Monsieur

Votre nom (de famille) :

____

Votre nom d'époux / d'épouse :

____

Vos prénoms : ______________________

Votre date et lieu de naissance : |_|_|_|_|_|_|_|_| à ______________________

Votre nationalité /vos nationalités : ______________________

1

Votre profession : ______________________

Votre adresse : ______________________

Code postal |_|_|_|_|_| Commune : ______________ Pays : ______________

Votre adresse électronique

______________________@______________________

Votre numéro de téléphone: |_|_|_|_|_|_|_|_|_|_|

Identité de la personne à protéger :

☐Madame ☐ Monsieur

Son nom de famille : ______________________

Son nom d'époux / d'épouse : ______________________

Ses prénoms : ______________________

Ses date et lieu de naissance : |_|_|_|_|_|_|_|_| à ______________________

Sa nationalité/ ses nationalités : ______________________

Sa profession : ______________________

Son adresse : ______________________

Code postal |_|_|_|_|_| Commune : ______________ Pays : ______________

Son adresse électronique :

______________________@______________________

Son numéro de téléphone: |_|_|_|_|_|_|_|_|_|_|

et *(si la personne réside dans un autre lieu)*

L'adresse de sa résidence (ex : lieu d'hospitalisation, établissement d'accueil) :

____

Code postal |_|_|_|_|_| Commune : ______________ Pays : ______________

Situation personnelle de la personne à protéger :

Concernant l'entourage de la personne à protéger

☐à votre connaissance, le majeur à protéger n'a pas de famille ou d'ami ;

☐à votre connaissance, le majeur à protéger a une famille, un entourage, composé de :

NOM et Prénom	Lien (mère, fils, frère, cousin, amis, etc.)	Adresse	Relations habituelles avec la personne à protéger (oui/non)

2

Concernant le médecin traitant de la personne à protéger

A votre connaissance, la personne à protéger a-t-elle un médecin traitant ? ☐oui ☐non
Si oui, préciser :

Son nom et son prénom : ______________________________

Son adresse : ______________________________

Code postal |_|_|_|_|_| Commune : ______________ Pays : ______________

Capacité du majeur à protéger à se déplacer et à être entendu par le juge :

Vous estimez que le majeur à protéger :

☐peut se déplacer et être entendu au tribunal

☐peut se déplacer et être entendu au tribunal, mais uniquement avec l'aide d'un tiers. En ce cas, précisez l'identité et les coordonnées de la personne qui peut l'accompagner au tribunal :

____

☐ne peut pas se déplacer et doit être entendu chez lui ou au sein de l'établissement d'accueil

☐ne peut pas se déplacer et ne peut pas être entendu.

Situation patrimoniale de la personne à protéger :

Quels sont les revenus de la personne à protéger (salaires, allocations, pensions…) ?

____

____

____

____

____

____

Quelle est la composition du patrimoine de la personne à protéger (comptes bancaires, placements, assurance-vie, biens immobiliers…) ?

____

____

____

____

____

3

Une personne détient-elle des procurations sur les comptes de la personne à protéger ?

☐oui ☐non

Si oui, préciser :

Son nom et son prénom : ______________________________

Son adresse : ______________________________

Code postal |_|_|_|_|_| Commune : ____________ Pays : ____________

Quelles sont les charges de la personne à protéger ?

____

____

____

____

____

____

Existence d'un mandat de protection future :

Un mandat de protection future a-t-il été rédigé par la personne à protéger ? ☐oui ☐non

Si oui, veuillez indiquer le numéro du mandat : I_I_I_I_I_I_I_I_I_I_I

Ce mandat a-t-il été mis en œuvre ? ☐oui ☐non

S'il n'a pas été mis en œuvre, indiquez la raison :

____

____

____

____

Votre demande :

Vous demandez au juge des tutelles de prononcer une mesure de :

☐ sauvegarde de justice
☐ curatelle simple
☐ curatelle renforcée
☐ tutelle

pour une période de ____________ ans

Précisez les motifs de la demande de protection (indiquez ce qui justifie selon vous l'organisation d'une mesure de protection) :

____

____

____

____

____

____

____

4

____
____
____
____
____
____

Vous devez joindre à votre demande, sous peine d'irrecevabilité, un certificat médical circonstancié en application de l'article 431 du code civil et des articles 1218 et 1219 du code de procédure civile rédigé par un médecin inscrit sur la liste établie par le procureur de la République attestant que la personne à protéger se trouve dans l'impossibilité de pourvoir seule à ses intérêts en raison d'une altération médicalement constatée de ses facultés :

☐ mentales

☐ corporelles de nature à empêcher l'expression de sa volonté.

La personne à protéger a-t-elle désigné une ou plusieurs personnes pour la représenter ? ☐oui ☐non

Si oui, veuillez indiquer son identité :

☐ Vous-même

☐Madame ☐Monsieur

Son lien avec le majeur à protéger : ______________________

Son nom de famille : ______________________

Son nom d'époux / d'épouse : ______________________

Ses prénoms : ______________________

Sa date et son lieu de naissance : |_|_|_|_|_|_|_|_| à ______________________

Sa nationalité/ses nationalités : ______________________

Sa profession : ______________________

Son adresse : ______________________

Code postal |_|_|_|_|_| Commune : ______________ Pays : ______________

Son adresse électronique :

______________________@______________________

Son numéro de téléphone: |_|_|_|_|_|_|_|_|_|_|

Les parents du majeur à protéger, qui assument la charge matérielle et affective de leur enfant majeur, ont-ils désigné une ou plusieurs personnes pour le représenter ? ☐oui ☐non

Si oui, veuillez indiquer son identité :

☐ Vous-même

☐Madame ☐Monsieur

Son lien avec le majeur à protéger : ______________________

Son nom de famille : ______________________

Son nom d'époux / d'épouse : ______________________

Ses prénoms : ______________________

Sa date et son lieu de naissance : |_|_|_|_|_|_|_|_| à ______________________

5

Sa nationalité/ses nationalités : ______________________

Sa profession : __________________

Son adresse : ____

Code postal |_|_|_|_|_| Commune : ____________________ Pays : ______________

Son adresse électronique : ____________________________@__________________

Son numéro de téléphone : |_|_|_|_|_|_|_|_|_|_|

Quelle est la personne que vous estimez la plus compétente pour représenter la personne à protéger :

☐ Vous-même

☐ La personne désignée par le majeur à protéger ci-dessus visée

☐ La personne désignée par les parents du majeur à protéger ci-dessus visée

☐Madame ☐Monsieur

Son lien avec le majeur à protéger : __________________________________

Son nom de famille : ____

Son nom d'époux / d'épouse : ____

Ses prénoms : ____

Sa date et son lieu de naissance : |_|_|_|_|_|_|_|_| à ____________________________

Sa nationalité/ses nationalités : ______________________

Sa profession : __________________

Son adresse : ____

Code postal |_|_|_|_|_| Commune : ______________ Pays : ______________

Son adresse électronique :

________________________________@_____________________

Son numéro de téléphone: |_|_|_|_|_|_|_|_|_|_|

Avis de la personne à protéger sur la mesure de protection :

La personne à protéger :

☐est favorable à la mesure
☐est opposée à la mesure
☐n'a pas d'avis sur la mesure
☐n'est pas en état de donner un avis, même non éclairé, sur la mesure
☐n'est pas informée de votre demande

Votre consentement concernant la transmission par voie électronique des avis adressés par le greffe du tribunal :

J'accepte que les avis utiles à la présente procédure me soient adressés par le greffe de la juridiction au moyen d'un courrier électronique à l'adresse suivante :

________________________________@_____________________

6

Je suis informé que mon consentement **peut être révoqué à tout moment** (par déclaration orale au greffe de la juridiction saisie ou par lettre recommandée avec accusé de réception adressée au même service).

J'ai bien noté qu'en cas de demande de révocation par lettre recommandée avec accusé de réception, ma révocation prendra effet à compter de la réception du courrier par le greffe.

J'ai bien noté que je dois signaler au service saisi de mon affaire tout changement d'adresse de messagerie.

J'ai bien noté que je dois signaler au même service toute circonstance ne me permettant pas de consulter ma messagerie électronique de manière durable. Dans ce cas, **je sais qu'il m'est recommandé de révoquer mon consentement**.

Article 748-8 du CPC : Par dérogation aux dispositions du présent titre, lorsqu'il est prévu qu'un avis est adressé par le greffe à une partie par tous moyens, il peut lui être envoyé au moyen d'un courrier électronique ou d'un message écrit, transmis, selon le cas, à l'adresse électronique ou au numéro de téléphone qu'elle a préalablement déclaré à cette fin à la juridiction.
Cette déclaration préalable mentionne le consentement de cette partie à l'utilisation de la voie électronique ou du message écrit transmis au numéro de téléphone, pour les avis du greffe transmis dans l'instance en cours, à charge pour elle de signaler toute modification de son adresse électronique ou de son numéro de téléphone. ***Ce consentement peut être révoqué à tout moment.****

* En cas de demande de révocation, vous pouvez télécharger et imprimer le formulaire de « Consentement à la transmission par voie électronique des avis du greffe » dans l'onglet droit et démarche formulaire pour les particuliers, action en justice (http://www.vos-droits.justice.gouv.fr/) ou retirer ce formulaire au greffe de la juridiction que vous avez saisie. Ce formulaire, téléchargé et rempli par vos soins, pourra être déposé au greffe ou adressé au greffe par lettre recommandée avec accusé de réception.

ATTESTATION SUR L'HONNEUR

Je soussigné(e) ____________________ certifie sur l'honneur que les renseignements portés sur ce formulaire **sont** exacts.

Fait à: ________________________________ **Le** |_|_|_|_|_|_|_|_|

Signature

La loi n°78-17 du 6 janvier 1978 relative aux fichiers nominatifs garantit un droit d'accès et de rectification des données auprès des organismes destinataires de ce formulaire.

7

Requête au juge des tutelles aux fins d'ouverture d'une mesure d'habilitation familiale d'un majeur

https://www.formulaires.modernisation.gouv.fr/gf/cerfa_15613.do

Avant de remplir le formulaire pour votre requête au juge des tutelles, nous vous recommandons la lecture de la notice explicative que vous trouverez sur internet en cherchant :
- le Cerfa n° 52129 #01 ;
- ou « Notice explicative - Requête au juge des tutelles aux fins d'ouverture d'une mesure d'habilitation familiale d'un majeur ».

Nous sommes là pour vous aider

cerfa
N°15613*01

Liberté • Égalité • Fraternité
RÉPUBLIQUE FRANÇAISE

MINISTÈRE DE LA JUSTICE

Requête au juge des tutelles aux fins d'ouverture d'une mesure d'habilitation familiale d'un majeur

(Articles 494-1 et suivants du code civil, articles 1217 et suivants du code de procédure civile)

Vous souhaitez obtenir la mise en place d'une mesure de protection juridique pour un ascendant, un descendant, votre frère ou sœur, votre partenaire d'un pacte civil de solidarité ou votre concubin.

Nous vous invitons à lire attentivement **la notice** avant de remplir ce **formulaire.**

Vous voudrez bien cocher les cases correspondant à votre situation, renseigner les rubriques qui s'y rapportent, joindre les pièces justificatives nécessaires, dater et signer ce formulaire.

Votre qualité, vous êtes :

☐ son concubin

☐ son partenaire de PACS

☐ son frère ou sa sœur

Précisez : ____________________

☐ un descendant

Précisez : ____________________

☐ un ascendant

Précisez : ____________________

Votre identité :

☐Madame ☐ Monsieur

Votre nom (nom de naissance) :

____

Votre nom d'usage (ex. nom d'époux/d'épouse)

____

Vos prénoms : ____________________

1

Votre date et lieu de naissance : I__I__I__I__I__I__I__I__I à : ______________________

Votre nationalité : ____________________________

Votre profession : ____________________________

Votre adresse : ____

Code postal I__I__I__I__I__I Commune : __________________ Pays : ________________

Votre adresse électronique

_________________________________@___________________________

Votre numéro de téléphone: I__I__I__I__I__I__I__I__I__I__I

Identité de la personne à protéger :

☐Madame ☐ Monsieur

Son nom de famille (nom de naissance) :

____

Son nom d'usage (ex : d'époux / d'épouse) :

____

Ses prénoms : ____

Ses date et lieu de naissance : I__I__I__I__I__I__I__I__I__I à ______________________________

Sa nationalité : ____________________________

Sa profession : _______________________

Son adresse : ____

Code postal I__I__I__I__I__I Commune : __________________ Pays : ________________

Son adresse électronique :

_________________________________@___________________________

Son numéro de téléphone: I__I__I__I__I__I__I__I__I__I__I

et *(si la personne réside dans un autre lieu)*

L'adresse de sa résidence (ex : lieu d'hospitalisation, établissement d'accueil) :

____

Code postal I__I__I__I__I__I Commune : __________________ Pays : ________________

Situation personnelle de la personne à protéger :

<u>Concernant l'entourage de la personne à protéger</u>

Le majeur à protéger a une famille, un entourage, composé de :

NOM et Prénom	Lien (père, mère, fils, fille frère, soeur, époux, épouse, concubin, partenaire, etc.)	Adresse	Relations habituelles avec la personne à protéger (oui/non)

2

Concernant le médecin traitant de la personne à protéger

La personne à protéger a-t-elle un médecin traitant ? ☐ oui ☐ non
Si oui, préciser :

Son nom et son prénom : ______________________________

Son adresse : ______________________________

Code postal |_|_|_|_|_| Commune : ________________ Pays : ________________

Capacité du majeur à protéger à se déplacer et à être entendu par le juge :

Vous estimez que le majeur à protéger :

☐ peut se déplacer et être entendu au tribunal

☐ peut se déplacer et être entendu au tribunal, mais uniquement avec l'aide d'un tiers. En ce cas, précisez l'identité et les coordonnées de la personne qui peut l'accompagner au tribunal :

____

____

☐ ne peut pas se déplacer et doit être entendu chez lui ou au sein de l'établissement d'accueil

☐ ne peut pas se déplacer et ne peut pas être entendu

Situation patrimoniale de la personne à protéger :

Quels sont les revenus de la personne à protéger (salaires, allocations, pensions…) ?

____

____

____

____

____

____

3

Quelle est la composition du patrimoine de la personne à protéger (comptes bancaires, placements, assurance-vie, biens immobiliers...) ?

Une personne détient-elle des procurations sur les comptes de la personne à protéger ?

☐oui ☐non

Si oui, préciser :

Son nom et son prénom : ______

Son adresse : ______

Code postal |_|_|_|_|_| Commune : ______ Pays : ______

Quelles sont les charges de la personne à protéger ?

Existence d'un mandat de protection future :

Un mandat de protection future a-t-il été rédigé par la personne à protéger ? ☐oui ☐non

Si oui, veuillez indiquer le numéro du mandat : I_I_I_I_I_I_I_I_I_I_I

Ce mandat a-t-il été mis en œuvre ? ☐oui ☐non

S'il n'a pas été mis en œuvre, indiquez la raison :

Votre demande :

Vous demandez au juge des tutelles de prononcer une mesure d'habilitation familiale :

- À CARACTÈRE GÉNÉRAL ☐oui ☐non

4

- **Si OUI, veuillez préciser la durée de la mesure d'habilitation générale (dans la limite de 10 ans) : ---------------------ans**

- **OU LIMITÉE À CERTAINS ACTES ☐oui ☐non**
- **Si OUI, veuillez préciser l'objet de votre demande : ---**

Précisez les motifs de la demande de la mesure (indiquez ce qui justifie, selon vous, l'organisation d'une mesure d'habilitation familiale, donnez tous les éléments utiles concernant la situation familiale de la personne à protéger, **indiquer dans la mesure du possible l'avis des proches de la personne à protéger sur l'opportunité de la mesure d'habilitation familiale** etc.) :

Vous devez joindre à votre demande, sous peine d'irrecevabilité, un certificat médical circonstancié en application de l'article 431 du code civil et des articles 1218 et 1219 du code de procédure civile rédigé par un médecin inscrit sur la liste établie par le procureur de la République attestant que la personne à protéger se trouve dans l'impossibilité de pourvoir seule à ses intérêts en raison d'une altération médicalement constatée de ses facultés :

☐ mentales
☐ corporelles de nature à empêcher l'expression de sa volonté.

La personne à protéger a-t-elle désigné une ou plusieurs personnes pour la représenter ?

☐ oui ☐ non

Si oui, veuillez indiquer son identité :

☐ Vous-même

☐Madame ☐ Monsieur

5

Son lien avec le majeur à protéger : ______________________

Son nom de famille (naissance) : ______________________

Son nom d'usage (ex : d'époux / d'épouse) :

____

Ses prénoms : ______________________

Sa date et son lieu de naissance : |__|__|__|__|__|__|__|__| à : ______________________

Sa nationalité : ______________________

Sa profession : ______________________

Son adresse : ______________________

Code postal |__|__|__|__|__| Commune : ______________ Pays : ______________

Son adresse électronique :

______________________@______________________

Son numéro de téléphone: |__|__|__|__|__|__|__|__|__|__|

Les parents du majeur à protéger, qui assument la charge matérielle et affective de leur enfant majeur, ont-ils désigné une ou plusieurs personnes pour le représenter ? ☐ oui ☐ non

Si oui, veuillez indiquer son identité :

☐ Vous-même

☐ Madame ☐ Monsieur

Son lien avec le majeur à protéger : ______________________

Son nom de famille (naissance) : ______________________

Son nom d'usage (ex : d'époux / d'épouse) : ______________________

Ses prénoms : ______________________

Sa date et son lieu de naissance : |__|__|__|__|__|__|__|__| à : ______________________

Sa nationalité : ______________________

Sa profession : ______________________

Son adresse : ______________________

Code postal |__|__|__|__|__| Commune : ______________ Pays : ______________

Son adresse électronique : ______________________@______________________

Son numéro de téléphone : |__|__|__|__|__|__|__|__|__|__|

Quelle est la personne que vous estimez la plus compétente pour représenter la personne à protéger :

☐ Vous-même

☐ La personne désignée par le majeur à protéger ci-dessus visée

☐ La personne désignée par les parents du majeur à protéger ci-dessus visée

☐ Autre proche ci-dessous visé

☐ Madame ☐ Monsieur

Son lien avec le majeur à protéger : ______________________________

Son nom de famille (naissance) : ______________________________

Son nom d'usage (ex : d'époux / d'épouse) :

____

Ses prénoms : ______________________________

Sa date et son lieu de naissance : I__I__I__I__I__I__I__I__I à ______________________________

Sa nationalité : ______________________________

Sa profession : ______________________________

Son adresse : ______________________________

Code postal I__I__I__I__I__I Commune : ____________________ Pays : ____________________

Son adresse électronique :

______________________________@______________________________

Son numéro de téléphone: I__I__I__I__I__I__I__I__I__I__I

Avis de la personne à protéger sur la mesure de protection :

<u>La personne à protéger :</u>

☐ est favorable à la mesure
☐ est opposée à la mesure
☐ n'a pas d'avis sur la mesure
☐ n'est pas en état de donner un avis, même non éclairé, sur la mesure
☐ n'est pas informée de votre demande

Votre consentement concernant la transmission par voie électronique des avis adressés par le greffe du tribunal :

J'accepte que les avis utiles à la présente procédure me soient adressés par le greffe de la juridiction au moyen d'un courrier électronique à l'adresse suivante :

______________________________@______________________________

Je suis informé que mon consentement **peut être révoqué à tout moment** (par déclaration orale au greffe de la juridiction saisie ou par lettre recommandée avec accusé de réception adressée au même service).

J'ai bien noté qu'en cas de demande de révocation par lettre recommandée avec accusé de réception, ma révocation prendra effet à compter de la réception du courrier par le greffe.

J'ai bien noté que je dois signaler au service saisi de mon affaire tout changement d'adresse de messagerie.

J'ai bien noté que je dois signaler au même service toute circonstance ne me permettant pas de consulter ma messagerie électronique de manière durable. Dans ce cas, **je sais qu'il m'est recommandé de révoquer mon consentement**.

7

Article 748-8 du CPC : Par dérogation aux dispositions du présent titre, lorsqu'il est prévu qu'un avis est adressé par le greffe à une partie par tous moyens, il peut lui être envoyé au moyen d'un courrier électronique ou d'un message écrit, transmis, selon le cas, à l'adresse électronique ou au numéro de téléphone qu'elle a préalablement déclaré à cette fin à la juridiction.

Cette déclaration préalable mentionne le consentement de cette partie à l'utilisation de la voie électronique ou du message écrit transmis au numéro de téléphone, pour les avis du greffe transmis dans l'instance en cours, à charge pour elle de signaler toute modification de son adresse électronique ou de son numéro de téléphone. ***Ce consentement peut être révoqué à tout moment.****

* En cas de demande de révocation, vous pouvez télécharger et imprimer le formulaire de « Consentement à la transmission par voie électronique des avis du greffe » dans l'onglet droit et démarche formulaire pour les particuliers, action en justice (http://www.vos-droits.justice.gouv.fr/) ou retirer ce formulaire au greffe de la juridiction que vous avez saisie. Ce formulaire, téléchargé et rempli par vos soins, pourra être déposé au greffe ou adressé au greffe par lettre recommandée avec accusé de réception.

ATTESTATION SUR L'HONNEUR

Je soussigné(e) ____________________ certifie sur l'honneur que les renseignements portés sur ce formulaire sont exacts.

Fait à : ______________________________ **Le** |__|__|__|__|__|__|__|__|

Signature

La loi n°78-17 du 6 janvier 1978 relative aux fichiers nominatifs garantit un droit d'accès et de rectification des données auprès des organismes destinataires de ce formulaire.

8

Requête au juge des tutelles (Nouvel examen d'une mesure de protection judiciaire d'un majeur)

https://www.formulaires.modernisation.gouv.fr/gf/cerfa_14919.do

Avant de remplir le formulaire pour votre requête au juge des tutelles, nous vous recommandons la lecture de la notice explicative que vous trouverez sur internet en cherchant :
– le Cerfa n° 14919 #01 ;
– ou « Notice explicative - Requête au juge des tutelles pour un nouvel examen d'une mesure de protection judiciaire d'un majeur ».

Nous sommes là pour vous aider

Liberté • Égalité • Fraternité
RÉPUBLIQUE FRANÇAISE
MINISTÈRE DE LA JUSTICE

cerfa
N° 14919*01

Requête au juge des tutelles
Nouvel examen d'une mesure de protection judiciaire d'un majeur

(Articles 430, 439,442 et 443 du code civil, article 1228 du code de procédure civile)

Nous vous invitons à lire attentivement la notice avant de remplir ce formulaire.

Vous voudrez bien cocher les cases correspondant à votre situation, renseigner les rubriques qui s'y rapportent, joindre les pièces justificatives nécessaires et signer ce formulaire.

Référence du dossier du majeur protégé :

Numéro du dossier : |_|_| |_|_|_|_|_|_|

Identité de la personne protégée :

☐ Madame ☐ Monsieur

Son nom (de naissance): ____________________

Son nom d'usage : ____________________

Ses prénoms : ____________________

Ses date et lieu de naissance : |_|_|_|_|_|_|_|_| à ____________________

Adresse de la personne protégée :

Domicile ____________________

code postal |_|_|_|_|_| Commune: __________ Pays: __________

et *(si différent du domicile)*

Résidence : ____________________

Code postal |_|_|_|_|_| Commune : __________ Pays: __________

Mesure :

Le majeur protégé fait actuellement l'objet d'une mesure de :

☐ sauvegarde de justice ☐ curatelle simple ☐ curatelle renforcée ☐ tutelle

Date du jugement d'ouverture de la mesure de protection : |_|_|_|_|_|_|_|_|

1

Votre qualité, vous êtes :

☐ le majeur protégé ☐ son conjoint, son partenaire de PACS ou son concubin

☐ son tuteur ☐ son curateur ☐ son mandataire

☐ un parent ou allié,
Précisez (exemples : fils, sœur, etc.) : ____________________

☐ une personne entretenant avec le majeur des liens étroits et stables,
Précisez (exemples : ami, voisin etc.) : ____________________

Votre identité, si vous êtes une personne physique :

☐ Madame ☐ Monsieur

Votre nom (de naissance): ____________________

Votre nom d'usage : ____________________

Vos prénoms : ____________________

Votre adresse : ____________________

Code postal I_I_I_I_I_I Commune: ____________ Pays: ____________

Votre adresse de courriel : ____________@____________

Votre numéro de téléphone : ____________ de télécopie, le cas échéant : ____________

Votre identité, si vous êtes une personne morale :

Dénomination : ____________________

Représentée par : ____________________

Adresse du siège social : ____________________

Code postal I_I_I_I_I_I Commune ____________________

Votre adresse de courriel : ____________@____________

Votre numéro de téléphone : ____________ de télécopie, le cas échéant : ____________

Situation personnelle du majeur protégé :

☐ à votre connaissance, le majeur protégé n'a pas de famille ou d'ami.

☐ à votre connaissance, le majeur protégé a une famille, un entourage, composé de :

NOM et Prénom	Lien (mère, fils, frère, cousin, amis etc.)	Adresse	Proche du majeur (oui/non)

2

Avis du majeur protégé sur la mesure de protection :

Vous estimez que le majeur protégé est :

☐ favorable à la mesure et à son renouvellement ;

☐ opposé à la mesure et à son renouvellement ;

☐ n'a pas d'avis sur la mesure ou son renouvellement ;

☐ n'est pas en état de porter un avis, même non éclairé, sur la mesure ou son renouvellement.

Votre avis sur la mesure de protection :

➢ **Vous estimez** que les relations entre le majeur protégé et son représentant (mandataire, curateur, tuteur) sont :

☐ bonnes ;

☐ difficiles, précisez : ____

____

➢ **Vous estimez** que la mesure actuelle :

☐ est adaptée à l'état de santé du majeur protégé ;

☐ n'est plus adaptée et doit être aggravée ;

☐ n'est plus adaptée et doit être allégée ;

☐ n'est plus adaptée et doit être levée.

➢ **Vous estimez** que l'état de santé du majeur protégé :

☐ s'est amélioré et ne nécessite plus de mesure de protection

☐ est susceptible d'amélioration et un retour à plus d'autonomie doit être recherché ;

☐ n'est pas susceptible d'amélioration et la mesure de protection ne peut qu'être maintenue ou aggravée.

➢Si **vous estimez** qu'une mesure de protection est nécessaire, selon vous, la mesure la plus adaptée est désormais :

☐ la sauvegarde de justice ☐ la curatelle simple ☐ la curatelle renforcée ☐ la tutelle

➢Dans ce cas, **vous estimez** que la durée de la mesure doit être :

☐ maintenue à 5 ans ;

☐ inférieure à 5 ans et vous proposez une durée de ________ ans ;

☐ supérieure à 5 ans et vous proposez une durée de ________ ans.

Capacité du majeur protégé à se déplacer et à être entendu par le juge :

Vous estimez que le majeur protégé :

☐ peut se déplacer et être entendu au tribunal ;

3

☐ peut se déplacer et être entendu au tribunal, mais uniquement avec l'aide d'un tiers ;
☐ ne peut pas se déplacer et doit être entendu chez lui ;
☐ ne peut pas se déplacer et ne peut pas être entendu.

Autres renseignements :

Indiquez les éléments supplémentaires qui vous paraissent utiles pour que le juge des tutelles prenne sa décision :

____
____
____
____
____
____
____

Votre requête :

☐ **Vous demandez au juge des tutelles de <u>renouveler à l'identique</u> la mesure de protection dont bénéficie l'intéressé :**
- ☐ **avec maintien** du représentant actuel dans ses fonctions ;
- ☐ **sans maintien** du représentant actuel dans ses fonctions et vous proposez comme personne la plus compétente pour assurer la poursuite de ces fonctions ______________________

____

☐ **Vous demandez au juge des tutelles de <u>renouveler en l'aggravant</u> la mesure de protection dont bénéficie l'intéressé pour une période de ________ ans :**
- ☐ **en prononçant une mesure de** ______________________ ;
- ☐ **avec maintien** du représentant actuel dans ses fonctions ;
- ☐ **sans maintien** du représentant actuel dans ses fonctions et vous proposez comme personne la plus compétente pour assurer la poursuite de ces fonctions______________________

____

☐ **Vous demandez au juge des tutelles du tribunal d'instance <u>de renouveler en l'allégeant</u> la mesure de protection dont bénéficie l'intéressé pour une période de ________ ans :**
- ☐ **en prononçant une mesure de** ______________________ ;
- ☐ **avec maintien** du représentant actuel dans ses fonctions ;
- ☐ **sans maintien** du représentant actuel dans ses fonctions et vous proposez comme personne la plus compétente pour assurer la poursuite de ces fonctions______________________

☐ **Vous demandez au juge des tutelles du tribunal d'instance de lever la mesure de protection**

Fait à : ______________________ Le |_|_|_|_|_|_|_|_|

Signature :

La loi n°78-17 du 6 janvier 1978 relative aux fichiers nominatifs garantit un droit d'accès et de rectification des données auprès des organismes destinataires de ce formulaire.

4

Inventaire de patrimoine

IDENTITÉ DE LA PERSONNE PROTÉGÉE

Nom et prénom : ....

Date de naissance : .... Lieu de naissance :......................

Adresse du domicile : ....

Code postal : ....Ville :..

Tél. : ....

SITUATION FAMILIALE DE LA PERSONNE PROTÉGÉE

❑ Marié(e) ❑ Célibataire ❑ Divorcé(e) ❑ Veuf(ve)

❑ Séparé(e) de corps ❑ Séparé(e) de fait

Nom du conjoint : ....

Date du mariage : ....

Lieu du mariage : ....

Date du divorce : ....

Nom et adresse des enfants :

Enfant 1 : ....

Enfant 2 : ....

Enfant 3 : ....

Enfant 4 : ....

SITUATION MATRIMONIALE DE LA PERSONNE PROTÉGÉE

Un contrat de mariage a-t-il été établi ? ....

Si oui :
❑ Communauté légale
❑ Communauté universelle
❑ Séparation de biens

BIENS DE LA PERSONNE PROTÉGÉE

Précisez pour chaque bien (cochez la case) s'il s'agit d'un bien personnel ou d'un bien de communauté

Intitulé	Valeur	Bien personnel	Bien de communauté
Immeubles bâtis ou non bâtis (précisez l'adresse et la valeur estimée)			
Meubles et objets de ménage (précisez uniquement la valeur déclarée à l'assurance)			
Objets de valeur (joindre en cas de nécessité l'inventaire du commissaire priseur)			
Argent liquide (précisez les numéros de compte, le nom de l'établissement de dépôt et le solde)			
Valeurs et titres (joindre le cas échéant un relevé bancaire)			
Dettes (indiquez le nom des créanciers)			
Créances (indiquez le nom des débiteurs)			
TOTAL			

Compte rendu de gestion

TRIBUNAL D'INSTANCE
DE PARIS

> Joindre les justificatifs bancaires de tous les comptes (dernier relevé bancaire et (ou) photocopie de la dernière page du livret.

COMPTE-RENDU DE GESTION

NOM DE LA PERSONNE PROTÉGÉE :

NOM DU REPRÉSENTANT LÉGAL :

PÉRIODE DU : **AU :**

1) PATRIMOINE MOBILIER AU DÉBUT DE LA PÉRIODE

Compte bancaire n°	:	€
Compte bancaire n°	:	€
C.C.P. n°	:	€
Livret A n°	:	€
Livret B n°	:	€
P.E.L. n°	:	€
C.E.L. n°	:	€
S.I.C.A.V.	:	€
Actions	:	€
Obligations	:	€
Espèces	:	€
TOTAL		€

2) RECETTES DE LA PÉRIODE

Pensions	:	€
Allocations	:	€
Loyers	:	€
Intérêts des capitaux	:	€
Produits des ventes mobilières	:	€
Produits des ventes immobilières	:	€
Salaires	:	€
TOTAL		€

3) DÉPENSES DE LA PÉRIODE

Loyers	:	€
Coût de l'hospitalisation	:	€
Coût de la maison de retraite	:	€
Nourriture	:	€
Habillement	:	€
Achats mobiliers	:	€
Achats immobiliers	:	€
	:	€
	:	€
	:	€
	:	€
	:	€
TOTAL		€

4) SOLDE DE LA PÉRIODE (recettes-dépenses)

5) PATRIMOINE MOBILIER EN FIN DE LA PÉRIODE

Compte bancaire n°	:	€
Compte bancaire n°	:	€
C.C.P. n°	:	€
Livret A n°	:	€
Livret B n°	:	€
P.E.L. n°	:	€
C.E.L. n°	:	€
S.I.C.A.V.	:	€
Actions	:	€
Obligations	:	€
Espèces	:	€
	:	€
	:	€
	:	€
TOTAL		€

6) PATRIMOINE IMMOBILIER DE LA PERSONNE PROTÉGÉE

NATURE	SITUATION	UTILISATION	ESTIMATION

Indiquer :
- Si des modifications du patrimoine immobilier ont été apportées pendant la période ;
- Si des modifications sont envisagées. Si oui pour quelles raisons ?

7) DES CHANGEMENTS IMPORTANTS SONT-ILS INTERVENUS
dans la situation de la personne protégée pendant la période ?
Si oui, lesquels ? Indiquez notamment si votre adresse ou celle de la personne protégée ont été modifiées.

8) OBSERVATIONS GÉNÉRALES ÉVENTUELLES

A **LE**

SIGNATURE

Ce modèle émane du tribunal d'instance du 12e arrondissement de Paris. Il peut servir devant tout juge des tutelles.

Mandat de protection future

https://www.formulaires.modernisation.gouv.fr/gf/cerfa_13592.do

Avant de remplir le formulaire pour un mandat de protection future, nous vous recommandons la lecture de la notice explicative que vous trouverez sur internet en cherchant :
- le Cerfa n° 51226 #02 ;
- ou « Notice d'information du mandat de protection future sous seing privé ».

Liberté • Égalité • Fraternité
RÉPUBLIQUE FRANÇAISE

MINISTÈRE DE LA JUSTICE

cerfa
N°13592*02

LE MANDAT DE PROTECTION FUTURE NE PEUT PRENDRE EFFET QUE LORSQU'IL EST ETABLI QUE LE MANDANT NE PEUT PLUS POURVOIR SEUL A SES INTERETS

Mandat de protection future

(Articles 477 à 488 et 492 à 494 du code civil)

IDENTITE DU MANDANT :

Madame ☐ Mademoiselle ☐ Monsieur ☐

Mon nom de famille (de naissance): ______________________________

Mon nom d'usage (ex : nom marital) : ______________________________

Mes prénoms (dans l'ordre de l'état civil): ______________________________

Ma date de naissance: |__|__|__|__|__|__|__|__|

Mon lieu de naissance :

Code postal : |__|__|__|__|__| Commune : ______________________________

Pays : ______________________________

La date du jugement de mon émancipation (le cas échéant) : ______________________________

Mon adresse : ______________________________

Code postal : |__|__|__|__|__| Commune : ______________________________

Pays : ______________________________

JE DECLARE NE PAS BENEFICIER, A CE JOUR, D'UNE MESURE DE TUTELLE (recopiez cette phrase de votre main) ______________________________

____

Je sais que je peux choisir de protéger ma personne, mon patrimoine ou les deux à la fois.

VOUS DEVEZ SIGNER TOUTES LES PAGES

1

1 - JE FAIS LE CHOIX D'UNE PROTECTION DE MA PERSONNE

Je désigne comme mandataire chargé de la protection de ma personne :

(Si vous choisissez une personne morale allez directement au § A. Bis)

A- Identité du mandataire s'il s'agit d'une personne physique

Un parent ☐ un proche ☐ un mandataire judiciaire à la protection des majeurs (M.J.P.M) ☐

Madame ☐ Mademoiselle ☐ Monsieur ☐

Son nom de famille : ____________________

Son nom d'usage (ex : nom marital) : ____________________

Ses prénoms (dans l'ordre de l'état civil) : ____________________

Lien de parenté (le cas échéant) : ____________________

Sa date de naissance : |__|__|__|__|__|__|__|__| Son lieu de naissance :

Code postal : |__|__|__|__|__| Commune : ____________________

Pays ____________________

Son adresse : ____________________

Code postal : |__|__|__|__|__| Commune : ____________________

Pays : ____________________

A.bis - Identité du mandataire s'il s'agit d'une personne morale

Dénomination : ____________________

Forme juridique : ____________________

Représentée par : ____________________

Adresse du siège social : ____________________

Code postal |__|__|__|__|__| Commune ____________________

Pays: ____________________

VOUS DEVEZ SIGNER TOUTES LES PAGES 2

B- Définition des pouvoirs du ou des mandataire(s) chargé(s) de la protection de ma personne

Mon mandataire veillera sur ma personne selon les modalités fixées aux articles 457-1 à 459-2 du code civil, dont j'ai pris connaissance, et qui recevront obligatoirement application, sans dérogation possible :

Article 457-1 : La personne protégée reçoit de la personne chargée de sa protection, selon des modalités adaptées à son état et sans préjudice des informations que les tiers sont tenus de lui dispenser en vertu de la loi, toutes informations sur sa situation personnelle, les actes concernés, leur utilité, leur degré d'urgence, leurs effets et les conséquences d'un refus de sa part.

Article 458 : Sous réserve des dispositions particulières prévues par la loi, l'accomplissement des actes dont la nature implique un consentement strictement personnel ne peut jamais donner lieu à assistance ou représentation de la personne protégée. Sont réputés strictement personnels la déclaration de naissance d'un enfant, sa reconnaissance, les actes de l'autorité parentale relatifs à la personne d'un enfant, la déclaration du choix ou du changement du nom d'un enfant et le consentement donné à sa propre adoption ou à celle de son enfant.

Article 459 : Hors les cas prévus à l'article 458, la personne protégée prend seule les décisions relatives à sa personne dans la mesure où son état le permet.

Lorsque l'état de la personne protégée ne lui permet pas de prendre seule une décision personnelle éclairée, le juge ou le conseil de famille s'il a été constitué peut prévoir qu'elle bénéficiera, pour l'ensemble des actes relatifs à sa personne ou ceux d'entre eux qu'il énumère, de l'assistance de la personne chargée de sa protection. Au cas où cette assistance ne suffirait pas, il peut, le cas échéant après l'ouverture d'une mesure de tutelle, autoriser le tuteur à représenter l'intéressé.

Toutefois, sauf urgence, la personne chargée de la protection du majeur ne peut, sans l'autorisation du juge ou du conseil de famille s'il a été constitué, prendre une décision ayant pour effet de porter gravement atteinte à l'intégrité corporelle de la personne protégée ou à l'intimité de sa vie privée.
La personne chargée de la protection du majeur peut prendre à l'égard de celui-ci les mesures de protection strictement nécessaires pour mettre fin au danger que son propre comportement ferait courir à l'intéressé. Elle en informe sans délai le juge ou le conseil de famille s'il a été constitué.

Article 459-1 : L'application de la présente sous-section ne peut avoir pour effet de déroger aux dispositions particulières prévues par le code de la santé publique et le code de l'action sociale et des familles prévoyant l'intervention d'un représentant légal.

Toutefois, lorsque la mesure a été confiée à une personne ou un service préposé d'un établissement de santé ou d'un établissement social ou médico-social dans les conditions prévues à l'article 451, et que cette personne ou ce service doit soit prendre une décision nécessitant l'autorisation du juge ou du conseil de famille en application du troisième alinéa de l'article 459, soit accomplir au bénéfice de la personne protégée une diligence ou un acte pour lequel le code de la santé publique prévoit l'intervention du juge, ce dernier peut décider, s'il estime qu'il existe un conflit d'intérêts, d'en confier la charge au subrogé curateur ou au subrogé tuteur, s'il a été nommé, et à défaut à un curateur ou à un tuteur ad hoc.

Article 459-2 : La personne protégée choisit le lieu de sa résidence.

Elle entretient librement des relations personnelles avec tout tiers, parent ou non. Elle a le droit d'être visitée et, le cas échéant, hébergée par ceux-ci.

En cas de difficulté, le juge ou le conseil de famille s'il a été constitué statue.

VOUS DEVEZ SIGNER TOUTES LES PAGES

3

C- Définition des pouvoirs de mon mandataire pour ce qui concerne ma santé et ma prise en charge sociale ou médico-sociale

(Cochez la ou les options choisies ***et recopiez-la de votre main****)*

☐ **Option 1 :** Mon mandataire exercera les missions que le code de la santé publique et le code de l'action sociale et des familles confient au « **représentant de la personne en tutelle** ». *(Voir notice jointe)*

☐ **Option 2 :** Mon mandataire exercera les missions que le code de la santé publique et le code de l'action sociale et des familles confient à la « **personne de confiance** ». *(Voir notice jointe)*

☐ **Option 3 :** Mon mandataire n'exercera aucune des missions prévues par le code de la santé publique et le code de l'action sociale et des familles.

D- J'ajoute les précisions complémentaires suivantes que je juge utiles, sur les conditions de protection de ma personne :

(Voir exemples en notice jointe)

VOUS DEVEZ SIGNER TOUTES LES PAGES

2 - JE FAIS LE CHOIX D'UNE PROTECTION DE MON PATRIMOINE

SI VOUS AVEZ DESIGNE UN MANDATAIRE POUR LA PROTECTION DE VOTRE PERSONNE, VOUS POUVEZ CHOISIR LE MEME MANDATAIRE POUR LA PROTECTION DE VOTRE PATRIMOINE.

Je désigne comme mandataire chargé de la protection de mon patrimoine :

A- Identité du mandataire s'il s'agit d'une personne physique :

Un parent ☐ un proche ☐ un mandataire judiciaire à la protection des majeurs (M.J.P.M) ☐

Madame ☐ Mademoiselle ☐ Monsieur ☐

Son nom de famille : ____________________

Son nom d'usage (ex : nom marital) : ____________________

Ses prénoms (dans l'ordre de l'état civil) : ____________________

Lien de parenté (le cas échéant) : ____________________

Sa date de naissance I__I__I__I__I__I__I__I__I Son lieu de naissance :

Code postal : I__I__I__I__I__I Commune : ____________________

Pays : ____________________

Son adresse : ____________________

Code postal : I__I__I__I__I__I Commune : ____________________

Pays : ____________________

A.bis - Identité du mandataire s'il s'agit d'une personne morale

Dénomination : ____________________

Forme juridique : ____________________

Représentée par : ____________________

Adresse du siège social : ____________________

Code postal I__I__I__I__I__I Commune ____________________

Pays: ____________________

VOUS DEVEZ SIGNER TOUTES LES PAGES 5

B- *Définition des pouvoirs de mon mandataire chargé de la protection de mon patrimoine*

(Cochez l'option choisie et recopiez-la de votre main):

☐ **Option 1** : Mon mandataire veillera à mes intérêts patrimoniaux et me représentera pour l'administration de **l'ensemble de mon patrimoine** :

☐ **Option 2** : Mon mandataire veillera à mes intérêts patrimoniaux et me représentera exclusivement pour l'administration **des biens suivants *(à compléter)*** :

Je souhaite ajouter les précisions suivantes

Mon mandataire veillera sur mes animaux domestiques (précisez) :

Précisions complémentaires que vous souhaitez apporter :

(Voir exemples en notice jointe) :

VOUS DEVEZ SIGNER TOUTES LES PAGES

6

3 - MODALITES D'EXECUTION DU MANDAT :

A- INVENTAIRE DE MES BIENS

A son entrée en fonction, **le mandataire chargé de la protection de mon patrimoine en dressera un inventaire**. Il en assurera l'actualisation au cours du mandat.

N.B. : Le mandataire conservera l'inventaire et ses actualisations ainsi que les pièces justificatives, il sera tenu de les présenter au juge des tutelles ou au procureur de la République qui lui en ferait la demande.

S'il quitte ses fonctions, il devra remettre ces documents à la personne qui lui succédera dans la mission de protection de mon patrimoine.

B-REMUNERATION DE MON OU DE MES MANDATAIRES

*1- **Rémunération du mandataire chargé de la protection de ma personne***

(Cochez l'option choisie)

☐**Option 1 :** Le mandataire chargé de la protection de ma personne accepte de remplir sa mission **gratuitement**.

☐**Option 2 :** Le mandataire chargé de la protection de ma personne ne sera pas rémunéré mais, s'il supporte des frais et des charges nécessaires à l'accomplissement de sa mission, le **remboursement de ses frais se fera sur mon patrimoine sur justificatifs.**

☐**Option 3 :** Le mandataire chargé de la protection de ma personne sera rémunéré ainsi qu'il suit : (*cochez l'option définissant le mode de rémunération et fixez la rémunération de votre main)* :

☐ Une somme **annuelle** forfaitaire de……………….________________€ TTC
☐ Une somme **mensuelle** de…………………………..________________€ TTC

☐ Une rémunération fixée de la façon suivante :

____
____
____
____
____
____

VOUS DEVEZ SIGNER TOUTES LES PAGES

7

MODÈLES

2- Rémunération du mandataire chargé de la protection de mon patrimoine
(cochez l'option choisie) :

☐**Option 1 :** Le mandataire chargé de la protection de mon patrimoine accepte de remplir sa mission **gratuitement**.

☐**Option 2 :** Le mandataire chargé de la protection de mon patrimoine ne sera pas rémunéré mais, s'il supporte des frais et des charges nécessaires à l'accomplissement de sa mission, **le remboursement de ses frais se fera sur mon patrimoine sur justificatifs.**

☐**Option 3 :** Le mandataire chargé de la protection de mon patrimoine sera rémunéré ainsi qu'il suit : (*cochez l'option définissant le mode de rémunération et fixez la rémunération de votre main)*

☐ Une somme **annuelle** forfaitaire de..................________________€ TTC
☐ Une somme **mensuelle** de.............................________________€ TTC

☐ Une rémunération fixée de la façon suivante :

____
____
____
____
____

VOUS DEVEZ SIGNER TOUTES LES PAGES 8

4 - MODALITES DE CONTROLE DU MANDAT :

A- CONTROLE DE L'ACTIVITE DU MANDATAIRE CHARGE DE LA PROTECTION DE MA PERSONNE

Le mandataire chargé de la protection de ma personne rendra compte par écrit, au moins chaque année, de l'accomplissement de sa mission, à la personne chargée du contrôle de l'exécution du mandat, que je désigne ci-dessous :

☐ Je choisis et **désigne une personne physique (1)**

☐ Je désigne une personne morale, en ce cas allez directement au **(2)**

1) ☐ JE CHOISIS UNE PERSONNE PHYSIQUE

Je peux désigner toute personne de mon choix.

Madame ☐ Mademoiselle ☐ Monsieur ☐

Son nom de famille : ______

Son nom d'usage (ex : nom marital) : ______

Ses prénoms (dans l'ordre de l'état civil) : ______

Sa date de naissance : I__I__I__I__I__I__I__I__I Son lieu de naissance :

Code postal: I__I__I__I__I__I Commune: ______

Pays : ______

Son adresse : ______

Code postal: I__I__I__I__I__I Commune : ______

Pays______

2) ☐ JE CHOISIS UNE PERSONNE MORALE

Je peux désigner toute personne de mon choix.

Dénomination : ______

Forme juridique : ______

Nom et prénom usuel de son représentant légal ______

Adresse du siège social ______

Code postal I__I__I__I__I__I Commune ______

Pays: ______

VOUS DEVEZ SIGNER TOUTES LES PAGES

9

B- CONTROLE DE L'ACTIVITE DU MANDATAIRE CHARGE DE LA PROTECTION DE MON PATRIMOINE

Le mandataire que j'ai chargé de la protection de mon patrimoine établira, chaque année, un compte de gestion qu'il remettra pour vérification à la personne que je choisis et désigne ci-dessous.

1. ☐**Je désigne la même personne physique ou la même personne morale** pour contrôler l'exécution des missions de protection de ma personne et de protection de mon patrimoine confiées à mon mandataire.

2. ☐**Je désigne une personne physique** pour contrôler l'exécution de la mission de protection de mon patrimoine.
Je peux désigner toute personne de mon choix.

Madame ☐ Mademoiselle ☐ Monsieur ☐

Son nom de famille : ____________________

Son nom d'usage (ex : nom marital) : ____________________

Ses prénoms (dans l'ordre de l'état civil) : ____________________

Sa date de naissance |__|__|__|__|__|__|__|__| Son lieu de naissance

Code postal |__|__|__|__|__| Commune ____________________

Pays : ____________________

Son adresse : ____________________

Code postal |__|__|__|__|__| Commune : ____________________

Pays : ____________________

3. ☐**Je désigne une personne morale** pour contrôler l'exécution de la mission de protection de mon patrimoine.
Je peux désigner toute personne de mon choix.

Dénomination ____________________

Forme juridique ____________________

Nom et prénom usuel de son représentant légal ____________________

Adresse du siège social ____________________

Code postal |__|__|__|__|__| Commune ____________________

Pays ____________________

C- REMUNERATION DE LA OU DES PERSONNE(S) DESIGNEE(S) POUR CONTRÔLER L'ACTIVITE DU MANDATAIRE

Si vous avez désigné un contrôleur pour la protection de votre personne et un contrôleur pour la protection de votre patrimoine, vous pouvez opter de manière différente pour la rémunération de chacun d'eux

1. Contrôle du mandat de protection de ma personne ***(cochez l'option choisie) :***

☐**Option 1 : le contrôleur** de mon ou mes mandataire(s) accepte de remplir sa mission **gratuitement**.

☐**Option 2 : le contrôleur de** mon ou mes mandataire(s) ne sera pas rémunéré mais, s'il supporte des frais et des charges nécessaires à l'accomplissement de sa mission, **le remboursement de ses frais se fera sur mon patrimoine sur justificatifs.**

☐**Option 3 : le contrôleur de** mon ou mes mandataires sera rémunéré ainsi qu'il suit :(*cochez l'option définissant le mode de rémunération et fixez la rémunération de votre main)*

☐ Une somme **annuelle** forfaitaire de..................________________€ TTC

☐ Une somme **mensuelle** de..............................________________€ TTC

☐ Une rémunération fixée de la façon suivante :

----

2. Contrôle du mandat de protection de mon patrimoine ***(cochez l'option choisie) :***

☐**Option 1 : le contrôleur** de mon ou mes mandataire(s) accepte de remplir sa mission **gratuitement**.

☐**Option 2 : le contrôleur de** mon ou mes mandataire(s) ne sera pas rémunéré mais, s'il supporte des frais et des charges nécessaires à l'accomplissement de sa mission, **le remboursement de ses frais se fera sur mon patrimoine sur justificatifs.**

☐**Option 3 : le contrôleur de** mon ou mes mandataire(s) sera rémunéré ainsi qu'il suit :(*cochez l'option définissant le mode de rémunération et fixez la rémunération de votre main)*

☐ Une somme **annuelle** forfaitaire de..................________________€ TTC
☐ Une somme **mensuelle** de..............................________________€ TTC

☐ Une rémunération fixée de la façon suivante ____________________

____

____

____

____

VOUS DEVEZ SIGNER TOUTES LES PAGES

11

5- SIGNATURES ET ACCEPTATIONS DU MANDAT

A- SIGNATURE DU MANDANT

J'appose ma signature sur le mandat, après avoir pris connaissance des informations contenues dans la notice jointe, ainsi que des paragraphes suivants :

1°Je suis informé(e) que ce mandat prendra effet s'il est présenté au greffe du tribunal d'instance de mon domicile par mon ou mes mandataires, accompagné d'un certificat médical émanant d'un médecin inscrit sur la liste dressée par le procureur de la République, et attestant de l'altération soit de mes facultés mentales, soit de mes facultés corporelles, de nature à empêcher l'expression de ma volonté.

2°Je suis informé(e) que tant que le mandat n'a pas été mis en œuvre, je peux le modifier, en remplissant un nouvel exemplaire du formulaire, ou le révoquer en notifiant cette révocation à mon mandataire. Dans les deux cas, l'ancien formulaire doit être barré à chaque page.

3°Je reconnais avoir pris connaissance du fait que lorsque les formalités prévues au paragraphe 1° ci-dessus auront été accomplies, je ne pourrai plus modifier ou révoquer moi-même le mandat, mais je pourrai alors m'adresser au juge des tutelles de mon domicile pour qu'il se prononce si je conteste sa mise en œuvre ou son exécution.

4° Je suis informé(e) que je dois **conserver l'un des exemplaires originaux** du présent mandat et en remettre un exemplaire original à chacune des personnes désignées comme mandataires chargés de la protection de ma personne et/ou de mon patrimoine et une copie à chacune des personnes désignées pour le contrôle de l'exécution des mandats de protection de ma personne et/ou de mon patrimoine.

5°Je suis informé(e) que pour donner date certaine à ce mandat, je dois le faire enregistrer à la Recette des impôts de mon domicile.

Mandat établi le ____________________
à Code postal |_|_|_|_|_| Commune ____________________
Pays : ____________________
par Prénoms *(dans l'ordre de l'état civil)* ____________________
Nom de famille ____________________
Nom d'usage *(ex. nom marital)*: ____________________
VOTRE SIGNATURE :

VOUS DEVEZ SIGNER TOUTES LES PAGES

12

Si je bénéficie d'une curatelle, mon curateur doit cosigner le mandat :

Remplissez le paragraphe 1 si votre curateur est une personne physique ou le paragraphe 2 si votre curateur est une personne morale.

Assisté (e) de mon curateur :

1) Prénoms *(dans l'ordre de l'état civil)* ______________________

Nom de famille ______________________

Nom d'usage ______________________

Domicilié ______________________

Code postal : I__I__I__I__I__I Commune ______________________

Pays ______________________

ou

2) Si mon curateur est **une personne morale** :

Sa dénomination ______________________

L'adresse de son siège social ______________________

Code postal : I__I__I__I__I__I Commune ______________________

Pays ______________________

Son représentant légal qui signera le présent acte :

Madame ☐ Mademoiselle ☐ Monsieur ☐

Prénom usuel ______________________

Nom de famille ______________________

Nom d'usage ______________________

SIGNATURE DU CURATEUR :

Fait le .... **à** ....

VOUS DEVEZ SIGNER TOUTES LES PAGES

13

B- ACCEPTATION DU MANDAT DE PROTECTION FUTURE PAR LE MANDATAIRE CHARGE DE LA PROTECTION DE LA PERSONNE DU MANDANT

Je soussigné (e)

Prénoms (dans l'ordre de l'état civil) ____________________
Nom de famille ____________________
Nom d'usage ____________________
Adresse : ____________________
Code postal : I__I__I__I__I__I Commune : ____________________
Pays : ____________________

Désigné (e) en qualité de mandataire de protection future de la personne du mandant

Déclare ce qui suit :

1° Je reconnais avoir pris connaissance du présent mandat de protection future et de toutes les informations concernant l'étendue de mes obligations et de mes devoirs, tels que fixés par les textes et rappelés dans la notice annexée au présent formulaire.

2° Je suis informé(e) de ce que je dois, pendant toute l'exécution du mandat, disposer de tous mes droits civils et remplir les conditions prévues pour les charges tutélaires fixées par le code civil et que je ne peux être déchargé(e) de mes fonctions de mandataire qu'avec l'autorisation du juge des tutelles.

3° Je suis informé(e) des conditions fixées par l'article 483 du code civil, dans lesquelles le présent mandat prend fin.

Même après sa mise à exécution, il cessera, notamment, du fait du rétablissement des facultés personnelles du mandant, constaté à la demande de ce dernier ou du mandataire dans les formes prévues à l'article 481 du même code.

4° Je suis informé(e) que je dois conserver un exemplaire original du présent mandat, qui m'aura été remis.

J'accepte le mandat qui m'est confié *(recopiez de votre main)* : ____________________
____

Fait le .... **à** ....

SIGNATURE DU MANDATAIRE CHARGE DE LA PROTECTION DE LA PERSONNE DU MANDANT

C- ACCEPTATION DU MANDAT DE PROTECTION FUTURE PAR LE MANDATAIRE CHARGE DE LA PROTECTION DU PATRIMOINE DU MANDANT :

Je soussigné (e)

Prénoms (dans l'ordre de l'état civil) ______________________________

Nom de famille______________________________

Nom d'usage ______________________________

Adresse : ______________________________

Code postal : I__I__I__I__I__I Commune : ______________________________

Pays : ______________________________

Désigné (e) en qualité de mandataire de protection future du patrimoine du mandant

Déclare ce qui suit :

1° Je reconnais avoir pris connaissance du présent mandat de protection future, et de toutes les informations concernant l'étendue de mes obligations et de mes devoirs, tels que fixés par les textes et rappelés dans la notice jointe au présent formulaire.

2° Je suis informé(e) de ce que je dois, pendant toute l'exécution du mandat, disposer de tous mes droits civils et remplir les conditions prévues pour les charges tutélaires fixées par le code civil et que je ne peux être déchargé(e) de mes fonctions de mandataire qu'avec l'autorisation du juge des tutelles.

3° Je suis informé(e) des conditions fixées par l'article 483 du code civil, dans lesquelles le présent mandat prend fin.

Même après sa mise à exécution, il cessera, notamment, du fait du rétablissement des facultés personnelles du mandant, constaté à la demande de ce dernier ou du mandataire dans les formes prévues à l'article 481 du même code.

4° Je suis informé(e) que je dois conserver un exemplaire original du présent mandat, qui m'aura été remis.

J'accepte le mandat qui m'est confié *(recopiez de votre main)* ______________________________

____

____

Fait le .... **à** ....

SIGNATURE DU MANDATAIRE CHARGE DE LA PROTECTION DU PATRIMOINE DU MANDANT :

VOUS DEVEZ SIGNER TOUTES LES PAGES

15

D- ACCEPTATION DE SA MISSION PAR LA PERSONNE DESIGNEE POUR LE CONTROLE DE L'ACTIVITE DU MANDATAIRECHARGE DE LA PROTECTION DE LA PERSONNE DU MANDANT

Je soussigné (e)

Prénoms (dans l'ordre de l'état civil) : ____________________
Nom de famille____________________
Nom d'usage ____________________
Adresse ____________________
Code postal: |_|_|_|_|_| Commune : ____________________
Pays : ____________________

Cochez l'option correspondant à votre situation :

☐Désigné (e) pour le contrô e de l'activité du manda-aire de protection future de la personne du mandant

☐Représentant la personne morale désignée pour le contrôle de l'activité du mandataire de protection future de la personne du mandant

Déclare ce qui suit :

1° Je reconnais avoir pris connaissance du présent mandat de protection future, et de toutes les informations concernant l'étendue de mon contrôle rappelé dans la notice jointe.

2° Je suis informé(e) des conditions fixées par l'article 483 du code civil, dans lesquelles le présent mandat prend fin.

Même après sa mise à exécution, il cessera notamment du fait du rétablissement des facultés personnelles du mandant, constaté à la demande de ce dernier ou du mandataire dans les formes prévues à l'article 481 du même code.

3° Je suis informé(e) que je dois recevoir une copie du présent mandat.

J'accepte la mission de contrôle qui m'est confiée. (Recopiez de votre main)

____

Fait le .... à ....

SIGNATURE DE LA PERSONNE CHARGEE DU CONTROLE DU MANDATAIRE CHARGE DE PROTECTION FUTURE DE LA PERSONNE DU MANDANT

VOUS DEVEZ SIGNER TOUTES LES PAGES

16

E- ACCEPTATION DE SA MISSION PAR LA PERSONNE DESIGNEE POUR LE CONTROLE DE L'ACTIVITE DU MANDATAIRE CHARGE DE LA PROTECTION DU PATRIMOINE DU MANDANT

Je soussigné (e) :

Prénoms *(dans l'ordre de l'état civil)* ____________________

Nom de famille ____________________

Nom d'usage ____________________

Adresse ____________________

Code postal: I__I__I__I__I__I Commune ____________________

Pays : ____________________

Cochez l'option correspondant à votre situation :

☐ Désigné(e) pour le contrôle de l'activité du mandataire de protection future du patrimoine du mandant

☐ Représentant la personne morale désignée pour le contrôle de l'activité du mandataire de protection future du patrimoine du mandant

Déclare ce qui suit :

1° Je reconnais avoir pris connaissance du présent mandat de protection future, et de toutes les informations concernant l'étendue de mon contrôle rappelé dans la notice jointe.

2° Je suis informé(e) des conditions fixées par l'article 483 du code civil, dans lesquelles le présent mandat prend fin.

Même après sa mise à exécution, il cessera, notamment, du fait du rétablissement des facultés personnelles du mandant, constaté à la demande de ce dernier ou du mandataire dans les formes prévues à l'article 481 du même code.

3° Je suis informé(e) que je dois recevoir une copie du présent mandat.

J'accepte la mission de contrôle qui m'est confiée. *(Recopiez de votre main)*____________
____

Fait le ....**à** ....

SIGNATURE DE LA PERSONNE CHARGEE DU CONTROLE DU MANDATAIRE CHARGE DE PROTECTION FUTURE DU PATRIMOINE DU MANDANT

VOUS DEVEZ SIGNER TOUTES LES PAGES

17

NOMBRE D'EXEMPLAIRES ORIGINAUX DU PRESENT MANDAT *(l'inscrire en toutes lettres)* :

....

Le présent mandat annule tout mandat de protection future fait antérieurement. Une fois mis en œuvre, il mettra fin à toute procuration consentie à autrui, portant sur les éléments du patrimoine du mandant visés dans le présent mandat.

DATE CERTAINE DU PRESENT MANDAT

ATTENTION : CETTE PARTIE EST A REMPLIR PAR LA RECETTE DES IMPOTS

Mention d'enregistrement :

VOUS DEVEZ SIGNER TOUTES LES PAGES

18

Lexique

A

Acte conservatoire : acte permettant de sauvegarder le patrimoine ou de soustraire un bien à un « péril imminent » ou à une dépréciation inévitable sans compromettre aucune prérogative du propriétaire. Ces actes peuvent être accomplis par la personne sous curatelle seule et par le tuteur. Sous sauvegarde de justice, la loi prévoit que ceux qui peuvent demander l'ouverture d'une mesure de protection (proches, Parquet) et la personne ou l'établissement qui héberge la personne placée sous ce régime sont tenus de les accomplir. Le procureur de la République, quand les biens de la personne sous sauvegarde sont en péril, peut prendre des mesures conservatoires, et notamment l'apposition de scellés. Enfin, le tuteur et le curateur peuvent, pour l'accomplissement de ces actes, s'adjoindre le concours de tiers (décret n° 2008-1484 du 22 décembre 2008).

Acte d'administration : acte correspondant à celui relevant de la gestion courante du patrimoine, à savoir un acte d'exploitation ou de mise en valeur du patrimoine de la personne protégée, dénué de risque anormal. Acte moins grave que l'acte de disposition, il peut être accompli par le tuteur seul (il n'a pas besoin de demander l'autorisation du juge). Si la personne est sous curatelle, il peut être accompli par la personne en curatelle seule, sans que son curateur n'intervienne. La liste des actes d'administration est fixée dans le décret n° 2008-1484 en date du 22 décembre 2008.

Acte de disposition : acte qui engage le patrimoine de la personne concernée de manière « durable et substantielle », pour le présent et pour l'avenir par une modification importante de son contenu, une dépréciation significative de sa valeur en capital ou une altération durable des prérogatives de son titulaire. Acte le plus grave, il ne peut être accompli que par le tuteur autorisé par le juge des tutelles – le conseil de famille s'il y en a un – ou par la personne en curatelle assistée du curateur. On distingue les actes de disposition à titre gratuit (une donation, par exemple) des actes de disposition à titre onéreux (une vente d'un bien immobilier, par exemple). La liste des actes de disposition est fixée dans le décret n° 2008-1484 en date du 22 décembre 2008.

Acte sous seing privé : écrit rédigé et signé par les personnes concernées, sans l'intervention d'un officier ministériel (notaire notamment). Par exemple, un engagement de location, s'il est rédigé par le propriétaire ou le locataire, est un acte sous seing privé. S'il est rédigé et signé par-devant notaire, c'est un acte authentique.

Ad hoc : expression latine qui signifie « pour cela ». Un tuteur ou un curateur *ad hoc* est celui qui est désigné par le juge des tutelles pour accomplir une mission déterminée.

Autorisation judiciaire entre époux : prévue par l'article 17 du Code civil, elle permet au conjoint d'une personne hors d'état de manifester sa volonté de demander au juge des tutelles la possibilité de passer seul un acte pour lequel l'intervention de son conjoint aurait été nécessaire (par exemple : vente d'un appartement acheté en commun). Suivant le principe de subsidiarité de l'article 428 du Code civil, le juge des tutelles doit l'envisager en priorité si la personne vulnérable est mariée avant de mettre en place une tutelle, une curatelle ou une sauvegarde de justice.

B

Biens immeubles : biens que l'on ne peut déplacer tels que les maisons, les terrains, les forêts, les immeubles.

Biens meubles : objets mobiliers que l'on peut déplacer tels que les meubles agençant un appartement, une voiture, un tableau, du linge, ceci par opposition aux biens immeubles que l'on ne peut déplacer tels que les terrains, les maisons ou ce que l'on appelle les immeubles par destination, c'est-à-dire, par exemple, une cheminée ou une glace encastrées dans un mur.

C

Conseil de famille : assemblée de proches de la personne qui peut être prévue dans le cadre d'une tutelle. Son rôle est notamment d'autoriser le tuteur à accomplir, au nom de la personne sous tutelle, les actes de disposition (voir ce mot).

D

Défendeur : personne contre laquelle est engagée une procédure.

Délibéré : période de la procédure se situant après l'audience et jusqu'au moment où la décision est rendue.

Demandeur : personne qui prend l'initiative d'engager une procédure.

Disposition à titre gratuit : transfert d'un bien au profit d'un tiers sans contrepartie. Exemple : une donation.

Dol : manœuvre frauduleuse en vue d'amener une personne à contracter un engagement.

Don manuel : donation de la main à la main.

G

Greffe : service du tribunal dirigé par un greffier qui assiste le juge dans toutes ses fonctions, tant en ce qui concerne la tenue de l'audience, la rédaction des jugements que l'accomplissement des actes de la compétence du juge.

H

Habilitation judiciaire entre époux : prévue par l'article 219 du Code civil, elle permet au conjoint d'une personne hors d'état de manifester sa volonté de demander au juge des tutelles la possibilité de représenter son conjoint, d'une manière générale, ou pour certains actes particuliers (par exemple : la mise en location ou la vente d'un appartement appartenant à ce conjoint). Suivant le principe de subsidiarité de l'article 428 du Code civil, le juge des tutelles doit l'envisager en priorité si la personne vulnérable est mariée avant de mettre en place une tutelle, une curatelle ou une sauvegarde de justice.

Habilitation familiale : mesure judiciaire de protection qui permet, comme pour la tutelle, à certains proches d'une personne hors d'état de manifester sa volonté, de la représenter dans la gestion de ses biens et/ou dans ses décisions personnelles. La gestion des biens est rendue plus facile que dans le cadre d'une tutelle puisque la personne habilitée n'a pas à saisir le juge des tutelles pour effectuer au nom de la personne un acte de disposition (hors actes à titre gratuit). La personne habilitée n'est également pas soumise aux obligations comptables de la tutelle (inventaire, reddition des comptes, etc.).

Habilitation : autorisation donnée à une personne pour accomplir un acte.
Une habilitation judiciaire peut être donnée entre époux mais aussi, depuis le 1er janvier 2016, au profit de certains proches dans le cadre de la procédure familiale.

I

Incapacité : état d'une personne privée par la loi de l'usage ou de l'exercice de ses droits.

Inventaire : description détaillée des biens d'une personne.

J-L

Juge des tutelle : juge du tribunal d'instance spécialisé dans les tutelle, curatelle et sauvegarde de justice.

Lésion (rescision pour) : possibilité de faire annuler un contrat en raison du préjudice injuste que cause l'acte à l'une des parties.

M-N

Mainlevée (jugement de) : acte par lequel une juridiction partie libère une personne des obligations ou incapacités auxquelles elle était soumise (mainlevée de tutelle, etc.). La mainlevée se dit aussi à propos d'un bien (mainlevée d'hypothèque, par exemple).

Maison de justice et du droit (MJD) : établissement ayant pour mission d'assurer une présence judiciaire de proximité et de concourir à la prévention de la délinquance, à l'aide aux victimes et à l'accès au droit. Elle peut donner tous renseignements concernant les personnes vulnérables, la notion d'abus de faiblesse, etc.

Mandant : personne qui donne le mandat.

Mandat : contrat par lequel une personne charge une autre de la représenter pour l'accomplissement d'un acte juridique. Synonyme de procuration ou de pouvoir.

Mandataire : personne qui reçoit le mandat.

Meubles meublants : meubles d'usage (sièges, tables, etc.).

Notification : Formalité suivant laquelle un acte ou un jugement est porté à la connaissance des intéressés par la voie postale ou par un huissier de justice.

P

Prendre à bail : louer.

Prendre à ferme : louer des terres agricoles.

Procuration : pouvoir donné par une personne à une autre pour agir en son nom. Synonyme de pouvoir ou de mandat.

Publicité : action de rendre public un acte légal.

R

Réduction pour excès : possibilité de faire diminuer en justice un engagement excessif.

Requérant : personne qui dépose une requête.

Requête : acte écrit adressé directement à un magistrat par une partie. Le moyen de saisir la justice d'une demande de protection de l'un de vos proches est d'adresser une requête au juge des tutelles.

Rescision pour lésion : (voir Lésion)

S

Saisine d'office : possibilité pour une juridiction d'enclencher une procédure sans être saisie par une partie. Par exemple, le juge des tutelles ne peut pas se saisir d'office pour mettre en place une procédure (il doit être saisi, sous certaines conditions, par l'entourage ou le Parquet). En revanche, il peut se saisir d'office dans d'autres cas, par exemple, pour ordonner la mainlevée de la protection (voir Mainlevée).

Subrogé : celui qui remplace.

Textes de loi

- Code civil 197
- Décret n° 2008-1484 du 22 décembre 2008 relatif aux actes de gestion du patrimoine des personnes placées en curatelle ou en tutelle et pris en application des articles 452, 496 et 502 du Code civil 220

CODE CIVIL

TITRE V
DU MARIAGE

CHAPITRE VI
Des devoirs et des droits respectifs des époux (Extraits)

Art. 217. Un époux peut être autorisé par justice à passer seul un acte pour lequel le concours ou le consentement de son conjoint serait nécessaire, si celui-ci est hors d'état de manifester sa volonté ou si son refus n'est pas justifié par l'intérêt de la famille.
L'acte passé dans les conditions fixées par l'autorisation de justice est opposable à l'époux dont le concours ou le consentement a fait défaut, sans qu'il en résulte à sa charge aucune obligation personnelle.

Art. 218. Un époux peut donner mandat à l'autre de le représenter dans l'exercice des pouvoirs que le régime matrimonial lui attribue.
Il peut, dans tous les cas, révoquer librement ce mandat.

Art. 219. Si l'un des époux se trouve hors d'état de manifester sa volonté, l'autre peut se faire habiliter par justice à le représenter, d'une manière générale, ou pour certains actes particuliers, dans l'exercice des pouvoirs résultant du régime matrimonial, les conditions et l'étendue de cette représentation étant fixées par le juge.

À défaut de pouvoir légal, de mandat ou d'habilitation par justice, les actes faits par un époux en représentation de l'autre ont effet, à l'égard de celui-ci, suivant les règles de la gestion d'affaires.

Art. 220. Chacun des époux a pouvoir pour passer seul les contrats qui ont pour objet l'entretien du ménage ou l'éducation des enfants : toute dette ainsi contractée par l'un oblige l'autre solidairement.

La solidarité n'a pas lieu, néanmoins, pour des dépenses manifestement excessives, eu égard au train de vie du ménage, à l'utilité ou à l'inutilité de l'opération, à la bonne ou mauvaise foi du tiers contractant.

Elle n'a pas lieu non plus, s'ils n'ont été conclus du consentement des deux époux, pour les achats à tempérament ni pour les emprunts à moins que ces derniers ne portent sur des sommes modestes nécessaires aux besoins de la vie courante et que le montant cumulé de ces sommes, en cas de pluralité d'emprunts, ne soit pas manifestement excessif eu égard au train de vie du ménage.

TITRE XI
DE LA MAJORITÉ ET DES MAJEURS PROTÉGÉS PAR LA LOI (L. n° 2007-308 du 5.3.2007)

CHAPITRE Ier

Des dispositions générales

Art. 414. La majorité est fixée à dix-huit ans accomplis ; à cet âge, chacun est capable d'exercer les droits dont il a la jouissance.

Section I
Des dispositions indépendantes des mesures de protection

Art. 414-1. Pour faire un acte valable, il faut être sain d'esprit. C'est à ceux qui agissent en nullité pour cette cause de prouver l'existence d'un trouble mental au moment de l'acte.

Art. 414-2. (Ord. n° 2015-1288 du 15.10. 2015). De son vivant, l'action en nullité n'appartient qu'à l'intéressé.
Après sa mort, les actes faits par lui, autres que la donation entre vifs et le testament, ne peuvent être attaqués par ses héritiers, pour insanité d'esprit, que dans les cas suivants :
1° Si l'acte porte en lui-même la preuve d'un trouble mental ;
2° S'il a été fait alors que l'intéressé était placé sous sauvegarde de justice ;
3° Si une action a été introduite avant son décès aux fins d'ouverture d'une curatelle ou d'une tutelle ou aux fins d'habilitation familiale ou si effet a été donné au mandat de protection future.
L'action en nullité s'éteint par le délai de cinq ans prévu à l'article 2224.

Art. 414-3. Celui qui a causé un dommage à autrui alors qu'il était sous l'empire d'un trouble mental n'en est pas moins obligé à réparation.

Section II
Des dispositions communes aux majeurs protégés

Art. 415. Les personnes majeures reçoivent la protection de leur personne et de leurs biens que leur état ou leur situation rend nécessaire selon les modalités prévues au présent titre.
Cette protection est instaurée et assurée dans le respect des libertés individuelles, des droits fondamentaux et de la dignité de la personne.
Elle a pour finalité l'intérêt de la personne protégée. Elle favorise, dans la mesure du possible, l'autonomie de celle-ci.
Elle est un devoir des familles et de la collectivité publique.

Art. 416. Le juge des tutelles et le procureur de la République exercent une surveillance générale des mesures de protection dans leur ressort.
Ils peuvent visiter ou faire visiter les personnes protégées et celles qui font l'objet d'une demande de protection, quelle que soit la mesure prononcée ou sollicitée.
Les personnes chargées de la protection sont tenues de déférer à leur convocation et de leur communiquer toute information qu'ils requièrent.

Art. 417. Le juge des tutelles peut prononcer des injonctions contre les personnes chargées de la protection et condamner à l'amende civile prévue par le code de procédure civile celles qui n'y ont pas déféré.
Il peut les dessaisir de leur mission en cas de manquement caractérisé dans l'exercice de celle-ci, après les avoir entendues ou appelées.
Il peut, dans les mêmes conditions, demander au procureur de la République de solliciter la radiation d'un mandataire judiciaire à la protection des majeurs de la liste prévue à l'article L. 471-2 du code de l'action sociale et des familles.

Art. 418. Sans préjudice de l'application des règles de la gestion d'affaires, le décès de la personne protégée met fin à la mission de la personne chargée de la protection.

Art. 419. Les personnes autres que le mandataire judiciaire à la protection des majeurs exercent à titre gratuit les mesures judiciaires de protection. Toutefois, le juge des tutelles ou le conseil de famille s'il a été constitué peut autoriser, selon l'importance des biens gérés ou la difficulté d'exercer la mesure, le versement d'une indemnité à la personne chargée de la protection. Il en fixe le montant. Cette indemnité est à la charge de la personne protégée.
Si la mesure judiciaire de protection est exercée par un mandataire judiciaire à la protection des majeurs, son financement est à la charge totale ou partielle de la personne protégée en fonction de ses ressources et selon les modalités prévues par le code de l'action sociale et des familles.
Lorsque le financement de la mesure ne peut être intégralement assuré par la personne protégée, il est pris en charge par la collectivité publique, selon des modalités de calcul communes à tous les mandataires judiciaires à la protection des majeurs et tenant compte des conditions de mise en œuvre de la mesure, quelles que soient les sources de financement. Ces modalités sont fixées par décret.
À titre exceptionnel, le juge ou le conseil de famille s'il a été constitué peut, après avoir recueilli l'avis du procureur de la République, allouer au mandataire judiciaire à la protection des majeurs, pour l'accomplissement d'un acte ou d'une série d'actes requis par la

mesure de protection et impliquant des diligences particulièrement longues ou complexes, une indemnité en complément des sommes perçues au titre des deux alinéas précédents lorsqu'elles s'avèrent manifestement insuffisantes. Cette indemnité est à la charge de la personne protégée.
Le mandat de protection future s'exerce à titre gratuit sauf stipulations contraires.

Art. 420. Sous réserve des aides ou subventions accordées par les collectivités publiques aux personnes morales pour leur fonctionnement général, les mandataires judiciaires à la protection des majeurs ne peuvent, à quelque titre et sous quelque forme que ce soit, percevoir aucune autre somme ou bénéficier d'aucun avantage financier en relation directe ou indirecte avec les missions dont ils ont la charge.
Ils ne peuvent délivrer un mandat de recherche des héritiers de la personne protégée qu'après autorisation du juge des tutelles.

Art. 421. Tous les organes de la mesure de protection judiciaire sont responsables du dommage résultant d'une faute quelconque qu'ils commettent dans l'exercice de leur fonction. Toutefois, sauf cas de curatelle renforcée, le curateur et le subrogé curateur n'engagent leur responsabilité, du fait des actes accomplis avec leur assistance, qu'en cas de dol ou de faute lourde.

Art. 422. Lorsque la faute à l'origine du dommage a été commise dans l'organisation et le fonctionnement de la mesure de protection par le juge des tutelles, le directeur des services de greffe judiciaires du tribunal d'instance ou le greffier, l'action en responsabilité diligentée par la personne protégée ou ayant été protégée ou par ses héritiers est dirigée contre l'État qui dispose d'une action récursoire.
Lorsque la faute à l'origine du dommage a été commise par le mandataire judiciaire à la protection des majeurs, l'action en responsabilité peut être dirigée contre celui-ci ou contre l'État qui dispose d'une action récursoire.

Art. 423. L'action en responsabilité se prescrit par cinq ans à compter de la fin de la mesure de protection alors même que la gestion aurait continué au-delà. Toutefois, lorsque la curatelle a cessé par l'ouverture d'une mesure de tutelle, le délai ne court qu'à compter de l'expiration de cette dernière.

Art. 424. (Ord. n° 2015-1288 du 15.10.2015). Le mandataire de protection future engage sa responsabilité pour l'exercice de son mandat dans les conditions prévues à l'article 1992.
La personne habilitée en application des dispositions de la section 6 du chapitre II du présent titre engage sa responsabilité à l'égard de la personne représentée pour l'exercice de l'habilitation qui lui est conférée, dans les mêmes conditions.

CHAPITRE II
Des mesures de protection juridique des majeurs

SECTION I
Des dispositions générales

Art. 425. Toute personne dans l'impossibilité de pourvoir seule à ses intérêts en raison d'une altération, médicalement constatée, soit de ses facultés mentales, soit de ses facultés corporelles de nature à empêcher l'expression de sa volonté peut bénéficier d'une mesure de protection juridique prévue au présent chapitre.
S'il n'en est disposé autrement, la mesure est destinée à la protection tant de la personne que des intérêts patrimoniaux de celle-ci. Elle peut toutefois être limitée expressément à l'une de ces deux missions.

Art. 426. (L. n° 2015-177 du 16.2.2015). Le logement de la personne protégée et les meubles dont il est garni, qu'il s'agisse d'une résidence principale ou secondaire, sont conservés à la disposition de celle-ci aussi longtemps qu'il est possible.
Le pouvoir d'administrer les biens mentionnés au premier alinéa ne permet que des conventions de jouissance précaire qui cessent, malgré toutes dispositions ou stipulations contraires, dès le retour de la personne protégée dans son logement.
S'il devient nécessaire ou s'il est de l'intérêt de la personne protégée qu'il soit disposé des droits relatifs à son logement ou à son mobilier par l'aliénation, la résiliation ou la conclusion d'un bail, l'acte est autorisé par le juge ou par le conseil de famille s'il a été constitué,

sans préjudice des formalités que peut requérir la nature des biens. Si l'acte a pour finalité l'accueil de l'intéressé dans un établissement, l'avis préalable d'un médecin, n'exerçant pas une fonction ou n'occupant pas un emploi dans cet établissement, est requis. Dans tous les cas, les souvenirs, les objets à caractère personnel, ceux indispensables aux personnes handicapées ou destinés aux soins des personnes malades sont gardés à la disposition de l'intéressé, le cas échéant par les soins de l'établissement dans lequel celui-ci est hébergé.

Art. 427. La personne chargée de la mesure de protection ne peut procéder ni à la modification des comptes ou livrets ouverts au nom de la personne protégée, ni à l'ouverture d'un autre compte ou livret auprès d'un établissement habilité à recevoir des fonds du public.
Le juge des tutelles ou le conseil de famille s'il a été constitué peut toutefois l'y autoriser si l'intérêt de la personne protégée le commande.
Un compte est ouvert au nom de la personne protégée auprès de la Caisse des dépôts et consignations par la personne chargée de la protection si le juge ou le conseil de famille s'il a été constitué l'estime nécessaire.
Lorsque la personne protégée n'est titulaire d'aucun compte ou livret, la personne chargée de la mesure de protection lui en ouvre un.
Les opérations bancaires d'encaissement, de paiement et de gestion patrimoniale effectuées au nom et pour le compte de la personne protégée sont réalisées exclusivement au moyen des comptes ouverts au nom de celle-ci, sous réserve des dispositions applicables aux mesures de protection confiées aux personnes ou services préposés des établissements de santé et des établissements sociaux ou médico-sociaux soumis aux règles de la comptabilité publique.
Les fruits, produits et plus-values générés par les fonds et les valeurs appartenant à la personne protégée lui reviennent exclusivement.
Si la personne protégée a fait l'objet d'une interdiction d'émettre des chèques, la personne chargée de la mesure de protection peut néanmoins, avec l'autorisation du juge ou du conseil de famille s'il a été constitué, faire fonctionner sous sa signature les comptes dont la personne protégée est titulaire et disposer de tous les moyens de paiement habituels.

SECTION II

Des dispositions communes aux mesures judiciaires

Art. 428. La mesure de protection ne peut être ordonnée par le juge qu'en cas de nécessité et lorsqu'il ne peut être suffisamment pourvu aux intérêts de la personne par l'application des règles du droit commun de la représentation, de celles relatives aux droits et devoirs respectifs des époux et des règles des régimes matrimoniaux, en particulier celles prévues aux articles 217, 219, 1426 et 1429, par une autre mesure de protection judiciaire moins contraignante ou par le mandat de protection future conclu par l'intéressé.
La mesure est proportionnée et individualisée en fonction du degré d'altération des facultés personnelles de l'intéressé.

Art. 429. La mesure de protection judiciaire peut être ouverte pour un mineur émancipé comme pour un majeur.
Pour un mineur non émancipé, la demande peut être introduite et jugée dans la dernière année de sa minorité. La mesure de protection judiciaire ne prend toutefois effet que du jour de sa majorité.

Art. 430. La demande d'ouverture de la mesure peut être présentée au juge par la personne qu'il y a lieu de protéger ou, selon le cas, par son conjoint, le partenaire avec qui elle a conclu un pacte civil de solidarité ou son concubin, à moins que la vie commune ait cessé entre eux, ou par un parent ou un allié, une personne entretenant avec le majeur des liens étroits et stables, ou la personne qui exerce à son égard une mesure de protection juridique.
Elle peut être également présentée par le procureur de la République soit d'office, soit à la demande d'un tiers.

Art. 431. (L. n° 2015-177 du 16.2.2015). La demande est accompagnée, à peine d'irrecevabilité, d'un certificat circonstancié rédigé par un médecin choisi sur une liste établie par le procureur de la République. Ce médecin peut solliciter l'avis du médecin traitant de la personne qu'il y a lieu de protéger.
Le coût de ce certificat est fixé par décret en Conseil d'État.

Art. 432. (L. n° 2015-177 du 16.2.2015). Le juge statue, la personne entendue ou appelée. L'intéressé peut être accompagné par un avocat ou, sous réserve de l'accord du juge, par toute autre personne de son choix.

Le juge peut toutefois, par décision spécialement motivée et sur avis du médecin inscrit sur la liste mentionnée à l'article 431, décider qu'il n'y a pas lieu de procéder à l'audition de l'intéressé si celle-ci est de nature à porter atteinte à sa santé ou s'il est hors d'état d'exprimer sa volonté.

SECTION III

De la sauvegarde de justice

Art. 433. Le juge peut placer sous sauvegarde de justice la personne qui, pour l'une des causes prévues à l'article 425, a besoin d'une protection juridique temporaire ou d'être représentée pour l'accomplissement de certains actes déterminés.

Cette mesure peut aussi être prononcée par le juge, saisi d'une procédure de curatelle ou de tutelle, pour la durée de l'instance.

Par dérogation à l'article 432, le juge peut, en cas d'urgence, statuer sans avoir procédé à l'audition de la personne. En ce cas, il entend celle-ci dans les meilleurs délais, sauf si, sur avis médical, son audition est de nature à porter préjudice à sa santé ou si elle est hors d'état d'exprimer sa volonté.

Art. 434. La sauvegarde de justice peut également résulter d'une déclaration faite au procureur de la République dans les conditions prévues par l'article L. 3211-6 du code de la santé publique.

Art. 435. La personne placée sous sauvegarde de justice conserve l'exercice de ses droits. Toutefois, elle ne peut, à peine de nullité, faire un acte pour lequel un mandataire spécial a été désigné en application de l'article 437.

Les actes qu'elle a passés et les engagements qu'elle a contractés pendant la durée de la mesure peuvent être rescindés pour simple lésion ou réduits en cas d'excès alors même qu'ils pourraient être annulés en vertu de l'article 414-1. Les tribunaux prennent notamment en considération l'utilité ou l'inutilité de l'opération, l'importance ou la consistance du patrimoine de la personne protégée et la bonne ou mauvaise foi de ceux avec qui elle a contracté.

L'action en nullité, en rescision ou en réduction n'appartient qu'à la personne protégée et, après sa mort, à ses héritiers. Elle s'éteint par le délai de cinq ans prévu à l'article 2224.

Art. 436. Le mandat par lequel la personne protégée a chargé une autre personne de l'administration de ses biens continue à produire ses effets pendant la sauvegarde de justice à moins qu'il ne soit révoqué ou suspendu par le juge des tutelles, le mandataire étant entendu ou appelé.

En l'absence de mandat, les règles de la gestion d'affaires sont applicables.

Ceux qui ont qualité pour demander l'ouverture d'une curatelle ou d'une tutelle sont tenus d'accomplir les actes conservatoires indispensables à la préservation du patrimoine de la personne protégée dès lors qu'ils ont connaissance tant de leur urgence que de l'ouverture de la mesure de sauvegarde. Les mêmes dispositions sont applicables à la personne ou à l'établissement qui héberge la personne placée sous sauvegarde.

Art. 437. S'il y a lieu d'agir en dehors des cas définis à l'article 436, tout intéressé peut en donner avis au juge.

Le juge peut désigner un mandataire spécial, dans les conditions et selon les modalités prévues aux articles 445 et 448 à 451, à l'effet d'accomplir un ou plusieurs actes déterminés, même de disposition, rendus nécessaires par la gestion du patrimoine de la personne protégée. Le mandataire peut, notamment, recevoir mission d'exercer les actions prévues à l'article 435.

Le mandataire spécial est tenu de rendre compte de l'exécution de son mandat à la personne protégée et au juge dans les conditions prévues aux articles 510 à 515.

Art. 438. Le mandataire spécial peut également se voir confier une mission de protection de la personne dans le respect des articles 457-1 à 463.

Art. 439. Sous peine de caducité, la mesure de sauvegarde de justice ne peut excéder un an, renouvelable une fois dans les conditions fixées au quatrième alinéa de l'article 442.

Lorsque la sauvegarde de justice a été prononcée en application de l'article 433, le juge peut, à tout moment, en ordonner la mainlevée si le besoin de protection temporaire cesse.

Lorsque la sauvegarde de justice a été ouverte en application de l'article 434, elle peut prendre fin par déclaration faite au procureur de la République si le besoin de protection temporaire cesse ou par radiation de la déclaration médicale sur décision du procureur de la République.

Dans tous les cas, à défaut de mainlevée, de déclaration de cessation ou de radiation de la déclaration médicale, la sauvegarde de justice prend fin à l'expiration du délai ou après l'accomplissement des actes pour lesquels elle a été ordonnée. Elle prend également fin par l'ouverture d'une mesure de curatelle ou de tutelle à partir du jour où la nouvelle mesure de protection juridique prend effet.

SECTION IV

De la curatelle et de la tutelle

Art. 440. La personne qui, sans être hors d'état d'agir elle-même, a besoin, pour l'une des causes prévues à l'article 425, d'être assistée ou contrôlée d'une manière continue dans les actes importants de la vie civile peut être placée en curatelle.

La curatelle n'est prononcée que s'il est établi que la sauvegarde de justice ne peut assurer une protection suffisante.

La personne qui, pour l'une des causes prévues à l'article 425, doit être représentée d'une manière continue dans les actes de la vie civile, peut être placée en tutelle.

La tutelle n'est prononcée que s'il est établi que ni la sauvegarde de justice, ni la curatelle ne peuvent assurer une protection suffisante.

Sous-section 1
De la durée de la mesure

Art. 441. (L. n° 2015-177 du 16.2.2015). Le juge fixe la durée de la mesure sans que celle-ci puisse excéder cinq ans.

Le juge qui prononce une mesure de tutelle peut, par décision spécialement motivée et sur avis conforme d'un médecin inscrit sur la liste mentionnée à l'article 431 constatant que l'altération des facultés personnelles de l'intéressé décrites à l'article 425 n'apparaît manifestement pas susceptible de connaître une amélioration selon les données acquises de la science, fixer une durée plus longue, n'excédant pas dix ans.

Art. 442. (L. n° 2015-177 du 16.2.2015). Le juge peut renouveler la mesure pour une même durée.

Toutefois, lorsque l'altération des facultés personnelles de l'intéressé décrite à l'article 425 n'apparaît manifestement pas susceptible de connaître une amélioration selon les données acquises de la science, le juge peut, par décision spécialement motivée et sur avis conforme du médecin mentionné à l'article 431, renouveler la mesure pour une durée plus longue qu'il détermine, n'excédant pas vingt ans.

Le juge peut, à tout moment, mettre fin à la mesure, la modifier ou lui substituer une autre mesure prévue au présent titre, après avoir recueilli l'avis de la personne chargée de la mesure de protection.

Il statue d'office ou à la requête d'une des personnes mentionnées à l'article 430, au vu d'un certificat médical et dans les conditions prévues à l'article 432. Il ne peut toutefois renforcer le régime de protection de l'intéressé que s'il est saisi d'une requête en ce sens satisfaisant aux articles 430 et 431.

Art. 443. La mesure prend fin, en l'absence de renouvellement, à l'expiration du délai fixé, en cas de jugement de mainlevée passé en force de chose jugée ou en cas de décès de l'intéressé.

Sans préjudice des articles 3 et 15, le juge peut également y mettre fin lorsque la personne protégée réside hors du territoire national, si cet éloignement empêche le suivi et le contrôle de la mesure.

Sous-section 2
De la publicité de la mesure

Art. 444. Les jugements portant ouverture, modification ou mainlevée de la curatelle ou de la tutelle ne sont opposables aux tiers que deux mois après que la mention en a été portée en marge de l'acte de naissance de la personne protégée selon les modalités prévues par le code de procédure civile.

Toutefois, même en l'absence de cette mention, ils sont opposables aux tiers qui en ont personnellement connaissance.

Sous-section 3
Des organes de protection

Art. 445. Les charges curatélaires et tutélaires sont soumises aux conditions prévues pour les charges tutélaires des mineurs par les articles 395 à 397. Toutefois, les pouvoirs dévolus par l'article 397 au conseil de famille sont exercés par le juge en l'absence de constitution de cet organe.

Les membres des professions médicales et de la pharmacie, ainsi que les auxiliaires médicaux ne peuvent exercer une charge curatélaire ou tutélaire à l'égard de leurs patients.

(L. n° 2008-776 du 4.8.2008). Le fiduciaire désigné par le contrat de fiducie ne peut exercer une charge curatélaire ou tutélaire à l'égard du constituant.

§ 1. – Du curateur et du tuteur

Art. 446. Un curateur ou un tuteur est désigné pour la personne protégée dans les conditions prévues au présent paragraphe et sous réserve des pouvoirs conférés au conseil de famille s'il a été constitué.

Art. 447. Le curateur ou le tuteur est désigné par le juge.

Celui-ci peut, en considération de la situation de la personne protégée, des aptitudes des intéressés et de la consistance du patrimoine à administrer, désigner plusieurs curateurs ou plusieurs tuteurs pour exercer en commun la mesure de protection. Chaque curateur ou tuteur est réputé, à l'égard des tiers, avoir reçu des autres le pouvoir de faire seul les actes pour lesquels un tuteur n'aurait besoin d'aucune autorisation.

Le juge peut diviser la mesure de protection entre un curateur ou un tuteur chargé de la protection de la personne et un curateur ou un tuteur chargé de la gestion patrimoniale. Il peut confier la gestion de certains biens à un curateur ou à un tuteur adjoint.

À moins que le juge en ait décidé autrement, les personnes désignées en application de l'alinéa précédent sont indépendantes et ne sont pas responsables l'une envers l'autre. Elles s'informent toutefois des décisions qu'elles prennent.

Art. 448. La désignation par une personne d'une ou plusieurs personnes chargées d'exercer les fonctions de curateur ou de tuteur pour le cas où elle serait placée en curatelle ou en tutelle s'impose au juge, sauf si la personne désignée refuse la mission ou est dans l'impossibilité de l'exercer ou si l'intérêt de la personne protégée commande de l'écarter. En cas de difficulté, le juge statue.

Il en est de même lorsque les parents ou le dernier vivant des père et mère, ne faisant pas l'objet d'une mesure de curatelle ou de tutelle, qui exercent l'autorité parentale sur leur enfant mineur ou assument la charge matérielle et affective de leur enfant majeur désignent une ou plusieurs personnes chargées d'exercer les fonctions de curateur ou de tuteur à compter du jour où eux-mêmes décéderont ou ne pourront plus continuer à prendre soin de l'intéressé.

Art. 449. À défaut de désignation faite en application de l'article 448, le juge nomme, comme curateur ou tuteur, le conjoint de la personne protégée, le partenaire avec qui elle a conclu un pacte civil de solidarité ou son concubin, à moins que la vie commune ait cessé entre eux ou qu'une autre cause empêche de lui confier la mesure.

À défaut de nomination faite en application de l'alinéa précédent et sous la dernière réserve qui y est mentionnée, le juge désigne un parent, un allié ou une personne résidant avec le majeur protégé ou entretenant avec lui des liens étroits et stables.

Le juge prend en considération les sentiments exprimés par celui-ci, ses relations habituelles, l'intérêt porté à son égard et les recommandations éventuelles de ses parents et alliés ainsi que de son entourage.

Art. 450. Lorsqu'aucun membre de la famille ou aucun proche ne peut assumer la curatelle ou la tutelle, le juge désigne un mandataire judiciaire à la protection des majeurs inscrit sur la liste prévue à l'article L. 471-2 du code de l'action sociale et des familles. Ce mandataire ne peut refuser d'accomplir les actes urgents que commande l'intérêt de la personne protégée, notamment les actes conservatoires indispensables à la préservation de son patrimoine.

Art. 451. Si l'intérêt de la personne hébergée ou soignée dans un établissement de santé ou dans un établissement social ou médico-social le justifie, le juge peut désigner, en qualité de curateur ou de tuteur, une personne ou un service préposé de l'établissement inscrit sur la liste des mandataires judiciaires à la protection des majeurs au titre du 1° ou du 3° de l'article L. 471-2 du code de l'action sociale et des familles, qui exerce ses fonctions dans les conditions fixées par décret en Conseil d'État.
La mission confiée au mandataire s'étend à la protection de la personne, sauf décision contraire du juge.

Art. 452. La curatelle et la tutelle sont des charges personnelles.
Le curateur et le tuteur peuvent toutefois s'adjoindre, sous leur propre responsabilité, le concours de tiers majeurs ne faisant pas l'objet d'une mesure de protection juridique pour l'accomplissement de certains actes dont la liste est fixée par décret en Conseil d'État.

Art. 453. Nul n'est tenu de conserver la curatelle ou la tutelle d'une personne au-delà de cinq ans, à l'exception du conjoint, du partenaire du pacte civil de solidarité et des enfants de l'intéressé ainsi que des mandataires judiciaires à la protection des majeurs.

§ 2. – Du subrogé curateur et du subrogé tuteur

Art. 454. Le juge peut, s'il l'estime nécessaire et sous réserve des pouvoirs du conseil de famille s'il a été constitué, désigner un subrogé curateur ou un subrogé tuteur.
Si le curateur ou le tuteur est parent ou allié de la personne protégée dans une branche, le subrogé curateur ou le subrogé tuteur est choisi, dans la mesure du possible, dans l'autre branche.
Lorsqu'aucun membre de la famille ou aucun proche ne peut assumer les fonctions de subrogé curateur ou de subrogé tuteur, un mandataire judiciaire à la protection des majeurs inscrit sur la liste prévue à l'article L. 471-2 du code de l'action sociale et des familles peut être désigné.
À peine d'engager sa responsabilité à l'égard de la personne protégée, le subrogé curateur ou le subrogé tuteur surveille les actes passés par le curateur ou par le tuteur en cette qualité et informe sans délai le juge s'il constate des fautes dans l'exercice de sa mission.
Le subrogé curateur ou le subrogé tuteur assiste ou représente, selon le cas, la personne protégée lorsque les intérêts de celle-ci sont en opposition avec ceux du curateur ou du tuteur ou lorsque l'un ou l'autre ne peut lui apporter son assistance ou agir pour son compte en raison des limitations de sa mission.
Il est informé et consulté par le curateur ou le tuteur avant tout acte grave accompli par celui-ci.
La charge du subrogé curateur ou du subrogé tuteur cesse en même temps que celle du curateur ou du tuteur. Le subrogé curateur ou le subrogé tuteur est toutefois tenu de provoquer le remplacement du curateur ou du tuteur en cas de cessation des fonctions de celui-ci sous peine d'engager sa responsabilité à l'égard de la personne protégée.

§ 3. – Du curateur *ad hoc* et du tuteur *ad hoc*

Art. 455. En l'absence de subrogé curateur ou de subrogé tuteur, le curateur ou le tuteur dont les intérêts sont, à l'occasion d'un acte ou d'une série d'actes, en opposition avec ceux de la personne protégée ou qui ne peut lui apporter son assistance ou agir pour son compte en raison des limitations de sa mission fait nommer par le juge ou par le conseil de famille s'il a été constitué un curateur ou un tuteur *ad hoc*.
Cette nomination peut également être faite à la demande du procureur de la République, de tout intéressé ou d'office.

§ 4. – Du conseil de famille des majeurs en tutelle

Art. 456. Le juge peut organiser la tutelle avec un conseil de famille si les nécessités de la protection de la personne ou la consistance de son patrimoine le justifient et si la composition de sa famille et de son entourage le permet.
Le juge désigne les membres du conseil de famille en considération des sentiments exprimés par la personne protégée, de ses

relations habituelles, de l'intérêt porté à son égard et des recommandations éventuelles de ses parents et alliés ainsi que de son entourage.

Le conseil de famille désigne le tuteur, le subrogé tuteur et, le cas échéant, le tuteur *ad hoc* conformément aux articles 446 à 455.

Il est fait application des règles prescrites pour le conseil de famille des mineurs, à l'exclusion de celles prévues à l'article 398, au quatrième alinéa de l'article 399 et au premier alinéa de l'article 401. Pour l'application du troisième alinéa de l'article 402, le délai court, lorsque l'action est exercée par le majeur protégé, à compter du jour où la mesure de protection prend fin.

Art. 457. Le juge peut autoriser le conseil de famille à se réunir et délibérer hors de sa présence lorsque ce dernier a désigné un mandataire judiciaire à la protection des majeurs comme tuteur ou subrogé tuteur. Le conseil de famille désigne alors un président et un secrétaire parmi ses membres, à l'exclusion du tuteur et du subrogé tuteur

Le président du conseil de famille transmet préalablement au juge l'ordre du jour de chaque réunion.

Les décisions prises par le conseil de famille ne prennent effet qu'à défaut d'opposition formée par le juge, dans les conditions fixées par le code de procédure civile.

Le président exerce les missions dévolues au juge pour la convocation, la réunion et la délibération du conseil de famille. Le juge peut toutefois, à tout moment, convoquer une réunion du conseil de famille sous sa présidence.

Sous-section 4
Des effets de la curatelle et de la tutelle quant à la protection de la personne

Art. 457-1. La personne protégée reçoit de la personne chargée de sa protection, selon des modalités adaptées à son état et sans préjudice des informations que les tiers sont tenus de lui dispenser en vertu de la loi, toutes informations sur sa situation personnelle, les actes concernés, leur utilité, leur degré d'urgence, leurs effets et les conséquences d'un refus de sa part.

Art. 458. Sous réserve des dispositions particulières prévues par la loi, l'accomplissement des actes dont la nature implique un consentement strictement personnel ne peut jamais donner lieu à assistance ou représentation de la personne protégée.

Sont réputés strictement personnels la déclaration de naissance d'un enfant, sa reconnaissance, les actes de l'autorité parentale relatifs à la personne d'un enfant, la déclaration du choix ou du changement du nom d'un enfant et le consentement donné à sa propre adoption ou à celle de son enfant.

Art. 459. Hors les cas prévus à l'article 458, la personne protégée prend seule les décisions relatives à sa personne dans la mesure où son état le permet.

Lorsque l'état de la personne protégée ne lui permet pas de prendre seule une décision personnelle éclairée, le juge ou le conseil de famille s'il a été constitué peut prévoir qu'elle bénéficiera, pour l'ensemble des actes relatifs à sa personne ou ceux d'entre eux qu'il énumère, de l'assistance de la personne chargée de sa protection. Au cas où cette assistance ne suffirait pas, il peut, le cas échéant après l'ouverture d'une mesure de tutelle, autoriser le tuteur à représenter l'intéressé.

[(L. n° 2009-526 du 12.5.2009). Toutefois, sauf urgence, la personne chargée de la protection du majeur ne peut, sans l'autorisation du juge ou du conseil de famille s'il a été constitué, prendre une décision ayant pour effet de porter gravement atteinte à l'intégrité corporelle de la personne protégée ou à l'intimité de sa vie privée.

La personne chargée de la protection du majeur peut prendre à l'égard de celui-ci les mesures de protection strictement nécessaires pour mettre fin au danger que son propre comportement ferait courir à l'intéressé. Elle en informe sans délai le juge ou le conseil de famille s'il a été constitué.]

Art. 459-1. L'application de la présente sous-section ne peut avoir pour effet de déroger aux dispositions particulières prévues par le code de la santé publique et le code de l'action sociale et des familles prévoyant l'intervention d'un représentant légal.

(L. n° 2009-526 du 12.5.2009). Toutefois, lorsque la mesure a été confiée à une personne ou un service préposé d'un établissement de santé ou d'un établissement social ou médico-social dans les conditions prévues à l'article 451, et que cette personne ou ce service doit soit prendre une décision nécessitant l'autorisation du juge ou du conseil de famille en application du troisième alinéa de l'article 459, soit accomplir au bénéfice de la personne protégée une diligence ou un acte pour lequel le code de la santé publique prévoit l'intervention du juge, ce dernier peut décider, s'il estime qu'il existe un conflit d'intérêts, d'en confier la charge au subrogé curateur ou au subrogé tuteur, s'il a été nommé, et à défaut à un curateur ou à un tuteur *ad hoc*.

Art. 459-2. La personne protégée choisit le lieu de sa résidence.
Elle entretient librement des relations personnelles avec tout tiers, parent ou non. Elle a le droit d'être visitée et, le cas échéant, hébergée par ceux-ci.
En cas de difficulté, le juge ou le conseil de famille s'il a été constitué statue.

Art. 460. Le mariage d'une personne en curatelle n'est permis qu'avec l'autorisation du curateur ou, à défaut, celle du juge.
Le mariage d'une personne en tutelle n'est permis qu'avec l'autorisation du juge ou du conseil de famille s'il a été constitué et après audition des futurs conjoints et recueil, le cas échéant, de l'avis des parents et de l'entourage.

Art. 461. La personne en curatelle ne peut, sans l'assistance du curateur, signer la convention par laquelle elle conclut un pacte civil de solidarité. Aucune assistance n'est requise lors de la déclaration conjointe devant l'officier de l'état civil ou devant le notaire instrumentaire prévue au premier alinéa de l'article 515-3.
Les dispositions de l'alinéa précédent sont applicables en cas de modification de la convention.
La personne en curatelle peut rompre le pacte civil de solidarité par déclaration conjointe ou par décision unilatérale. L'assistance de son curateur n'est requise que pour procéder à la signification prévue au cinquième alinéa de l'article 515-7.
La personne en curatelle est assistée de son curateur dans les opérations prévues aux dixième et onzième alinéas de l'article 515-7.
Pour l'application du présent article, le curateur est réputé en opposition d'intérêts avec la personne protégée lorsque la curatelle est confiée à son partenaire.

Art. 462. La conclusion d'un pacte civil de solidarité par une personne en tutelle est soumise à l'autorisation du juge ou du conseil de famille s'il a été constitué, après audition des futurs partenaires et recueil, le cas échéant, de l'avis des parents et de l'entourage.
L'intéressé est assisté de son tuteur lors de la signature de la convention. Aucune assistance ni représentation ne sont requises lors de la déclaration conjointe devant l'officier de l'état civil ou devant le notaire instrumentaire prévue au premier alinéa de l'article 515-3.
Les dispositions des alinéas précédents sont applicables en cas de modification de la convention.
La personne en tutelle peut rompre le pacte civil de solidarité par déclaration conjointe ou par décision unilatérale. La formalité de signification prévue au cinquième alinéa de l'article 515-7 est opérée à la diligence du tuteur. Lorsque l'initiative de la rupture émane de l'autre partenaire, cette signification est faite à la personne du tuteur.
La rupture unilatérale du pacte civil de solidarité peut également intervenir sur l'initiative du tuteur, autorisé par le juge ou le conseil de famille s'il a été constitué, après audition de l'intéressé et recueil, le cas échéant, de l'avis des parents et de l'entourage.
Aucune assistance ni représentation ne sont requises pour l'accomplissement des formalités relatives à la rupture par déclaration conjointe.
La personne en tutelle est représentée par son tuteur dans les opérations prévues aux dixième et onzième alinéas de l'article 515-7.
Pour l'application du présent article, le tuteur est réputé en opposition d'intérêts avec la personne protégée lorsque la tutelle est confiée à son partenaire.

Art. 463. À l'ouverture de la mesure ou, à défaut, ultérieurement, le juge ou le conseil de famille s'il a été constitué décide des conditions dans lesquelles le curateur ou le tuteur chargé d'une mission de protection de la personne rend compte des diligences qu'il accomplit à ce titre.

Sous-section 5
De la régularité des actes

Art. 464. Les obligations résultant des actes accomplis par la personne protégée moins de deux ans avant la publicité du jugement d'ouverture de la mesure de protection peuvent être réduites sur la seule preuve que son inaptitude à défendre ses intérêts, par suite de l'altération de ses facultés personnelles, était notoire ou connue du cocontractant à l'époque où les actes ont été passés.

Ces actes peuvent, dans les mêmes conditions, être annulés s'il est justifié d'un préjudice subi par la personne protégée.

Par dérogation à l'article 2252, l'action doit être introduite dans les cinq ans de la date du jugement d'ouverture de la mesure.

Art. 465. À compter de la publicité du jugement d'ouverture, l'irrégularité des actes accomplis par la personne protégée ou par la personne chargée de la protection est sanctionnée dans les conditions suivantes :

1° Si la personne protégée a accompli seule un acte qu'elle pouvait faire sans l'assistance ou la représentation de la personne chargée de sa protection, l'acte reste sujet aux actions en rescision ou en réduction prévues à l'article 435 comme s'il avait été accompli par une personne placée sous sauvegarde de justice, à moins qu'il ait été expressément autorisé par le juge ou par le conseil de famille s'il a été constitué ;

2° Si la personne protégée a accompli seule un acte pour lequel elle aurait dû être assistée, l'acte ne peut être annulé que s'il est établi que la personne protégée a subi un préjudice ;

3° Si la personne protégée a accompli seule un acte pour lequel elle aurait dû être représentée, l'acte est nul de plein droit sans qu'il soit nécessaire de justifier d'un préjudice ;

4° Si le tuteur ou le curateur a accompli seul un acte qui aurait dû être fait par la personne protégée soit seule, soit avec son assistance ou qui ne pouvait être accompli qu'avec l'autorisation du juge ou du conseil de famille s'il a été constitué, l'acte est nul de plein droit sans qu'il soit nécessaire de justifier d'un préjudice.

Le curateur ou le tuteur peut, avec l'autorisation du juge ou du conseil de famille s'il a été constitué, engager seul l'action en nullité, en rescision ou en réduction des actes prévus aux 1°, 2° et 3°.

Dans tous les cas, l'action s'éteint par le délai de cinq ans prévu à l'article 2224.

Pendant ce délai et tant que la mesure de protection est ouverte, l'acte prévu au 4° peut être confirmé avec l'autorisation du juge ou du conseil de famille s'il a été constitué.

Art. 466. Les articles 464 et 465 ne font pas obstacle à l'application des articles 414-1 et 414-2.

Sous-section 6
Des actes faits dans la curatelle

Art. 467. La personne en curatelle ne peut, sans l'assistance du curateur, faire aucun acte qui, en cas de tutelle, requerrait une autorisation du juge ou du conseil de famille.

Lors de la conclusion d'un acte écrit, l'assistance du curateur se manifeste par l'apposition de sa signature à côté de celle de la personne protégée.

À peine de nullité, toute signification faite à cette dernière l'est également au curateur.

Art. 468. Les capitaux revenant à la personne en curatelle sont versés directement sur un compte ouvert à son seul nom et mentionnant son régime de protection, auprès d'un établissement habilité à recevoir des fonds du public.

[(L. n° 2008-776 du 4.8.2008). La personne en curatelle ne peut, sans l'assistance du curateur, conclure un contrat de fiducie ni faire emploi de ses capitaux.]

Cette assistance est également requise pour introduire une action en justice ou y défendre.

Art. 469. Le curateur ne peut se substituer à la personne en curatelle pour agir en son nom.

Toutefois, le curateur peut, s'il constate que la personne en curatelle compromet gravement ses intérêts, saisir le juge pour être autorisé à accomplir seul un acte déterminé ou provoquer l'ouverture de la tutelle.

Si le curateur refuse son assistance à un acte pour lequel son concours est requis, la personne en curatelle peut demander au juge l'autorisation de l'accomplir seule.

Art. 470. La personne en curatelle peut librement tester sous réserve des dispositions de l'article 901.
Elle ne peut faire de donation qu'avec l'assistance du curateur.
Le curateur est réputé en opposition d'intérêts avec la personne protégée lorsqu'il est bénéficiaire de la donation.

Art. 471. A tout moment, le juge peut, par dérogation à l'article 467, énumérer certains actes que la personne en curatelle a la capacité de faire seule ou, à l'inverse, ajouter d'autres actes à ceux pour lesquels l'assistance du curateur est exigée.

Art. 472. Le juge peut également, à tout moment, ordonner une curatelle renforcée. Dans ce cas, le curateur perçoit seul les revenus de la personne en curatelle sur un compte ouvert au nom de cette dernière. Il assure lui-même le règlement des dépenses auprès des tiers et dépose l'excédent sur un compte laissé à la disposition de l'intéressé ou le verse entre ses mains.
Sans préjudice des dispositions de l'article 459-2, le juge peut autoriser le curateur à conclure seul un bail d'habitation ou une convention d'hébergement assurant le logement de la personne protégée.
La curatelle renforcée est soumise aux dispositions des articles 503 et 510 à 515.

Sous-section 7
Des actes faits dans la tutelle

Art. 473. Sous réserve des cas où la loi ou l'usage autorise la personne en tutelle à agir elle-même, le tuteur la représente dans tous les actes de la vie civile.
Toutefois, le juge peut, dans le jugement d'ouverture ou ultérieurement, énumérer certains actes que la personne en tutelle aura la capacité de faire seule ou avec l'assistance du tuteur.

Art. 474. La personne en tutelle est représentée dans les actes nécessaires à la gestion de son patrimoine dans les conditions et selon les modalités prévues au titre XII.

Art. 475. La personne en tutelle est représentée en justice par le tuteur.
Celui-ci ne peut agir, en demande ou en défense, pour faire valoir les droits extra-patrimoniaux de la personne protégée qu'après autorisation ou sur injonction du juge ou du conseil de famille s'il a été constitué. Le juge ou le conseil de famille peut enjoindre également au tuteur de se désister de l'instance ou de l'action ou de transiger.

Art. 476. La personne en tutelle peut, avec l'autorisation du juge ou du conseil de famille s'il a été constitué, être assistée ou au besoin représentée par le tuteur pour faire des donations.
Elle ne peut faire seule son testament après l'ouverture de la tutelle qu'avec l'autorisation du juge ou du conseil de famille s'il a été constitué, à peine de nullité de l'acte. Le tuteur ne peut ni l'assister ni la représenter à cette occasion.
Toutefois, elle peut seule révoquer le testament fait avant ou après l'ouverture de la tutelle.
Le testament fait antérieurement à l'ouverture de la tutelle reste valable à moins qu'il ne soit établi que, depuis cette ouverture, la cause qui avait déterminé le testateur à disposer a disparu.

SECTION V
Du mandat de protection future

Sous-section 1
Des dispositions communes

Art. 477. (Ord. n° 2015-1288 du 15.10.2015). Toute personne majeure ou mineure émancipée ne faisant pas l'objet d'une mesure de tutelle ou d'une habilitation familiale peut charger une ou plusieurs personnes, par un même mandat, de la représenter pour le cas où, pour l'une des causes prévues à l'article 425, elle ne pourrait plus pourvoir seule à ses intérêts.
La personne en curatelle ne peut conclure un mandat de protection future qu'avec l'assistance de son curateur.
Les parents ou le dernier vivant des père et mère, ne faisant pas l'objet d'une mesure de curatelle ou de tutelle ou d'une habilitation familiale, qui exercent l'autorité parentale sur

leur enfant mineur ou assument la charge matérielle et affective de leur enfant majeur peuvent, pour le cas où cet enfant ne pourrait plus pourvoir seul à ses intérêts pour l'une des causes prévues à l'article 425, désigner un ou plusieurs mandataires chargés de le représenter. Cette désignation prend effet à compter du jour où le mandant décède ou ne peut plus prendre soin de l'intéressé.

Le mandat est conclu par acte notarié ou par acte sous seing privé. Toutefois, le mandat prévu au troisième alinéa ne peut être conclu que par acte notarié.

Art. 477-1. (L. n° 2015-1776 du 28.12.2015). Le mandat de protection future est publié par une inscription sur un registre spécial dont les modalités et l'accès sont réglés par décret en Conseil d'État.

Art. 478. Le mandat de protection future est soumis aux dispositions des articles 1984 à 2010 qui ne sont pas incompatibles avec celles de la présente section.

Art. 479. Lorsque le mandat s'étend à la protection de la personne, les droits et obligations du mandataire sont définis par les articles 457-1 à 459-2. Toute stipulation contraire est réputée non écrite.

Le mandat peut prévoir que le mandataire exercera les missions que le code de la santé publique et le code de l'action sociale et des familles confient au représentant de la personne en tutelle ou à la personne de confiance.

Le mandat fixe les modalités de contrôle de son exécution.

Art. 480. Le mandataire peut être toute personne physique choisie par le mandant ou une personne morale inscrite sur la liste des mandataires judiciaires à la protection des majeurs prévue à l'article L. 471-2 du code de l'action sociale et des familles.

Le mandataire doit, pendant toute l'exécution du mandat, jouir de la capacité civile et remplir les conditions prévues pour les charges tutélaires par l'article 395 et le dernier alinéa de l'article 445 du présent code

Il ne peut, pendant cette exécution, être déchargé de ses fonctions qu'avec l'autorisation du juge des tutelles.

Art. 481. Le mandat prend effet lorsqu'il est établi que le mandant ne peut plus pourvoir seul à ses intérêts. Celui-ci en reçoit notification dans les conditions prévues par le code de procédure civile.

À cette fin, le mandataire produit au greffe du tribunal d'instance le mandat et un certificat médical émanant d'un médecin choisi sur la liste mentionnée à l'article 431 établissant que le mandant se trouve dans l'une des situations prévues à l'article 425. Le greffier vise le mandat et date sa prise d'effet, puis le restitue au mandataire.

Art. 482. Le mandataire exécute personnellement le mandat. Toutefois, il peut se substituer un tiers pour les actes de gestion du patrimoine mais seulement à titre spécial.

Le mandataire répond de la personne qu'il s'est substituée dans les conditions de l'article 1994.

Art. 483. Le mandat mis à exécution prend fin par :

1° Le rétablissement des facultés personnelles de l'intéressé constaté à la demande du mandant ou du mandataire, dans les formes prévues à l'article 481 ;

2° Le décès de la personne protégée ou son placement en curatelle ou en tutelle, sauf décision contraire du juge qui ouvre la mesure ;

3° Le décès du mandataire, son placement sous une mesure de protection ou sa déconfiture ;

4° Sa révocation prononcée par le juge des tutelles à la demande de tout intéressé, lorsqu'il s'avère que les conditions prévues par l'article 425 ne sont pas réunies, lorsque les règles du droit commun de la représentation ou celles relatives aux droits et devoirs respectifs des époux et aux régimes matrimoniaux apparaissent suffisantes pour qu'il soit pourvu aux intérêts de la personne par son conjoint avec qui la communauté de vie n'a pas cessé ou lorsque l'exécution du mandat est de nature à porter atteinte aux intérêts du mandant.

Le juge peut également suspendre les effets du mandat pour le temps d'une mesure de sauvegarde de justice.

Art. 484. Tout intéressé peut saisir le juge des tutelles aux fins de contester la mise en œuvre du mandat ou de voir statuer sur les conditions et modalités de son exécution.

Art. 485. Le juge qui met fin au mandat peut ouvrir une mesure de protection juridique dans les conditions et selon les modalités prévues aux sections I à IV du présent chapitre.

Lorsque la mise en œuvre du mandat ne permet pas, en raison de son champ d'application, de protéger suffisamment les intérêts personnels ou patrimoniaux de la personne, le juge peut ouvrir une mesure de protection juridique complémentaire confiée, le cas échéant, au mandataire de protection future. Il peut aussi autoriser ce dernier ou un mandataire *ad hoc* à accomplir un ou plusieurs actes déterminés non couverts par le mandat.

Le mandataire de protection future et les personnes désignées par le juge sont indépendants et ne sont pas responsables l'un envers l'autre ; ils s'informent toutefois des décisions qu'ils prennent.

Art. 486. Le mandataire chargé de l'administration des biens de la personne protégée fait procéder à leur inventaire lors de l'ouverture de la mesure. Il assure son actualisation au cours du mandat afin de maintenir à jour l'état du patrimoine.

Il établit annuellement le compte de sa gestion qui est vérifié selon les modalités définies par le mandat et que le juge peut en tout état de cause faire vérifier selon les modalités prévues à l'article 511.

Art. 487. À l'expiration du mandat et dans les cinq ans qui suivent, le mandataire tient à la disposition de la personne qui est amenée à poursuivre la gestion, de la personne protégée si elle a recouvré ses facultés ou de ses héritiers l'inventaire des biens et les actualisations auxquelles il a donné lieu ainsi que les cinq derniers comptes de gestion et les pièces nécessaires pour continuer celle-ci ou assurer la liquidation de la succession de la personne protégée.

Art. 488. Les actes passés et les engagements contractés par une personne faisant l'objet d'un mandat de protection future mis à exécution, pendant la durée du mandat, peuvent être rescindés pour simple lésion ou réduits en cas d'excès alors même qu'ils pourraient être annulés en vertu de l'article 414-1. Les tribunaux prennent notamment en considération l'utilité ou l'inutilité de l'opération, l'importance ou la consistance du patrimoine de la personne protégée et la bonne ou mauvaise foi de ceux avec qui elle a contracté.

L'action n'appartient qu'à la personne protégée et, après sa mort, à ses héritiers. Elle s'éteint par le délai de cinq ans prévu à l'article 2224.

Sous-section 2
Du mandat notarié

Art. 489. Lorsque le mandat est établi par acte authentique, il est reçu par un notaire choisi par le mandant. L'acceptation du mandataire est faite dans les mêmes formes.

Tant que le mandat n'a pas pris effet, le mandant peut le modifier dans les mêmes formes ou le révoquer en notifiant sa révocation au mandataire et au notaire et le mandataire peut y renoncer en notifiant sa renonciation au mandant et au notaire.

Art. 490. Par dérogation à l'article 1988, le mandat, même conçu en termes généraux, inclut tous les actes patrimoniaux que le tuteur a le pouvoir d'accomplir seul ou avec une autorisation.

Toutefois, le mandataire ne peut accomplir un acte de disposition à titre gratuit qu'avec l'autorisation du juge des tutelles.

Art. 491. Pour l'application du second alinéa de l'article 486, le mandataire rend compte au notaire qui a établi le mandat en lui adressant ses comptes, auxquels sont annexées toutes pièces justificatives utiles. Celui-ci en assure la conservation ainsi que celle de l'inventaire des biens et de ses actualisations.

Le notaire saisit le juge des tutelles de tout mouvement de fonds et de tout acte non justifiés ou n'apparaissant pas conformes aux stipulations du mandat.

Sous-section 3
Du mandat sous seing privé

Art. 492. Le mandat établi sous seing privé est daté et signé de la main du mandant. Il est soit contresigné par un avocat, soit établi selon un modèle défini par décret en Conseil d'État.

Le mandataire accepte le mandat en y apposant sa signature.
Tant que le mandat n'a pas reçu exécution, le mandant peut le modifier ou le révoquer dans les mêmes formes et le mandataire peut y renoncer en notifiant sa renonciation au mandant.

Art. 492-1. Le mandat n'acquiert date certaine que dans les conditions de l'article 1377.

Art. 493. Le mandat est limité, quant à la gestion du patrimoine, aux actes qu'un tuteur peut faire sans autorisation.
Si l'accomplissement d'un acte qui est soumis à autorisation ou qui n'est pas prévu par le mandat s'avère nécessaire dans l'intérêt du mandant, le mandataire saisit le juge des tutelles pour le voir ordonner.

Art. 494. Pour l'application du dernier alinéa de l'article 486, le mandataire conserve l'inventaire des biens et ses actualisations, les cinq derniers comptes de gestion, les pièces justificatives ainsi que celles nécessaires à la continuation de celle-ci.
Il est tenu de les présenter au juge des tutelles ou au procureur de la République dans les conditions prévues à l'article 416.

SECTION VI

De l'habilitation familiale (Ord. n° 2015-1288 du 15.10.2015)

Art. 494-1. Lorsqu'une personne est hors d'état de manifester sa volonté pour l'une des causes prévues à l'article 425, le juge des tutelles peut habiliter une ou plusieurs personnes choisies parmi ses ascendants ou descendants, frères et sœurs ou, à moins que la communauté de vie ait cessé entre eux, le conjoint, le partenaire auquel elle est liée par un pacte civil de solidarité ou le concubin ; à la représenter ou à passer un ou des actes en son nom dans les conditions et selon les modalités prévues à la présente section et à celles du titre XIII du livre III qui ne lui sont pas contraires, afin d'assurer la sauvegarde de ses intérêts.
La personne habilitée doit remplir les conditions pour exercer les charges tutélaires. Elle exerce sa mission à titre gratuit.

Art. 494-2. L'habilitation familiale ne peut être ordonnée par le juge qu'en cas de nécessité et lorsqu'il ne peut être suffisamment pourvu aux intérêts de la personne par l'application des règles du droit commun de la représentation, de celles relatives aux droits et devoirs respectifs des époux et des règles des régimes matrimoniaux, en particulier celles prévues aux articles 217, 219, 1426 et 1429, ou par les stipulations du mandat de protection future conclu par l'intéressé.

Art. 494-3. La demande aux fins de désignation d'une personne habilitée peut être présentée au juge par l'une des personnes mentionnées à l'article 494-1 ou par le procureur de la République à la demande de l'une d'elles.
La demande est introduite, instruite et jugée conformément aux règles du code de procédure civile et dans le respect des dispositions des articles 429 et 431.

Art. 494-4. La personne à l'égard de qui l'habilitation est demandée est entendue ou appelée selon les modalités prévues au premier alinéa de l'article 432. Toutefois, le juge peut, par décision spécialement motivée et sur avis du médecin mentionné à l'article 431, décider qu'il n'y a pas lieu de procéder à son audition si celle-ci est de nature à porter atteinte à sa santé ou si la personne est hors d'état de s'exprimer.
Le juge s'assure de l'adhésion ou, à défaut, de l'absence d'opposition légitime à la mesure d'habilitation et au choix de la personne habilitée des proches mentionnés à l'article 494-1 qui entretiennent des liens étroits et stables avec la personne ou qui manifestent de l'intérêt à son égard et dont il connaît l'existence au moment où il statue.

Art. 494-5. Le juge statue sur le choix de la personne habilitée et l'étendue de l'habilitation en s'assurant que le dispositif projeté est conforme aux intérêts patrimoniaux et, le cas échéant, personnels de l'intéressé.

Art. 494-6. L'habilitation peut porter sur :
– un ou plusieurs des actes que le tuteur a le pouvoir d'accomplir, seul ou avec une autorisation, sur les biens de l'intéressé ;
– un ou plusieurs actes relatifs à la personne à protéger. Dans ce cas, l'habilitation s'exerce

TEXTES DE LOI

dans le respect des dispositions des articles 457-1 à 459-2 du Code civil.

La personne habilitée ne peut accomplir un acte de disposition à titre gratuit qu'avec l'autorisation du juge des tutelles.

Si l'intérêt de la personne à protéger l'implique, le juge peut délivrer une habilitation générale portant sur l'ensemble des actes ou l'une des deux catégories d'actes mentionnés aux deuxième et troisième alinéas.

La personne habilitée dans le cadre d'une habilitation générale ne peut accomplir un acte pour lequel elle serait en opposition d'intérêts avec la personne protégée. Toutefois, à titre exceptionnel et lorsque l'intérêt de celle-ci l'impose, le juge peut autoriser la personne habilitée à accomplir cet acte.

En cas d'habilitation générale, le juge fixe une durée au dispositif sans que celle-ci puisse excéder dix ans. Statuant sur requête de l'une des personnes mentionnées à l'article 494-1 ou du procureur de la République saisi à la demande de l'une d'elles, il peut renouveler l'habilitation lorsque les conditions prévues aux articles 431 et 494-5 sont remplies. Le renouvellement peut être prononcé pour la même durée ; toutefois, lorsque l'altération des facultés personnelles de la personne à l'égard de qui l'habilitation a été délivrée n'apparaît manifestement pas susceptible de connaître une amélioration selon les données acquises de la science, le juge peut, par décision spécialement motivée et sur avis conforme du médecin mentionné à l'article 431, renouveler le dispositif pour une durée plus longue qu'il détermine, n'excédant pas vingt ans.

Les jugements accordant, modifiant ou renouvelant une habilitation générale font l'objet d'une mention en marge de l'acte de naissance selon les conditions prévues à l'article 444. Il en est de même lorsqu'il est mis fin à l'habilitation pour l'une des causes prévues à l'article 494-11.

Art. 494-7. La personne habilitée peut, sauf décision contraire du juge, procéder sans autorisation aux actes mentionnés au premier alinéa de l'article 427.

Art. 494-8. La personne à l'égard de qui l'habilitation a été délivrée conserve l'exercice de ses droits autres que ceux dont l'exercice a été confié à la personne habilitée en application de la présente section.

Toutefois, elle ne peut, en cas d'habilitation générale, conclure un mandat de protection future pendant la durée de l'habilitation.

Art. 494-9. Si la personne à l'égard de qui l'habilitation a été délivrée passe seule un acte dont l'accomplissement a été confié à la personne habilitée, celui-ci est nul de plein droit sans qu'il soit nécessaire de justifier d'un préjudice.

Les obligations résultant des actes accomplis par une personne à l'égard de qui une mesure d'habilitation familiale a été prononcée moins de deux ans avant le jugement délivrant l'habilitation peuvent être réduites ou annulées dans les conditions prévues à l'article 464.

La personne habilitée peut, avec l'autorisation du juge des tutelles, engager seule l'action en nullité ou en réduction prévue aux alinéas ci-dessus.

Si la personne habilitée accomplit seule, en cette qualité, un acte n'entrant pas dans le champ de l'habilitation qui lui a été délivrée ou qui ne pouvait être accompli qu'avec l'autorisation du juge, l'acte est nul de plein droit sans qu'il soit nécessaire de justifier d'un préjudice.

Dans tous les cas, l'action en nullité ou en réduction est exercée dans le délai de cinq ans prévu à l'article 2224.

Pendant ce délai et tant que la mesure d'habilitation est en cours, l'acte contesté peut être confirmé avec l'autorisation du juge des tutelles.

Art. 494-10. Le juge statue à la demande de l'une des personnes mentionnées à l'article 494-1 ou du procureur de la République sur les difficultés qui pourraient survenir dans la mise en œuvre du dispositif.

Saisi à cette fin dans les conditions prévues au premier alinéa de l'article 494-3, le juge peut, à tout moment, modifier l'étendue de l'habilitation ou y mettre fin, après avoir entendu ou appelé la personne à l'égard de qui l'habilitation a été délivrée, dans les conditions prévues au premier alinéa de l'article 494-4 ainsi que la personne habilitée.

Art. 494-11. Outre le décès de la personne à l'égard de qui l'habilitation familiale a été délivrée, celle-ci prend fin :

1° Par le placement de l'intéressé sous sauvegarde de justice, sous curatelle ou sous tutelle ;

2° En cas de jugement de mainlevée passé en force de chose jugée prononcé par le juge à la demande de l'une des personnes mentionnées à l'article 494-1 ou du procureur de la République, lorsqu'il s'avère que les conditions prévues à cet article ne sont plus réunies ou lorsque l'exécution de l'habilitation familiale est de nature à porter atteinte aux intérêts de la personne protégée ;

3° De plein droit en l'absence de renouvellement à l'expiration du délai fixé ;

4° Après l'accomplissement des actes pour lesquels l'habilitation avait été délivrée.

Art. 494-12. Les modalités d'application de la présente section sont précisées par décret en Conseil d'État.

CHAPITRE III
De la mesure d'accompagnement judiciaire

Art. 495. Lorsque les mesures mises en œuvre en application des articles L. 271-1 à L. 271-5 du code de l'action sociale et des familles au profit d'une personne majeure n'ont pas permis une gestion satisfaisante par celle-ci de ses prestations sociales et que sa santé ou sa sécurité en est compromise, le juge des tutelles peut ordonner une mesure d'accompagnement judiciaire destinée à rétablir l'autonomie de l'intéressé dans la gestion de ses ressources.

Il n'y a pas lieu de prononcer cette mesure à l'égard d'une personne mariée lorsque l'application des règles relatives aux droits et devoirs respectifs des époux et aux régimes matrimoniaux permet une gestion satisfaisante des prestations sociales de l'intéressé par son conjoint.

Art. 495-1. La mesure d'accompagnement judiciaire ne peut être prononcée si la personne bénéficie d'une mesure de protection juridique prévue au chapitre II du présent titre.

Le prononcé d'une mesure de protection juridique met fin de plein droit à la mesure d'accompagnement judiciaire.

Art. 495-2. La mesure d'accompagnement judiciaire ne peut être prononcée qu'à la demande du procureur de la République qui en apprécie l'opportunité au vu du rapport des services sociaux prévu à l'article L. 271-6 du code de l'action sociale et des familles.

Le juge statue, la personne entendue ou appelée.

Art. 495-3. Sous réserve des dispositions de l'article 495-7, la mesure d'accompagnement judiciaire n'entraîne aucune incapacité.

Art. 495-4. La mesure d'accompagnement judiciaire porte sur la gestion des prestations sociales choisies par le juge, lors du prononcé de celle-ci, dans une liste fixée par décret.

Le juge statue sur les difficultés qui pourraient survenir dans la mise en œuvre de la mesure. A tout moment, il peut, d'office ou à la demande de la personne protégée, du mandataire judiciaire à la protection des majeurs ou du procureur de la République, en modifier l'étendue ou y mettre fin, après avoir entendu ou appelé la personne.

Art. 495-5. Les prestations pour lesquelles le juge des enfants a ordonné la mesure prévue à l'article 375-9-1 sont exclues de plein droit de la mesure d'accompagnement judiciaire.

Les personnes chargées respectivement de l'exécution d'une mesure prévue à l'article 375-9-1 et d'une mesure d'accompagnement judiciaire pour un même foyer s'informent mutuellement des décisions qu'elles prennent.

Art. 495-6. Seul un mandataire judiciaire à la protection des majeurs inscrit sur la liste prévue à l'article L. 471-2 du code de l'action sociale et des familles peut être désigné par le juge pour exercer la mesure d'accompagnement judiciaire.

Art. 495-7. Le mandataire judiciaire à la protection des majeurs perçoit les prestations incluses dans la mesure d'accompagnement judiciaire sur un compte ouvert au nom de la personne auprès d'un établissement habilité à recevoir des fonds du public, dans les conditions prévues au premier alinéa de l'article

472, sous réserve des dispositions applicables aux mesures de protection confiées aux personnes ou services préposés des établissements de santé et des établissements sociaux ou médico-sociaux soumis aux règles de la comptabilité publique.

Il gère ces prestations dans l'intérêt de la personne en tenant compte de son avis et de sa situation familiale.

Il exerce auprès de celle-ci une action éducative tendant à rétablir les conditions d'une gestion autonome des prestations sociales.

Art. 495-8. Le juge fixe la durée de la mesure qui ne peut excéder deux ans. Il peut, à la demande de la personne protégée, du mandataire ou du procureur de la République, la renouveler par décision spécialement motivée sans que la durée totale puisse excéder quatre ans.

Art. 495-9. Les dispositions du titre XII relatives à l'établissement, la vérification et l'approbation des comptes et à la prescription qui ne sont pas incompatibles avec celles du présent chapitre sont applicables à la gestion des prestations sociales prévues à l'article 495-7.

TITRE XII
DE LA GESTION DU PATRIMOINE DES MINEURS ET MAJEURS EN TUTELLE (L. n° 2007-308 du 5.3.2007)

CHAPITRE Ier
Des modalités de la gestion

Art. 496. Le tuteur représente la personne protégée dans les actes nécessaires à la gestion de son patrimoine.
Il est tenu d'apporter, dans celle-ci, des soins prudents, diligents et avisés, dans le seul intérêt de la personne protégée.
La liste des actes qui sont regardés, pour l'application du présent titre, comme des actes d'administration relatifs à la gestion courante du patrimoine et comme des actes de disposition qui engagent celui-ci de manière durable et substantielle est fixée par décret en Conseil d'État.

Art. 497. Lorsqu'un subrogé tuteur a été nommé, celui-ci atteste auprès du juge du bon déroulement des opérations que le tuteur a l'obligation d'accomplir.
Il en est notamment ainsi de l'emploi ou du remploi des capitaux opéré conformément aux prescriptions du conseil de famille ou, à défaut, du juge.

Art. 498. Les capitaux revenant à la personne protégée sont versés directement sur un compte ouvert à son seul nom et mentionnant la mesure de tutelle, auprès d'un établissement habilité à recevoir des fonds du public.
Lorsque la mesure de tutelle est confiée aux personnes ou services préposés des établissements de santé et des établissements sociaux ou médico-sociaux soumis aux règles de la comptabilité publique, cette obligation de versement est réalisée dans des conditions fixées par décret en Conseil d'État.

Art. 499. Les tiers peuvent informer le juge des actes ou omissions du tuteur qui leur paraissent de nature à porter préjudice aux intérêts de la personne protégée.
Ils ne sont pas garants de l'emploi des capitaux. Toutefois, si à l'occasion de cet emploi ils ont connaissance d'actes ou omissions qui compromettent manifestement l'intérêt de la personne protégée, ils en avisent le juge.
La tierce opposition contre les autorisations du conseil de famille ou du juge ne peut être exercée que par les créanciers de la personne protégée et en cas de fraude à leurs droits.

SECTION I
Des décisions du conseil de famille ou du juge

Art. 500. (L. n° 2015-177 du 16.2.2015). Le tuteur arrête le budget de la tutelle en déterminant, en fonction de l'importance des biens de la personne protégée et des opérations qu'implique leur gestion, les sommes annuellement nécessaires à l'entretien de celle-ci et au remboursement des frais d'administration de ses biens. Le tuteur en informe le conseil de famille ou, à défaut, le juge. En cas de difficultés, le budget est arrêté par le conseil de famille ou, à défaut, par le juge.

Le conseil de famille ou, à défaut, le juge peut autoriser le tuteur à inclure dans les frais de gestion la rémunération des administrateurs particuliers dont il demande le concours sous sa propre responsabilité.

Le conseil de famille ou, à défaut, le juge peut autoriser le tuteur à conclure un contrat pour la gestion des valeurs mobilières et instruments financiers de la personne protégée. Il choisit le tiers contractant en considération de son expérience professionnelle et de sa solvabilité. Le contrat peut, à tout moment et nonobstant toute stipulation contraire, être résilié au nom de la personne protégée.

Art. 501. Le conseil de famille ou, à défaut, le juge détermine la somme à partir de laquelle commence, pour le tuteur, l'obligation d'employer les capitaux liquides et l'excédent des revenus.

Le conseil de famille ou, à défaut, le juge prescrit toutes les mesures qu'il juge utiles quant à l'emploi ou au remploi des fonds soit par avance, soit à l'occasion de chaque opération. L'emploi ou le remploi est réalisé par le tuteur dans le délai fixé par la décision qui l'ordonne et de la manière qu'elle prescrit. Passé ce délai, le tuteur peut être déclaré débiteur des intérêts.

Le conseil de famille ou, à défaut, le juge peut ordonner que certains fonds soient déposés sur un compte indisponible.

Les comptes de gestion du patrimoine de la personne protégée sont exclusivement ouverts, si le conseil de famille ou, à défaut, le juge l'estime nécessaire compte tenu de la situation de celle-ci, auprès de la Caisse des dépôts et consignations.

Art. 502. Le conseil de famille ou, à défaut, le juge statue sur les autorisations que le tuteur sollicite pour les actes qu'il ne peut accomplir seul.

Toutefois, les autorisations du conseil de famille peuvent être suppléées par celles du juge si les actes portent sur des biens dont la valeur en capital n'excède pas une somme fixée par décret.

SECTION II
Des actes du tuteur

§ 1. – Des actes que le tuteur accomplit sans autorisation

Art. 503. Dans les trois mois de l'ouverture de la tutelle, le tuteur fait procéder, en présence du subrogé tuteur s'il a été désigné, à un inventaire des biens de la personne protégée et le transmet au juge. Il en assure l'actualisation au cours de la mesure.

Il peut obtenir communication de tous renseignements et documents nécessaires à l'établissement de l'inventaire auprès de toute personne publique ou privée, sans que puisse lui être opposé le secret professionnel ou le secret bancaire.

Si l'inventaire n'a pas été établi ou se révèle incomplet ou inexact, la personne protégée et, après son décès, ses héritiers peuvent faire la preuve de la valeur et de la consistance de ses biens par tous moyens.

Art. 504. Le tuteur accomplit seul les actes conservatoires et, sous réserve des dispositions du second alinéa de l'article 473, les actes d'administration nécessaires à la gestion du patrimoine de la personne protégée.

Il agit seul en justice pour faire valoir les droits patrimoniaux de la personne protégée.

Les baux consentis par le tuteur ne confèrent au preneur, à l'encontre de la personne protégée devenue capable, aucun droit de renouvellement et aucun droit à se maintenir dans les lieux à l'expiration du bail, quand bien même il existerait des dispositions légales contraires. Ces dispositions ne sont toutefois pas applicables aux baux consentis avant l'ouverture de la tutelle et renouvelés par le tuteur.

§ 2. – Des actes que le tuteur accomplit avec une autorisation

Art. 505. Le tuteur ne peut, sans y être autorisé par le conseil de famille ou, à défaut, le juge, faire des actes de disposition au nom de la personne protégée.

L'autorisation détermine les stipulations et, le cas échéant, le prix ou la mise à prix pour lequel l'acte est passé. L'autorisation n'est pas exigée en cas de vente forcée sur décision judiciaire ou en cas de vente amiable sur autorisation du juge.

L'autorisation de vendre ou d'apporter en société un immeuble, un fonds de commerce ou des instruments financiers non admis à la négociation sur un marché réglementé ne peut être donnée qu'après la réalisation d'une mesure d'instruction exécutée par un technicien ou le recueil de l'avis d'au moins deux professionnels qualifiés.
En cas d'urgence, le juge peut, par décision spécialement motivée prise à la requête du tuteur, autoriser, en lieu et place du conseil de famille, la vente d'instruments financiers à charge qu'il en soit rendu compte sans délai au conseil qui décide du remploi.

Art. 506. Le tuteur ne peut transiger ou compromettre au nom de la personne protégée qu'après avoir fait approuver par le conseil de famille ou, à défaut, par le juge les clauses de la transaction ou du compromis et, le cas échéant, la clause compromissoire.

Art. 507. Le partage à l'égard d'une personne protégée peut être fait à l'amiable sur autorisation du conseil de famille ou, à défaut, du juge, qui désigne, s'il y a lieu, un notaire pour y procéder. Il peut n'être que partiel.
L'état liquidatif est soumis à l'approbation du conseil de famille ou, à défaut, du juge.
Le partage peut également être fait en justice conformément aux articles 840 et 842.
Tout autre partage est considéré comme provisionnel.

Art. 507-1. Par dérogation à l'article 768, le tuteur ne peut accepter une succession échue à la personne protégée qu'à concurrence de l'actif net. Toutefois, le conseil de famille ou, à défaut, le juge peut, par une délibération ou une décision spéciale, l'autoriser à accepter purement et simplement si l'actif dépasse manifestement le passif.
Le tuteur ne peut renoncer à une succession échue à la personne protégée sans une autorisation du conseil de famille ou, à défaut, du juge.

Art. 507-2. Dans le cas où la succession à laquelle il a été renoncé au nom de la personne protégée n'a pas été acceptée par un autre héritier et tant que l'État n'a pas été envoyé en possession, la renonciation peut être révoquée soit par le tuteur autorisé à cet effet par une nouvelle délibération du conseil de famille ou, à défaut, une nouvelle décision du juge, soit par la personne protégée devenue capable. Le second alinéa de l'article 807 est applicable.

Art. 508. À titre exceptionnel et dans l'intérêt de la personne protégée, le tuteur qui n'est pas mandataire judiciaire à la protection des majeurs peut, sur autorisation du conseil de famille ou, à défaut, du juge, acheter les biens de celle-ci ou les prendre à bail ou à ferme.
Pour la conclusion de l'acte, le tuteur est réputé être en opposition d'intérêts avec la personne protégée.

§ 3. – Des actes que le tuteur ne peut accomplir

Art. 509. Le tuteur ne peut, même avec une autorisation :
1° Accomplir des actes qui emportent une aliénation gratuite des biens ou des droits de la personne protégée sauf ce qui est dit à propos des donations, tels que la remise de dette, la renonciation gratuite à un droit acquis, la renonciation anticipée à l'action en réduction visée aux articles 929 à 930-5, la mainlevée d'hypothèque ou de sûreté sans paiement ou la constitution gratuite d'une servitude ou d'une sûreté pour garantir la dette d'un tiers ;
2° Acquérir d'un tiers un droit ou une créance que ce dernier détient contre la personne protégée ;
3° Exercer le commerce ou une profession libérale au nom de la personne protégée ;
4° Acheter les biens de la personne protégée ainsi que les prendre à bail ou à ferme, sous réserve des dispositions de l'article 508.
5° (L. n° 2008-776 du 4.8.2008). Transférer dans un patrimoine fiduciaire les biens ou droits d'un majeur protégé.

CHAPITRE II
De l'établissement, de la vérification et de l'approbation des comptes

Art. 510. Le tuteur établit chaque année un compte de sa gestion auquel sont annexées toutes les pièces justificatives utiles.
À cette fin, il sollicite des établissements auprès desquels un ou plusieurs comptes sont ouverts au nom de la personne protégée un relevé annuel de ceux-ci, sans que puisse lui être opposé le secret professionnel ou le secret bancaire.

Le tuteur est tenu d'assurer la confidentialité du compte de gestion. Toutefois, une copie du compte et des pièces justificatives est remise chaque année par le tuteur à la personne protégée lorsqu'elle est âgée d'au moins seize ans, ainsi qu'au subrogé tuteur s'il a été nommé et, si le tuteur l'estime utile, aux autres personnes chargées de la protection de l'intéressé.

En outre, le juge peut, après avoir entendu la personne protégée et recueilli son accord, si elle a atteint l'âge précité et si son état le permet, autoriser le conjoint, le partenaire du pacte civil de solidarité qu'elle a conclu, un parent, un allié de celle-ci ou un de ses proches, s'ils justifient d'un intérêt légitime, à se faire communiquer à leur charge par le tuteur une copie du compte et des pièces justificatives ou une partie de ces documents.

Art. 511. (L. n° 2009-526 du 12.5.2009). Le tuteur soumet chaque année le compte de gestion, accompagné des pièces justificatives, en vue de sa vérification, au directeur des services de greffe judiciaires :

1° Du tribunal de grande instance, s'agissant des mesures de protection juridique des mineurs ;

2° Du tribunal d'instance, s'agissant des mesures de protection juridique des majeurs.

Lorsqu'un subrogé tuteur a été nommé, il vérifie le compte avant de le transmettre avec ses observations au directeur des services de greffe judiciaires.

Pour la vérification du compte, le directeur des services de greffe judiciaires peut faire usage du droit de communication prévu au deuxième alinéa de l'article 510. Il peut être assisté dans sa mission de contrôle des comptes dans les conditions fixées par le code de procédure civile.

S'il refuse d'approuver le compte, le directeur des services de greffe judiciaires dresse un rapport des difficultés rencontrées qu'il transmet au juge. Celui-ci statue sur la conformité du compte.

Le juge peut décider que la mission de vérification et d'approbation des comptes dévolue au directeur des services de greffe judiciaires sera exercée par le subrogé tuteur s'il en a été nommé un.

Lorsqu'il est fait application de l'article 457, le juge peut décider que le conseil de famille vérifiera et approuvera les comptes en lieu et place du directeur des services de greffe judiciaires.

Art. 512. Lorsque la tutelle n'a pas été confiée à un mandataire judiciaire à la protection des majeurs, le juge peut, par dérogation aux articles 510 et 511 et en considération de la modicité des revenus et du patrimoine de la personne protégée, dispenser le tuteur d'établir le compte de gestion et de soumettre celui-ci à l'approbation du directeur des services de greffe judiciaires.

Art. 513. Si les ressources de la personne protégée le permettent et si l'importance et la composition de son patrimoine le justifient, le juge peut décider, en considération de l'intérêt patrimonial en cause, que la mission de vérification et d'approbation du compte de gestion sera exercée, aux frais de l'intéressée et selon les modalités qu'il fixe, par un technicien.

Art. 514. Lorsque sa mission prend fin pour quelque cause que ce soit, le tuteur établit un compte de gestion des opérations intervenues depuis l'établissement du dernier compte annuel et le soumet à la vérification et à l'approbation prévues aux articles 511 et 513.

En outre, dans les trois mois qui suivent la fin de sa mission, le tuteur ou ses héritiers s'il est décédé remettent une copie des cinq derniers comptes de gestion et du compte mentionné au premier alinéa du présent article, selon le cas, à la personne devenue capable si elle n'en a pas déjà été destinataire, à la personne nouvellement chargée de la mesure de gestion ou aux héritiers de la personne protégée.

Les alinéas précédents ne sont pas applicables dans le cas prévu à l'article 512.

Dans tous les cas, le tuteur remet aux personnes mentionnées au deuxième alinéa du présent article les pièces nécessaires pour continuer la gestion ou assurer la liquidation de la succession, ainsi que l'inventaire initial et les actualisations auxquelles il a donné lieu.

CHAPITRE III
De la prescription

Art. 515. L'action en reddition de comptes, en revendication ou en paiement diligentée par la personne protégée ou ayant été protégée ou par ses héritiers relativement aux faits de la tutelle se prescrit par cinq ans à compter de la fin de la mesure, alors même que la gestion aurait continué au-delà.

TITRE XIII
DU MANDAT

CHAPITRE Ier
De la nature et de la forme du mandat

Art. 1984. Le mandat ou procuration est un acte par lequel une personne donne à une autre le pouvoir de faire quelque chose pour le mandant et en son nom.
Le contrat ne se forme que par l'acceptation du mandataire.

Art. 1985. Le mandat peut être donné par acte authentique ou par acte sous seing privé, même par lettre. Il peut aussi être donné verbalement, mais la preuve testimoniale n'en est reçue que conformément au titre « Des contrats ou des obligations conventionnelles en général ».
L'acceptation du mandat peut n'être que tacite et résulter de l'exécution qui lui a été donnée par le mandataire.

Art. 1986. Le mandat est gratuit s'il n'y a convention contraire.

Art. 1987. Il est ou spécial et pour une affaire ou certaines affaires seulement, ou général et pour toutes les affaires du mandant.

Art. 1988. Le mandat conçu en termes généraux n'embrasse que les actes d'administration
S'il s'agit d'aliéner ou hypothéquer, ou de quelque autre acte de propriété, le mandat doit être exprès.

Art. 1989. Le mandataire ne peut rien faire au-delà de ce qui est porté dans son mandat : le pouvoir de transiger ne renferme pas celui de compromettre.

Art. 1990. Un mineur non émancipé peut être choisi pour mandataire ; mais le mandant n'aura d'action contre lui que d'après les règles générales relatives aux obligations des mineurs.

CHAPITRE II
Des obligations du mandataire

Art. 1991. Le mandataire est tenu d'accomplir le mandat tant qu'il en demeure chargé, et répond des dommages-intérêts qui pourraient résulter de son inexécution.
Il est tenu de même d'achever la chose commencée au décès du mandant, s'il y a péril en la demeure.

Art. 1992. Le mandataire répond non seulement du dol, mais encore des fautes qu'il commet dans sa gestion.
Néanmoins, la responsabilité relative aux fautes est appliquée moins rigoureusement à celui dont le mandat est gratuit qu'à celui qui reçoit un salaire.

Art. 1993. Tout mandataire est tenu de rendre compte de sa gestion, et de faire raison au mandant de tout ce qu'il a reçu en vertu de sa procuration, quand même ce qu'il aurait reçu n'eût point été dû au mandant.

Art. 1994. Le mandataire répond de celui qu'il s'est substitué dans la gestion :
1° quand il n'a pas reçu le pouvoir de se substituer quelqu'un ;
2° quand ce pouvoir lui a été conféré sans désignation d'une personne, et que celle dont il a fait choix était notoirement incapable ou insolvable.
Dans tous les cas, le mandant peut agir directement contre la personne que le mandataire s'est substituée.

Art. 1995. Quand il y a plusieurs fondés de pouvoir ou mandataires établis par le même acte, il n'y a de solidarité entre eux qu'autant qu'elle est exprimée.

Art. 1996. Le mandataire doit l'intérêt des sommes qu'il a employées à son usage à dater de cet emploi ; et de celles dont il est reliquataire à compter du jour qu'il est mis en demeure.

Art. 1997. Le mandataire qui a donné à la partie avec laquelle il contracte en cette qualité une suffisante connaissance de ses pouvoirs n'est tenu d'aucune garantie pour ce qui a été fait au-delà, s'il ne s'y est personnellement soumis.

CHAPITRE III
Des obligations du mandant

Art. 1998. Le mandant est tenu d'exécuter les engagements contractés par le mandataire,

conformément au pouvoir qui lui a été donné.
Il n'est tenu de ce qui a pu être fait au-delà, qu'autant qu'il l'a ratifié expressément ou tacitement.

Art. 1999. Le mandant doit rembourser au mandataire les avances et frais que celui-ci a faits pour l'exécution du mandat, et lui payer ses salaires lorsqu'il en a été promis.
S'il n'y a aucune faute imputable au mandataire, le mandant ne peut se dispenser de faire ces remboursements et paiement, lors même que l'affaire n'aurait pas réussi, ni faire réduire le montant des frais et avances sous le prétexte qu'ils pouvaient être moindres.

Art. 2000. Le mandant doit aussi indemniser le mandataire des pertes que celui-ci a essuyées à l'occasion de sa gestion, sans imprudence qui lui soit imputable.

Art. 2001. L'intérêt des avances faites par le mandataire lui est dû par le mandant, à dater du jour des avances constatées.

Art. 2002. Lorsque le mandataire a été constitué par plusieurs personnes pour une affaire commune, chacune d'elles est tenue solidairement envers lui de tous les effets du mandat.

CHAPITRE IV
Des différentes manières dont le mandat finit

Art. 2003. Le mandat finit :
Par la révocation du mandataire,
Par la renonciation de celui-ci au mandat,
Par la mort, la tutelle des majeurs ou la déconfiture, soit du mandant, soit du mandataire.

Art. 2004. Le mandant peut révoquer sa procuration quand bon lui semble et contraindre, s'il y a lieu, le mandataire à lui remettre soit l'écrit sous seing privé qui la contient, soit l'original de la procuration, si elle a été délivrée en brevet, soit l'expédition, s'il en a été gardé minute.

Art. 2005. La révocation notifiée au seul mandataire ne peut être opposée aux tiers qui ont traité dans l'ignorance de cette révocation, sauf au mandant son recours contre le mandataire.

Art. 2006. La constitution d'un nouveau mandataire pour la même affaire vaut révocation du premier, à compter du jour où elle a été notifiée à celui-ci.

Art. 2007. Le mandataire peut renoncer au mandat, en notifiant au mandant sa renonciation.
Néanmoins, si cette renonciation préjudicie au mandant il devra en être indemnisé par le mandataire, à moins que celui-ci ne se trouve dans l'impossibilité de continuer le mandat sans en éprouver lui-même un préjudice considérable.

Art. 2008. Si le mandataire ignore la mort du mandant ou l'une des autres causes qui font cesser le mandat, ce qu'il a fait dans cette ignorance est valide.

Art. 2009. Dans les cas ci-dessus, les engagements du mandataire sont exécutés à l'égard des tiers qui sont de bonne foi.

Art. 2010. En cas de mort du mandataire, ses héritiers doivent en donner avis au mandant, et pourvoir, en attendant, à ce que les circonstances exigent pour l'intérêt de celui-ci.

DÉCRET N° 2008-1484 DU 22 DÉCEMBRE 2008 RELATIF AUX ACTES DE GESTION DU PATRIMOINE DES PERSONNES PLACÉES EN CURATELLE OU EN TUTELLE ET PRIS EN APPLICATION DES ARTICLES 452, 496 ET 502 DU CODE CIVIL

Le Premier ministre,
Sur le rapport de la garde des sceaux, ministre de la justice,
Vu le code des assurances ;
Vu le code civil, notamment ses articles 452, 496 et 502 ;
Vu le code de commerce ;
Vu le code monétaire et financier ;
Vu le code de la mutualité ;
Vu la loi n° 65-557 du 10 juillet 1965 modifiée fixant le statut de la copropriété des immeubles bâtis ;
Vu la loi n° 91-650 du 9 juillet 1991 modifiée portant réforme des procédures civiles d'exécution ;
Vu la loi n° 2007-308 du 5 mars 2007 portant réforme de la protection juridique des majeurs, notamment son article 45 ;
Vu le décret n° 65-961 du 5 novembre 1965 pris pour l'application de certains articles du code civil et relatif au dépôt et à la gestion des fonds et des valeurs mobilières des mineurs ;
Vu le décret n° 2006-936 du 27 juillet 2006 relatif aux procédures de saisie immobilière et de distribution du prix d'un immeuble ;
Vu l'avis du comité consultatif de la législation et de la réglementation financières en date du 7 novembre 2008 ;
Le Conseil d'Etat (section de l'intérieur) entendu,
Décrète :

Art. 1er. Constituent des actes d'administration les actes d'exploitation ou de mise en valeur du patrimoine de la personne protégée dénués de risque anormal.

Figure dans la colonne 1 du tableau constituant l'annexe 1 du présent décret une liste des actes qui sont regardés comme des actes d'administration.

Figure dans la colonne 1 du tableau constituant l'annexe 2 du présent décret une liste non exhaustive d'actes qui sont regardés comme des actes d'administration, à moins que les circonstances d'espèce ne permettent pas au tuteur de considérer qu'ils répondent aux critères de l'alinéa 1er en raison de leurs conséquences importantes sur le contenu ou la valeur du patrimoine de la personne protégée, sur les prérogatives de celle-ci ou sur son mode de vie.

Art. 2. Constituent des actes de disposition les actes qui engagent le patrimoine de la personne protégée, pour le présent ou l'avenir, par une modification importante de son contenu, une dépréciation significative de sa valeur en capital ou une altération durable des prérogatives de son titulaire.

Figure dans la colonne 2 du tableau constituant l'annexe 1 du présent décret une liste des actes qui sont regardés comme des actes de disposition.

Figure dans la colonne 2 du tableau constituant l'annexe 2 du présent décret une liste non exhaustive d'actes qui sont regardés comme des actes de disposition, à moins que les circonstances d'espèce ne permettent pas au tuteur de considérer qu'ils répondent aux critères de l'alinéa 1er en raison de leurs faibles conséquences sur le contenu ou la valeur du patrimoine de la personne protégée, sur les prérogatives de celle-ci ou sur son mode de vie.

Art. 3. Les actes pour l'accomplissement desquels le curateur et le tuteur peuvent s'adjoindre le concours de tiers sont :

1° Les actes conservatoires qui permettent de sauvegarder le patrimoine ou de soustraire un bien à un péril imminent ou à une dépréciation inévitable sans compromettre aucune prérogative du propriétaire ;

2° Les actes d'administration énumérés dans la colonne 1 des tableaux constituant les annexes 1 et 2 du présent décret, sous réserve qu'ils n'emportent ni paiement ni encaissement de sommes d'argent par ou pour la personne protégée.

Art. 4. La valeur maximale en capital des biens sur lesquels portent les actes qui peuvent être autorisés par le juge en suppléance du conseil de famille est fixée à la somme de 50 000 ?.
Les dispositions du présent article peuvent être modifiées par décret.

Art. 5. A modifié les dispositions suivantes :
Abroge Décret n° 65-961 du 5 novembre 1965 - art. 4 (Ab)
Abroge Décret n° 65-961 du 5 novembre 1965 - art. 5 (Ab)
Abroge Décret n° 65-961 du 5 novembre 1965 - art. 6 (Ab)
Abroge Décret n° 65-961 du 5 novembre 1965 - art. 7 (Ab)
Abroge Décret n° 65-961 du 5 novembre 1965 - art. 8 (Ab)

Art. 6. Le présent décret entre en vigueur le premier jour du mois qui suit celui de sa publication.

Art. 7. La garde des sceaux, ministre de la justice, est responsable de l'application du présent décret, qui sera publié au *Journal officiel* de la République française.

Annexe 1
Modifié par décret n° 2015-1669 du 14 décembre 2015 - art. 2

LISTE DES ACTES REGARDÉS COMME ACTES D'ADMINISTRATION OU COMME ACTES DE DISPOSITION

COLONNE 1 : ACTES D'ADMINISTRATION	COLONNE 2 : ACTES DE DISPOSITION
I. – Actes portant sur les immeubles : – convention de jouissance précaire (art. 426, al. 2 du Code civil) ; – conclusion et renouvellement d'un bail de 9 ans au plus en tant que bailleur (art. 595 et 1718 du Code civil) ou preneur ; – bornage amiable de la propriété de la personne protégée ; – travaux d'améliorations utiles, aménagements, réparations d'entretien des immeubles de la personne protégée ; – résiliation du bail d'habitation en tant que bailleur ; – prêt à usage et autre convention de jouissance ou d'occupation précaire ; – déclaration d'insaisissabilité des immeubles non professionnels de l'entrepreneur individuel (art. 526-1 du Code de commerce) ; – mainlevée d'une inscription d'hypothèque en contrepartie d'un paiement.	**I. – Actes portant sur les immeubles :** – disposition des droits relatifs au logement de la personne protégée, par aliénation, résiliation ou conclusion d'un bail (art. 426, al. 3 du Code civil) ; – vente ou apport en société d'un immeuble (art. 505, al. 3 du Code civil) ; – achat par le tuteur des biens de la personne protégée, ou prise à bail ou à ferme de ces biens par le tuteur (art. 508, al. 1 du Code civil) ; – échange (art. 1707 du Code civil) ; – acquisition d'immeuble en emploi ou remploi de sommes d'argent judiciairement prescrit (art. 501 du Code civil) ; – acceptation par le vendeur d'une promesse d'acquisition (art. 1589 du Code civil) ; – acceptation par l'acquéreur d'une promesse de vente (art. 1589 du Code civil) ; – dation ; – tout acte grave, notamment la conclusion et le renouvellement du bail, relatif aux baux ruraux, commerciaux, industriels, artisanaux, professionnels et mixtes, grosses réparations sur l'immeuble ; – constitution de droits réels principaux (usufruit, usage, servitude...) et de droits réels accessoires (hypothèques...) et autres sûretés réelles ; – consentement à une hypothèque (art. 2413 du Code civil) ; – mainlevée d'une inscription d'hypothèque sans contrepartie d'un paiement.

COLONNE 1 : ACTES D'ADMINISTRATION	COLONNE 2 : ACTES DE DISPOSITION
II. – Actes portant sur les meubles corporels et incorporels : 1° Sommes d'argent : – ouverture d'un premier compte ou livret au nom ou pour le compte de la personne protégée (art. 427, al. 4 du Code civil) ; – emploi et remploi de sommes d'argent qui ne sont ni des capitaux ni des excédents de revenus (art. 468 et 501 du Code civil) ; – emploi et remploi des sommes d'argent non judiciairement prescrits par le juge des tutelles ou le conseil de famille (art. 501 du Code civil) ; – perception des revenus ; – réception des capitaux ; – quittance d'un paiement ; – demande de délivrance d'une carte bancaire de retrait.	**II. – Actes portant sur les meubles corporels et incorporels :** 1° Sommes d'argent : – modification de tout compte ou livrets ouverts au nom de la personne protégée (art. 427, al. 1 et 2 du Code civil) ; – ouverture de tout nouveau compte ou livret au nom ou pour le compte de la personne protégée (art. 427, al. 1 et 2 du Code civil) ; – ouverture de tout compte, y compris d'un compte de gestion du patrimoine, auprès de la Caisse des dépôts et consignations (art. 427, al. 3, et art. 501, al. 4 du Code civil) ; – lorsque la personne protégée a fait l'objet d'une interdiction d'émettre des chèques, fonctionnement de ses comptes sous la signature de la personne chargée de la mesure de protection et disposition par celle-ci de tous les moyens de paiement habituels (art. 427, al. 7 du Code civil) ; – emploi et remploi des capitaux et des excédents de revenus (art. 468 et 501 du Code civil) ; – depuis le 1er février 2009 : contrat de fiducie par une personne sous curatelle (art. 468, al. 2 du Code civil) ; – clôture d'un compte bancaire ; – ouverture d'un compte de gestion de patrimoine ; – demande de délivrance d'une carte bancaire de crédit.
2° Instruments financiers : – résiliation d'un contrat de gestion de valeurs mobilières et instruments financiers (art. 500, al. 3 du Code civil).	2° Instruments financiers (au sens de l'article L. 211-1 du Code monétaire et financier) : – conclusion d'un contrat de gestion de valeurs mobilières et instruments financiers (art. 500, al. 3 du Code civil) ; – vente ou apport en société d'instruments financiers non admis à la négociation sur un marché réglementé (art. 505, al. 3 du Code civil) ; – vente d'instruments financiers (art. 505, al. 4 du Code civil).

COLONNE 1 : ACTES D'ADMINISTRATION	COLONNE 2 : ACTES DE DISPOSITION
3° Autres meubles, corporels et incorporels : – louage, prêt, emprunt, vente, échange, dation et acquisition de meubles d'usage courant ou de faible valeur ; – perception des fruits ; – location d'un coffre-fort.	3° Autres meubles, corporels et incorporels : – aliénation des meubles meublant du logement ou résiliation ou conclusion d'un bail sur ces meubles (art. 426, al. 3 du Code civil) ; – vente ou apport d'un fonds de commerce en société (art. 505, al. 3 du Code civil) ; – louage-prêt-vente-échange-dation de meubles de valeur ou qui constituent, au regard de l'inventaire, une part importante du patrimoine du mineur ou du majeur protégé ; – vente-échange-dation d'un fonds de commerce ; – conclusion d'un contrat de location gérance sur un fonds de commerce.
III. – Actes relatifs aux groupements dotés de la personnalité morale	**III. – Actes relatifs aux groupements dotés de la personnalité morale :** – candidature aux fonctions de gérant et d'administrateur ; – copropriété des immeubles bâtis : actes visés aux articles 25 à 28-1, 30, 35 et 38 de la loi n° 65-557 du 10 juillet 1965.
IV. – Actes relatifs aux groupements dénués de personnalité morale : – en cas d'indivision légale : vente d'un bien indivis pour payer les dettes de l'indivision (art. 815-3 [3°] du Code civil).	**IV. – Actes relatifs aux groupements dénués de personnalité morale :** – communauté conjugale : actes qu'un époux ne peut pas faire seul ; – indivision conventionnelle : actes que le gérant ou l'un des coindivisaires ne peut pas faire seul ; – en cas de démembrement du droit de propriété : vente-échange-dation du droit démembré, actes auxquels les titulaires des droits démembrés doivent consentir conjointement, grosses réparations non urgentes.

COLONNE 1 : ACTES D'ADMINISTRATION	COLONNE 2 : ACTES DE DISPOSITION
V. – Actes à titre gratuit : – inventaire (art. 503 du Code civil) ; – acceptation d'une succession à concurrence de l'actif net (art. 507-1 du Code civil) ; – acceptation d'un legs universel ou à titre universel à concurrence de l'actif net (art. 507-1 et 724-1 du Code civil) ; – acte de notoriété (art. 730-1 du Code civil) ; – action interrogatoire à l'encontre des héritiers taisants (art. 771, al. 2 du Code civil) ; – mandat aux fins de partage (art. 837 du Code civil) ; – acceptation de legs à titre particulier et de donation non grevés de charge ; – délivrance de legs ; – déclaration de succession ; – attestation de propriété.	**V. – Actes à titre gratuit :** – donation consentie par une personne protégée majeure (art. 470, al. 2 et 476, al. 1er du Code civil) ; – partage amiable (art. 507 du Code civil) ; – acceptation pure et simple d'une succession (art. 507-1, al. 1er du Code civil) ; – révocation d'une renonciation à une succession ou à un legs universel ou à titre universel (art. 507-2 du Code civil) ; – acceptation pure et simple d'un legs universel ou à titre universel (art. 724-1 du Code civil) ; – révocation d'une renonciation à un legs (art. 724-1 du Code civil) ; – choix par le donataire de rapporter en nature le bien donné (art. 859 du Code civil) ; – renonciation à une succession (art. 507-1, al. 2 du Code civil) ; – renonciation à un legs (art. 724-1 du Code civil) ; – renonciation à une action en réduction des libéralités excessives après le décès du prémourant (art. 920 du Code civil) ; – acceptation de legs à titre particulier et de donations grevés de charges ; – renonciation à un legs universel grevé de charges ; – révocation d'une donation entre époux (art. 953 du Code civil) ; – consentement à exécution d'une donation entre époux.
VI. – Actions en justice : – toute action en justice relative à un droit patrimonial de la personne sous tutelle (art. 504, al. 2 du Code civil) ; – tout acte de procédure qui n'emporte pas perte du droit d'action.	**VI. – Actions en justice :** – toute action en justice relative à un droit extrapatrimonial de la personne sous tutelle (art. 475, al. 2 du Code civil) ; – toute action en justice relative à un droit patrimonial ou extrapatrimonial de la personne en curatelle (art. 468, al. 3 du Code civil) ; – action par la personne chargée de la protection en nullité, rescision ou réduction, selon le cas, des actes accomplis par la personne protégée (art. 465, al. 6 du Code civil) ; – tout acte de procédure qui emporte perte du droit d'action.

COLONNE 1 : ACTES D'ADMINISTRATION	COLONNE 2 : ACTES DE DISPOSITION
VII. – Assurances : – conclusion ou renouvellement d'un contrat d'assurance de biens ou de responsabilité civile.	**VII. – Assurances :** – demande d'avance sur contrat d'assurance (art. L. 132-21 du Code des assurances). – l'exercice par le bénéficiaire d'un contrat de l'option irrévocable de remise en titres, parts ou actions (art. L. 131-1 du Code des assurances).
VIII. – Actes de poursuite et d'exécution : – mesures conservatoires (art. 26, loi n° 91-650 du 9 juillet 1991) ; – procédures d'exécution mobilière (art. 26, loi n° 91-650 du 9 juillet 1991).	**VIII. – Actes de poursuite et d'exécution :** – saisie immobilière (art. 2206, al. 1 du Code civil et art. 13 du décret n° 2006-236 du 27 juillet 2006).
IX. – Actes divers : – indivision légale : actes visés par l'article 815-3 (1° et 2°) du Code civil (acte d'administration des biens indivis et mandat général d'administration) ; – tout acte relatif à l'animal domestique de la personne protégée.	**IX. – Actes divers :** – transaction et compromis et clause compromissoire au nom de la personne protégée (art. 506 du Code civil) ; – changement ou modification du régime matrimonial (art. 1397 du Code civil) ; – souscription ou rachat d'un contrat d'assurance-vie et désignation ou substitution du bénéficiaire (art. L. 132-4-1 du Code des assurances et art. L. 223-7-1 du Code de la mutualité) ; – révocation du bénéfice non accepté d'un contrat d'assurance-vie (art. L. 132-9 du Code des assurances et art. L. 223-11 du Code de la mutualité) ; – confirmation de l'acte nul pour insanité d'esprit (art. 414-2 du Code civil) ; – confirmation d'un acte nul pour avoir été accompli par le tuteur ou le curateur seul (art. 465, al. 8, du Code civil) ; – convention d'honoraires proportionnels en toute ou partie à un résultat, indéterminés ou aléatoires.

Annexe 2

LISTE DES ACTES REGARDÉS COMME DES ACTES D'ADMINISTRATION OU DE DISPOSITION SAUF CIRCONSTANCES D'ESPÈCE

COLONNE 1 : ACTES D'ADMINISTRATION	COLONNE 2 : ACTES DE DISPOSITION
I. – Actes portant sur les meubles corporels et incorporels : 1° Sommes d'argent : – paiements des dettes y compris par prélèvement sur le capital ; – octroi de délai raisonnable en vue du recouvrement de créances.	**I. – Actes portant sur les meubles corporels et incorporels :** 1° Sommes d'argent : – prélèvement sur le capital à l'exclusion du paiement des dettes ; – emprunt de sommes d'argent ; – prêt consenti par la personne protégée.
2° Instruments financiers (au sens de l'art. L. 211-1 du Code monétaire et financier) : – actes de gestion d'un portefeuille, y compris les cessions de titres à condition qu'elles soient suivies de leur remplacement ; – exercice du droit de vote dans les assemblées, sauf ce qui est dit à propos des ordres du jour particuliers ; – demandes d'attribution, de regroupement ou d'échanges de titres ; – vente des droits ou des titres formant rompus ; – souscription à une augmentation de capital, sauf ce qui est dit sur le placement de fonds ; – conversion d'obligations convertibles en actions admises à la négociation sur un marché réglementé.	2° Instruments financiers (au sens de l'art. L. 211-1 du Code monétaire et financier) : – cession du portefeuille en pleine propriété ou en nue-propriété ; – acquisition et cession d'instruments financiers non inclus dans un portefeuille ; – nantissement et mainlevée du nantissement d'instruments financiers.
3° Autres meubles, corporels et incorporels	3° Autres meubles, corporels et incorporels : – cession de fruits ; – vente-échange-dation de droits incorporels ; – conclusion d'un contrat d'exploitation d'un droit ou d'un meuble incorporel.

COLONNE 1 : ACTES D'ADMINISTRATION	COLONNE 2 : ACTES DE DISPOSITION
II. – Actes relatifs aux groupements dotés de la personnalité morale : – engagement de conservation de parts ou d'actions.	**II. – Actes relatifs aux groupements dotés de la personnalité morale :** – tout apport en société non visé à l'annexe 1 ; – détermination du vote sur les ordres du jour suivants : reprise des apports - modification des statuts - prorogation et dissolution du groupement - fusion - scission - apport partiel d'actifs - agrément d'un associé - augmentation et réduction du capital - changement d'objet social - emprunt et constitution de sûreté - vente d'un élément d'actif immobilisé - aggravation des engagements des associés ; – maintien dans le groupement ; – cession et nantissement de titres.
III. – Actes relatifs à la vie professionnelle : – conclusion et rupture d'un contrat de travail en qualité d'employeur ; – conclusion et rupture d'un contrat de travail en qualité de salarié ; – adhésion à un contrat d'assurance de groupe en cas de vie dont les prestations sont liées à la cessation d'activité professionnelle ou adhésion à un contrat de prévoyance complémentaire (sauf en matière d'assurance-vie : art. L. 132-4-1 et L. 132-9 du Code des assurances et art. L. 223-7-1 et L. 223-11 du Code de la mutualité) ; – adhésion à un contrat d'assurance afférent au risque décès dans le cadre d'un contrat collectif (art. L. 141-5 du Code des assurances et art. L. 233-6 du Code de la mutualité).	**III. – Actes relatifs à la vie professionnelle**
IV. – Assurances : – acceptation de la clause bénéficiaire d'un contrat d'assurance-vie sans charge.	**IV. – Assurances :** – acceptation de la clause bénéficiaire d'un contrat d'assurance-vie avec charges ; – versement de nouvelles primes sur un contrat d'assurance-vie.
V. – Actes divers	**V. – Actes divers :** – contrat de crédit.

Fait à Paris, le 22 décembre 2008.

Index alphabétique

A

Abus de faiblesse : 12, 13
Accès au dossier : 78
Acte d'administration : 124, 126
Acte de disposition : 124, 126
Actes conservatoires
- tutelle : 44

Actes de la vie courante : 128
Actes strictement personnels : 111
Actes surveillés ou interdits : 136
Action en justice
- curatelle : 35

Action en justice/biens
- tutelle : 44

Action en justice/personne
- tutelle : 44

Affaire Bettencourt : 21
Aide juridictionnelle : 77
Altération des facultés mentales ou corporelles : 19
Annulation d'un acte : 58
- curatelle ou tutelle : 64
- période suspecte : 61
- sauvegarde de justice : 64
- trouble mental : 59, 63
- vice de consentement : 59

Appel : 81
Assurance responsabilité : 105
Assurance-décès : 137
Assurance-vie : 132
- interdiction : 138
- opposition d'intérêts : 134

Audition : 75
Autonomie : 110
Auxiliaires médicaux : 138
Avocat : 72

B

Banque
- comptes bancaires : 128
- opérations : 3

Budget de la tutelle : 99

C

Certificat médical
- contenu : 74
- nécessité : 20

Charte des droits de la personne protégée : 111
Comptes bancaires
- fonctionnement : 130
- individualisation : 130
- maintien : 128

Comptes de gestion
- accès : 102
- contrôle : 101
- établissement : 100

Conseil de famille : 46
Copie des pièces : 79
Crédit à la consommation : 36
Curatelle : 34
- aménagée : 38
- annulation d'un acte : 64
- défaut d'assistance : 39
- durée : 83
- refus d'assistance : 39
- renforcée : 40
- subrogé curateur : 37

Curateur
- assurance : 104
- décharge : 91
- désignation anticipée : 88
- durée : 90
- gratuité : 92
- inventaire : 97
- mandataires judiciaires à la protection des majeurs : 94
- obligations : 97
- ordre de priorité : 88
- radiation : 107
- refus d'assistance : 39
- responsabilités : 104, 107
- rôle : 35
- une ou plusieurs personnes : 89

D

Débat contradictoire : 116
Demande : 68
Dernière maladie : 138
Désistement : 75
Destitution : 107
Devoir d'information : 110
Différentes formes de protection : 26
Directives anticipées : 119
Divorce
- règles : 112
- sauvegarde de justice : 31

Document individuel de protection des majeurs (DIPM) : 111
Donation : 134
Dossier
- accès : 78
- copie : 79

Droit à l'information : 24
Durée
- mesure : 83
- protecteur : 90

Dysfonctionnement : 107

E

Enfant handicapé
- mandat de protection future : 6

G

Gestion d'affaires : 32
Greffe : 21
Greffier en chef : 101

H

Habilitation familiale : 52
- avantage : 52
- inconvénients : 52
- intervention du juge : 57
- mise en place : 52
- modèle : 53
- opposition d'intérêt : 56
- personne habilitée : 52, 54
- pouvoirs de la personne habilitée : 52, 55, 56
- rôle : 55

Huissier de justice : 101

I

Immeubles
- actes : 135
- location : 136
- procuration : 3
- vente : 136

Incapacités de recevoir : 137
Infirmiers
- incapacités de recevoir : 137

Injonctions : 107
Inventaire : 97
- modèle : 99

J

Juge compétent : 69
Jugement : 80
- appel : 81
- notification : 80
- publicité : 83

L

Location : 136
- procuration : 3

Logement : 116

M

Mainlevée de la mesure de protection : 84
Maison de justice et du droit (MJD) : 70
Mandat de protection future : 6
Mandataire
- assurance : 104
- décharge : 91
- gratuité : 92
- mandataires judiciaires à la protection des majeurs : 94, 107, 121, 138
- obligations : 97
- radiation : 107
- responsabilités : 104, 107

Mandataire judiciaire à la protection des majeurs (MJPM) : 94, 107
- incapacité de recevoir : 138

Mandataire spécial
- sauvegarde de justice : 32

Mariage
- mandat entre époux : 4
- règles : 112

Médecin : 71
- charge interdite : 91
- incapacités de recevoir : 137
- médecin de l'établissement de soins : 71
- médecin traitant : 17, 71

Mesure administrative d'accompagnement social personnalisé (MASP) : 10
Mesure d'accompagnement judiciaire (MAJ) : 11
Meubles et objets personnels : 116

N

Nécessité
- certificat médical : 20

Notice d'information : 111
Notification : 80

O

Opposition d'intérêts : 51, 135
- assurance-vie : 134

P

Pacs
- règles : 112

Période suspecte : 61
Personne de confiance
- désignation : 119
- hospitalisation : 4

Préjudice psychique : 79

Principe de nécessité : 24
Principe de proportionnalité et d'individualisation : 25
Principe de subsidiarité : 25
Procédure : 72
Proches : 68
Procuration
• sauvegarde de justice : 32
Procureur de la République : 69, 107
Prodigalité, intempérance, oisiveté : 35
Protecteur
• assurance : 104
• décharge : 91
• désignation anticipée : 88
• durée : 90
• gratuité : 92
• inventaire : 97
• mandataires judiciaires à la protection des majeurs : 94
• obligations : 97
• ordre de priorité : 88
• responsabilités : 104
• une ou plusieurs personnes : 89
Protection de la personne : 110
Protection des biens : 123
Publicité : 65, 83

R

Radiation : 107
Refus d'assistance du curateur : 39
Renouvellement : 85
Répertoire civil (RC) : 83
Requête : 72
Respect des choix antérieurs : 23
Respect des droits fondamentaux : 21
Responsabilité : 104
• dysfonctionnement : 107
Rôle
• curateur : 35

S

Sauvegarde de justice : 30
• actes conservatoires : 32
• annulation d'un acte : 64
• divorce : 31
• durée : 85
• mandataire spécial : 32
• procuration : 32
Sauvegarde médicale : 71
Signaux d'alerte : 16
Soignants
• incapacités de recevoir : 137
Subrogé curateur : 37
Subrogé tuteur : 50

T

Testament : 134
Testament de fin de vieillissement : 119
Trouble mental : 58
Tutelle : 43
• allégée : 45
• annulation d'un acte : 64
• budget : 99
• conseil de famille : 46
• durée : 83
Tuteur
• assurance : 104
• décharge : 91
• désignation anticipée : 88
• durée : 90
• gratuité : 92
• inventaire : 97
• mandataires judiciaires à la protection des majeurs : 94
• obligations : 97
• ordre de priorité : 88
• radiation : 107
• responsabilités : 104, 107
• rôle : 44, 50
• une ou plusieurs personnes : 89

V

Vente : 136
- procuration : 3

Vices de consentement : 59
Vie privée : 115
Vote : 74, 121
Vulnérabilité : 19

AUX ÉDITIONS PRAT

LES GUIDES PRATIQUES POUR TOUS

FAMILLE

Dépendance, le guide pratique
Divorce, le guide pratique
Donations, le guide pratique
Successions, le guide pratique
Tutelle, curatelle, habilitation familiale

LOGEMENT

Acheter son logement, le guide pratique
La copropriété de A à Z
Propriétaires - Locataires, qui paie quoi ?
Voisinage, quels sont vos droits ?

EMPLOI

Associations : le guide pratique
Chômage, tous vos droits
Créer son entreprise, le guide pratique
Harcèlement moral. Comment s'en sortir ?
Licenciement, tous vos droits
Prud'hommes, se défendre et gagner
Indépendant, auto-entrepreneur, EIRL, micro-entrepreneur
Transmettre ou reprendre une entreprise

HORS COLLECTION

Immobilier, le guide pratique
Tous vos droits, pour gagner, se défendre, réussir
Handicap, le guide pratique
Préparer et bien vivre sa retraite
Le guide de toutes les formalités
Vos placements, le guide pratique

COLLECTION DÉFENDEZ VOS DROITS

Consommateur, Défendez vos droits !
Automobiliste, Défendez vos droits !
Location, Défendez vos droits !
Copropriétaire, Défendez vos droits !
Banque et crédit, Défendez vos droits !
Donations et successions, Défendez vos droits !
Retraite, Défendez vos droits !
Salarié, Défendez vos droits !
Divorce, Défendez vos droits !
Contribuable, Défendez vos droits !
Victimes, Défendez vos droits !

COLLECTION 120 LETTRES

Logement. 120 lettres pour agir efficacement
Salariés. 120 lettres pour défendre vos intérêts
Démarches administratives. 120 lettres pour vous simplifier la vie
Consommateurs. 120 lettres pour régler vos litiges
Argent. 120 lettres pour maîtriser vos finances
Famille. 120 lettres pour défendre vos intérêts
Justice. 100 lettres pour régler vos litiges
Propriétaires. 100 lettres pour défendre vos intérêts

LES CODES POUR TOUS

Code civil
Code du travail

Achevé d'imprimer
en février 2017
par DIMOGRAF,
Bielsko-Biała, POLOGNE